职业教育汽车类专业理实一体化教材
职业教育改革创新教材

汽车安全与舒适系统检修

主　编　武　忠　李　丽
副主编　徐向东　郭星东
参　编　廖先元　黄　牧　赵志明　马俊艳
　　　　温家乐　华春龙　王明旭　叶　龙
　　　　蒙富华　覃有实

机械工业出版社

本书是机械工业出版社与机械行业指导委员会组织编写的规划教材，严格按照教育部公布的职业院校汽车专业课程目录及教学标准要求，参考汽车维修工职业资格标准及教育部组织的职业院校汽车专业技能大赛相关内容编写而成的。

本书以大众奥迪、迈腾，通用科鲁兹等中高级轿车车型为主，详尽讲述了汽车中控门锁与防盗系统检修，汽车 ABS、ASR、ESP 系统检修，汽车自适应巡航控制系统检修，汽车安全气囊、安全带张紧器系统检修，汽车空调系统检修，汽车电动车窗、电动座椅和电动后视镜检修六部分汽车安全与舒适系统的主要内容。

本书主要作为职业院校汽车类专业教学用书，也可作为汽车维修行业培训教材及汽车企业维修人员自学用书。

图书在版编目（CIP）数据

汽车安全与舒适系统检修/武忠，李丽主编．—北京：机械工业出版社，2018.8（2025.1 重印）
职业教育汽车类专业理实一体化教材．职业教育改革创新教材
ISBN 978-7-111-60465-5

Ⅰ.①汽… Ⅱ.①武…②李… Ⅲ.①汽车-安全装置-维修-职业教育-教材 Ⅳ.①U472.41

中国版本图书馆 CIP 数据核字（2018）第 156694 号

机械工业出版社（北京市百万庄大街 22 号　邮政编码 100037）
策划编辑：于志伟　　责任编辑：于志伟
责任校对：樊钟英　　封面设计：鞠　杨
责任印制：常天培
固安县铭成印刷有限公司印刷
2025 年 1 月第 1 版第 9 次印刷
184mm×260mm · 15.75 印张 · 394 千字
标准书号：ISBN 978-7-111-60465-5
定价：49.00 元

电话服务　　　　　　　　　网络服务
客服电话：010-88361066　　机 工 官 网：www.cmpbook.com
　　　　　010-88379833　　机 工 官 博：weibo.com/cmp1952
　　　　　010-68326294　　金　书　网：www.golden-book.com
封底无防伪标均为盗版　　　机工教育服务网：www.cmpedu.com

前 言

汽车安全与舒适系统是汽车的重要组成部分,该系统技术含量高,工作安全可靠性要求高,因此对汽车维修服务人员提出了很高的要求。汽车维修服务人员不仅要有全面扎实的理论知识,还要不断积累实践经验,同时培养良好的工作习惯与职业素养。

本书以大众奥迪、迈腾及通用科鲁兹等中高级轿车车型为主,并兼顾了中低档车型,理论知识全面详细,知识讲解深入浅出、通俗易懂;实践内容侧重数据流分析及故障诊断,兼顾检测和维修内容,力求任务内容系统、全面、精确、透彻。

本书的主要内容选取了汽车中控门锁与防盗系统检修,汽车 ABS、ASR、ESP 系统检修,汽车自适应巡航控制系统检修,汽车安全气囊、安全带张紧器系统检修,汽车空调系统检修,汽车电动车窗、电动座椅和电动后视镜检修六个项目。这些内容代表了汽车安全与舒适系统的普遍性和独特性,能够保障学生所学知识与生产实践活动良好对接。

在课程结构安排上,遵照职业院校学生的认知规律,以能力培养为主进行结构设计。课程项目由任务组成,每个任务包含任务目标、任务描述、知识储备、任务实施和课后测评五个环节,任务内容详略得当,步骤清晰,教学活动操作简单,课后测评保证教学效果。课程坚持按照"学完一个任务,就能胜任这项生产活动"的目标精心设计安排,学生通过对本书内容的学习,其相关技能可达到高级汽车维修工水平。

本书的参考学时为 120 学时,采用"教、学、做"一体化教学模式,各项目参考学时见下表:

项目序号	项目名称	建议学时
一	汽车中控门锁与防盗系统检修	18
二	汽车 ABS、ASR、ESP 系统检修	32
三	汽车自适应巡航控制系统检修	14
四	汽车安全气囊、安全带张紧器系统检修	14
五	汽车空调系统检修	28
六	汽车电动车窗、电动座椅和电动后视镜检修	14
合 计		120

本书由长春市机械工业学校武忠、山东省潍坊商业学校李丽担任主编，长春市机械工业学校徐向东、山东交通职业学院郭星东担任副主编，参编人员有：廖先元、黄牧、赵志明、马俊艳、温家乐、华春龙、王明旭、叶龙、蒙富华、覃有实。

在本书的编写过程中，参阅了国内外出版的相关教材和资料，在此向有关作者表示衷心的感谢！

由于编者水平有限，书中不妥之处在所难免，恳请读者批评指正。

编 者

目 录

前 言

项目一 汽车中控门锁与防盗系统检修 ················· 1
    任务一　汽车中控门锁系统检修 ····················· 1
    任务二　汽车防盗系统检修 ························· 21

项目二 汽车 ABS、ASR、ESP 系统检修 ················ 35
    任务一　汽车 ABS 系统检修 ······················· 35
    任务二　汽车 ASR 系统检修 ······················· 66
    任务三　汽车 ESP 系统检修 ······················· 80

项目三 汽车自适应巡航控制系统检修 ··················· 89

项目四 汽车安全气囊、安全带张紧器系统检修 ··········· 105

项目五 汽车空调系统检修 ·························· 124
    任务一　汽车空调制冷系统检修 ···················· 124
    任务二　汽车空调送风单元及电控系统检修 ············ 149

项目六 汽车电动车窗、电动座椅和电动后视镜检修 ······· 169

参考文献 ······································· 191

项目一 汽车中控门锁与防盗系统检修

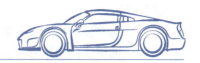

学习目标

知识目标：
  1. 掌握中控门锁与防盗系统的功用
  2. 掌握中控门锁与防盗系统基本结构和工作原理
技能目标：
  1. 能正确使用常用拆卸工具和测试仪器仪表
  2. 能正确对中控门锁与防盗系统各部件进行更换
  3. 能对中控门锁与防盗系统进行检查及故障诊断与排除
情感目标：
  1. 培养认真观察的能力和习惯
  2. 培养安全与环保意识

项目描述

    随着轿车技术的发展，人们对车辆舒适性、安全性的要求不断提高，现代轿车已广泛采用中控门锁与防盗系统，技术含量越来越高，并向微机控制多功能方向发展。对于这些机电结合控制系统的维修，应首先了解其功能，掌握其原理，再结合其控制电路进行针对性的诊断，最后根据其检修要点进行相应的维修。

任务一 汽车中控门锁系统检修

任务目标

知识目标：
  1. 掌握汽车中控门锁系统作用及组成
  2. 掌握汽车中控门锁系统基本工作原理
  3. 掌握汽车中控门锁系统故障的诊断方法

> 技能目标：
> 1. 能够使用检测设备对中控门锁系统进行检测
> 2. 能够正确使用万用表、试灯等工具对系统电路、部件进行检测
> 3. 能够掌握相关安全操作知识

 任务描述

汽车中控门锁系统（简称中控门锁）是为了使汽车的使用方便和安全，对四个车门的锁闭和开启实行集中控制的装置。随着汽车电子技术的发展，中控门锁的功能和安全性得到了较大的完善与提高，其控制器由普通的独立控制器转变为微机控制及网络控制，其出现故障时所产生的现象多种多样，为此应对该系统进行深入的学习。

 知识储备

一、汽车门锁系统概述

汽车门锁系统是一个装在车门及其立柱上能将车门可靠锁紧并通过其内部机构实现开启及锁止功能的装置，是车身门柱上的车门锁扣、车门上的门锁体及操控门锁的机械电气系统部件的总称。

汽车门锁系统是一个非常重要的车身附件，既要保证车门正常使用的可靠锁紧，防止车门意外/无意识打开，又要保证车门在需要时顺利打开。汽车门锁系统属于安全法规件，也叫终端闭锁功能件。

二、汽车门锁系统分类

汽车门锁系统的分类方式主要有以下几种：

1. 按门锁系统的操控方式分类

按门锁系统的操控方式，汽车门锁系统可分为机械操控式和电控操控式。

（1）机械操控式　锁体的工作方式完全是由锁体外的机械杆件操控的，各门锁工作相互独立，每个车门的开闭状态完全需要人工操作。机械操纵式操控不便，目前已逐渐被淘汰。

机械式门锁锁体内部由锁紧机构和机械操控机构（机械逻辑单元）两部分组成；锁紧机构主要由止动爪、防转动爪及闭锁楔组成，机械操控机构分由各种连杆组成用于对止动爪的控制，如图1-1所示。

（2）电控操控式　锁体的工作由电机构控制（电机或电磁阀），可通过开关或遥控器实现各车门单独或统一控制，操控方便，应用广泛。电控操纵门锁分为线控式门锁和电动式门锁。

线控式门锁锁体内部由锁紧机构、机械操控部件（机械逻辑单元）及电动部件三部分组成，如图1-2所示。

电动式门锁体内部由锁紧机构、电动部件及电动控制部件组成，如图1-3所示。

2. 按门锁体安装位置分类

按门锁体安装位置，汽车门锁系统可分为侧门锁，行李箱锁、发动机室罩锁。

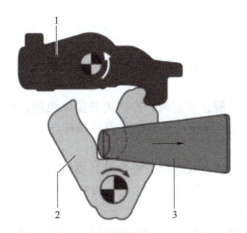
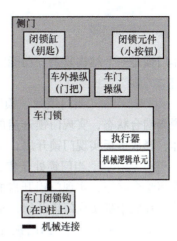

图1-1　机械式门锁结构示意图

1—止动爪　2—防转动爪　3—闭锁楔

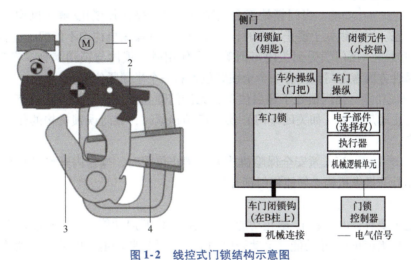

图1-2　线控式门锁结构示意图

1—电机　2—止动爪　3—防转动爪　4—闭锁楔

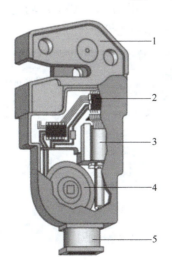
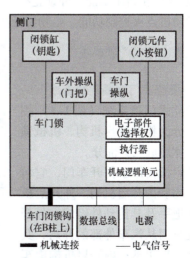

图1-3　电动式门锁结构示意图

1—止动爪　2—电子装置　3—电机　4—传动机构　5—电气接口

三、车门锁的功能

汽车门锁是一个结构复杂、功能要求多的组合系统，其功能如下：

1. 基本功能

（1）内开启功能　当门锁处于锁紧位置且为解止状态时，操作内开操纵机构，使卡板与止动爪脱离啮合状态，实现门锁开启的功能。在实际使用中，往往通过操作内手柄将动作传递到锁体，释放卡板实现门锁开启，车门被打开。

（2）外开启功能　当门锁处于锁紧位置且为解止状态时，操作外开操纵机构，使卡板与止动爪脱离啮合状态，实现门锁开启的功能。在实际使用中，往往通过操作外手柄将动作传递到锁体，释放卡板实现门锁开启，车门被打开。

（3）内锁止/解止功能　当门锁处于全锁紧位置时，操作内锁止/解止机构，使门锁处于锁止或解止状态。当门锁处于锁止状态时，操作内、外开操纵机构均不能将门锁开启，保证车门不会出现无意识打开。

（4）外锁止/解止功能　当门锁处于全锁紧位置时，操作外锁止/解止机构，使门锁处于锁止或解止状态。当门锁处于锁止状态时，操作内、外开操纵机构均不能把车门打开。

（5）锁紧功能　当门锁受到关闭车门等外力作用时，锁体与锁销啮合，实现锁紧功能。从安全、可靠性方面考虑门锁应有一个全锁紧位置和一个半锁紧位置。

（6）防误锁功能　当门锁处于开启位置，无论门锁处于锁止还是解止状态，当正常操作门锁使卡板与止动爪啮合（如关闭车门）实现门锁锁紧时，在防误锁机构的作用下门锁都将处于解止状态。

（7）儿童锁功能　当儿童安全保险机构处于锁止位置时，操作内开操纵机构不能使门锁开启，但操作外开操纵机构必须能将门锁开启。

2. 延伸功能（电控锁）

延伸功能主要有：电动锁止/解止功能、一次拉动内开启功能、二次拉动内开启动能、紧急锁止功能、超级锁止/解止功能、电动开启功能、电动锁紧功能、电动儿童锁功能、电子防误锁功能、状态指示功能（开/关门指示功能、门全开指示功能、儿童锁指示功能、超级锁指示功能、锁止/解止指示功能、外锁止/解止指示功能）、无钥匙出入（PKE）功能、控制器防盗功能、发动机点火控制功能、生物特征识别功能、紧张锁功能等。

四、机械操控式门锁系统

1. 机械操控式门锁系统的组成

机械操控式门锁系统（图1-4）按各部功能可分为机械开启机构、机械锁止机构和锁体总成三大部分。

机械开启机构用于打开车门，它包括外开启机构和内开启机构。外开启机构由车门外把手及其传动件组成，外开启机构实现车门从汽车外部的开启，其原动件是外开启手柄；内开启机构由车门内操纵手柄及其传动件组成，内开启

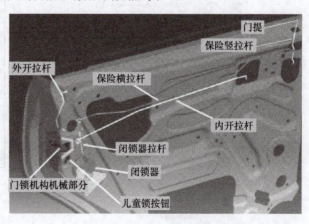

图1-4　机械操控式门锁系统组成

机构实现车门从汽车内部开启,其原动件为内开启手柄。

机械锁止机构用于在车门锁紧后闭锁车门,防止车门违背意愿打开,当其作用时,车门的开启机构的功能部分或全部取消,其包括内锁止机构和外锁止机构两部分。

外锁止机构由车钥匙总成及其到车锁的传动件组成,外锁止机构从汽车外部实现车锁的锁止,保证车锁不因外力的影响而脱开,主要防止在车内无人时,车门被人从外面开启,其原动件为车钥匙。内锁止机构由内锁止压杆(门提)或开关及其到车锁的传动件组成,内锁止机构从汽车内部实现车锁的锁止,保证车锁不因外力的影响而脱开,防止汽车在行驶时由于意外导致的车门打开,保障乘客的生命安全,其原动件为内锁止压杆。

锁体总成作用是接收门锁系统的操纵机构(图1-5)和锁止机构的作用力,由锁体连杆机构传给锁紧机构,实现车门的锁紧、锁止和解锁,由锁体和门柱上的锁扣组成,锁体由锁紧机构、锁体连杆(机械逻辑单元)及外壳组成。

图1-5 门锁系统操纵的组成

锁紧机构用于锁紧车门,在棘轮式的门锁中,主要由棘轮和棘爪组成,棘轮用于和锁扣啮合,棘爪用于将棘轮控制在锁止位置。连杆机构也称机械逻辑单元,由多个杆件、滑块机构组成,是机械开启机构、机械锁止机构和锁紧机构桥梁,能根据接收到的机械开启机构、机械锁止机构的作用力实现锁紧机构的锁止/解止和开启功能。

2. 机械操控式门锁系统工作原理

机械操控式门锁系统工作原理示意图如图1-6所示。

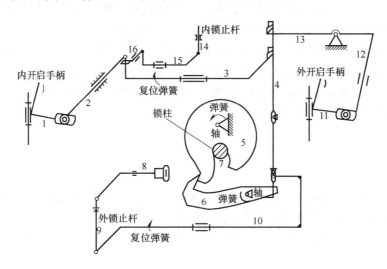

图1-6 机械门锁工作原理
1—内开启手柄 2—内开启手柄连杆 3—内开启连杆 4—连杆 5—棘轮 6—棘爪 7—锁柱
8—门外机械锁 9—外锁止杆 10—外锁止拨叉 11—外开启手柄 12—外开启手柄连杆
13—外开启拨叉 14—内锁止压杆 15—内锁止连杆 16—摆杆

(1)锁紧过程 车门关闭时,门柱从棘轮开口方向带动棘轮逆时针转动,推动棘爪逆时针转动,当棘轮棘爪离开临界位置时,由于棘爪复位弹簧的作用,棘爪顺时针转动,从而使棘轮棘爪啮合并处于半锁紧位置,在门柱力的进一步推动下,棘轮继续逆时针转动,直至棘轮棘爪啮合并处于全锁紧位置，此时棘轮棘爪机构将门柱卡在棘轮凹槽内，实现锁紧动作，如图1-7所示。

（2）外开启过程　当车门从车门外开启时，手动外开启手柄11转过一个角度，外开启手柄会同时带动外开启手柄连杆12沿着机架作直线运动，在外开启手柄连杆12推动下，外开启拨叉13顺时针转动，并带动连杆4向上移动，而由于棘轮复位弹簧的作用，使得棘爪与棘轮啮合脱离的瞬间，棘轮弹出，锁扣从棘轮凹槽中释放，完成外开启作用，如图1-6所示。

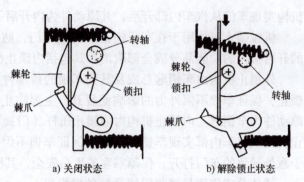

图1-7　棘轮棘爪与门柱的锁紧与开启过程

（3）内开启过程　当车门从内部开启时，手动内开启手柄1转过一个角度，内开启手柄会同时带动内开启手柄连杆2沿着机架作直线运动，在内开启手柄连杆2的推动下，内开启连杆3绕轴转动，并带动连杆4向上移动，连杆4的平移带动棘爪6逆时针转动，当棘爪转过一定的角度时，棘轮棘爪从啮合状态脱离，而由于棘轮弹簧的作用，使得棘爪与棘轮脱离的瞬间，棘爪弹出，门柱（即锁扣）从棘轮凹槽中释放，从而完成内开启作用。

（4）内锁止过程　按动内锁止压杆14向下运动，带动摆杆16摆至右挡块位置，将内开启连杆3挡住，内开启连杆3无法运动，摆杆16阻断了内开启连杆2与连杆3之间的运动传递，实现锁紧保险，若内锁止压杆14带动摆杆16摆至左挡块位置，恢复连杆2与连杆3之间连接，则取消保险。

（5）外锁止过程　从车外部锁车时，车门的手柄机构将钥匙的转动转换为一平动从而推动外锁止拨杆10转过一角度（由于受弹簧作用力及挡块的作用，外锁止拨杆10只能位于两极限位置），外锁止拨杆10绕轴垂直向外运动把开启连杆4推向另一极限位置，切断了开启连杆4与棘爪6之间的运动传递，从而实现了车门的锁止。当需要车门锁止取消时，即用钥匙开门，过程与上面相逆，外锁止拨杆10被拨动至初始位置，恢复开启连杆4和棘爪6之间的运动传递，实现车门锁止的取消。

五、汽车中控门锁系统

1. 汽车中控门锁系统的功能

汽车中央控制门锁系统（简称汽车中控门锁系统）具有钥匙联动开闭车门和钥匙占用预防功能。根据不同车型、等级和使用地区，门锁装置具有不同的功能。

（1）中央控制　当驾驶人锁住车门时，其他车门均同时锁住；驾驶人也可通过门锁开关打开所有门锁。

（2）速度控制　当车速达到一定时，能自动将所有的车门锁锁定（有的车型上无此功能）。

（3）单独控制　为了方便，除中央控制外，乘员仍可利用车门的机械式弹簧锁开关车门。

（4）两级开锁功能　在钥匙联动开锁功能中，一级开锁操作只能以机械方法打开钥匙插入的门，两级开锁操作则同时打开其他车门。一般来说，所有车门可以通过右前或左前门上的钥匙来同时关闭和打开。

（5）钥匙占用预防功能　该功能可防止钥匙插入点火开关时，在车外没有钥匙而将车门锁住。若已经执行了锁门操作，而钥匙仍然插在点火开关内，则所有的车门会自动打开，以防止钥匙遗忘在汽车内。

（6）安全功能　当钥匙已经从点火开关中拔出而且车门也锁住时，车门都不能用门锁控制开关打开。

（7）电动车窗不用钥匙的动作功能　驾驶人和乘客的车门都关上，点火开关断开后，电动车窗仍可以动作约60s。

（8）自动功能　一些高级车辆中，在用钥匙或遥控器将门锁打开或锁上时，电动车窗会自动打开或关闭。

2. 普通中控门锁系统的元件及功能

汽车中控门锁系统是采用电子控制，以电磁铁、微型电机的锁体或继电器作为执行机构的机电一体化装置，可以由驾驶人控制所有车门的动作。汽车中控门锁系统主要由控制部分和执行部分组成，控制部分有开关、控制器等，执行部分有继电器、门锁等，如图1-8所示。

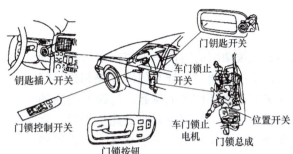

图1-8　普通中控门锁系统的组成

（1）控制开关

1）门锁控制开关。安装在左前门和右前门的扶手上，将开关推向前门是锁门，推向后门是开门。

2）钥匙开锁报警开关。用于探测点火钥匙是否插进钥匙门内。当钥匙在钥匙门内，钥匙开锁报警开关接通电路报警；当钥匙离开钥匙门时取消报警。

3）钥匙控制开关。安装在每个前门的钥匙门上，当从车的外面用钥匙开门和关门时，钥匙控制开关便发出开门或锁门的信号给门锁ECU。

4）行李箱盖开启器开关。位于仪表板下面，拉动此开关便能打开行李箱盖。钥匙门靠近行李箱盖开启器，推压钥匙门，断开行李箱内主开关，此时再拉开启器开关不能打开行李箱盖。将钥匙插进钥匙门内顺时针旋转打开钥匙门，当主开关再次接通，便可用行李箱盖开启器打开行李箱。

5）门控开关。安装在门框上，用于探测车门的开闭情况。车门打开时，门控开关接通；车门关闭时，门控开关断开。

6）门锁开关。安装在门锁中，用于检测车锁的开闭情况。当车锁关闭时，门锁开关断开；当车锁开启时，门锁开关接通。

（2）执行机构　汽车中控门锁系统的执行机构是电动门锁，它分为电磁线圈式、电机式和双压力泵式三种。

1）电磁线圈式。其内部有两个电磁线圈，分别用于开启和关闭门锁。当给锁门线圈通电时，衔铁带动连杆左移，即锁门；当给开门线圈通电时，衔铁带动连杆右移，即开锁，如图1-9所示。

2）电机式。电机安装于门锁部件内部，如图1-10所示。采用可逆式电机，当电机转动时，蜗杆带动齿轮转动，齿轮推动锁杆，车门被锁上或打开，然后齿轮在复位弹簧的作用下返回原位，防止操纵锁钮时电机工作。位置开关在锁杆推向锁门位置时断开，推向开门位置时接通。

3）双压力泵式。双压力泵式中央门锁主要由机械、空气管路和电路三部分组成。电路部分的核心是中央门锁控制单元，它连同双压力泵装在一个塑料盒内，安装在后座椅下面。当

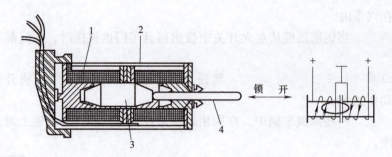

图 1-9　电磁线圈式门锁工作原理图

用钥匙或拨动两前门任一锁扣按钮来开门锁时，由于门锁通过连杆与门锁开关相连，门锁开关的连接杆被向上拉起，门锁开关内的开锁触头闭合。控制单元收到此信号后，立即命令双压力泵转动以压缩空气，系统管路中的气体呈正压，气体进入四个车门及行李箱盖的控制元件（膜片室）内，膜片推动连接杆向上运动将门锁打开。

(3) 门锁控制器　门锁控制器主要有晶体管式、电容式和车速感应式三种。

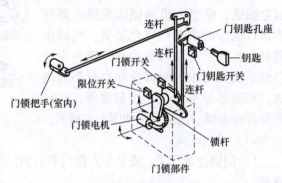

图 1-10　电机式

1) 晶体管式。门锁控制器内部设有闭锁和开锁两个继电器，由晶体管开关电路控制，利用电容器的充、放电过程，控制一定的脉冲电流持续时间，使门锁执行机构完成闭锁和开锁动作。当按下车门锁定开关时，电容器 C 充电。晶体管 VT_1 导通，VT_2 也随之导通，锁门继电器的电磁线圈 RL_1 中有电流通过，产生吸力，使其常闭触点打开，常开触点闭合。此时，门锁执行器的电路接通而动作，通过操纵机构将车门锁定。当电容器 C 充电到一定程度时，VT_1 截止，VT_2 也随之截止，锁门继电器的电磁线圈断电，门锁执行器的电路被切断。

当按下车门开锁开关后，开锁继电器的电磁线圈 RL_2 中有电流通过，使其常闭触点打开，常开触点闭合，门锁执行器的电路被接通，但其电流方向与锁定时相反，所以作用方向也相反，门锁打开。晶体管式门锁控制器工作原理如图 1-11 所示。

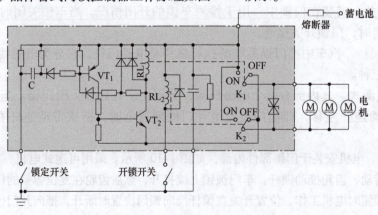

图 1-11　晶体管式门锁控制器工作原理图

2）电容式。该系统在工作时，继电器串联接入电容器的放电回路，使其触点短时间闭合。当（正向或反向）转动车门钥匙时，相应的电路开关（闭锁或开锁）接通，电容器放电电流通过继电器线圈搭铁，线圈产生电磁吸力，触点闭合，接通执行机构电磁线圈的电路，完成闭锁或开锁的动作。当电容器放电完毕后，继电器触点打开，中央门锁系统停止工作。此时，另一只电容器被充电，为下一次操纵做好准备。电容式门锁控制器工作原理如图1-12所示。

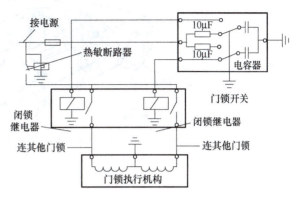

图1-12 电容式门锁控制器工作原理图

3）车速感应式。在中央门锁系统中加装一车速（10km/h）感应开关，当汽车行驶速度达10km/h以上时，若车门未闭锁，不需要驾驶人操纵，门锁控制器将自动关闭。每个门可单独进行门锁开关。车速感应式门锁控制器工作原理如图1-13所示。

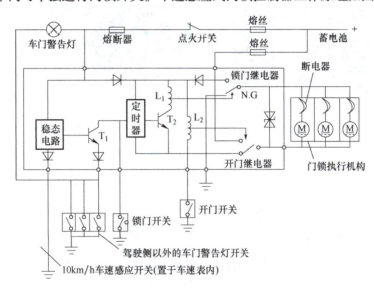

图1-13 车速感应式门锁控制器工作原理图

3. 遥控式中控门锁系统

遥控式中控门锁系统根据发射信号的不同分为无线电遥控方式、红外线遥控方式和超声波遥控方式等，目前应用较广泛的是无线电遥控方式。

(1) **遥控式中控门锁系统组成** 遥控式中控门锁系统主要由手持遥控发射器、接收器、遥控门锁ECU、防盗和门锁控制ECU（门锁控制组件）以及执行器等组成，如图1-14所示。

1）发射器。发射器也称遥控器，其作用是利用发射开关（遥控器上的开锁、闭锁及行李箱锁开关）发射规定代码的无线遥控信号，控制驾驶侧车门、其他车门、行李箱门等的开启和锁闭，且具有寻车功能。发射器分为分开型和组合型（发射器与点火钥匙合二为一）两种，如图1-15所示。

无线电波式发射器的组成如图1-16所示，主要由输出部分、控制电路、身份代码存储器、开关按钮和电池等组成。输出部分由调制电路、高频振荡电路、高频放大电路以及发射天线等组成。

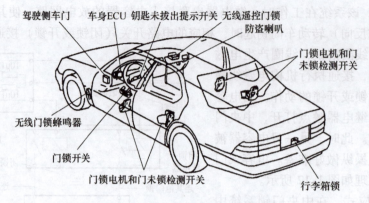

图1-14 遥控式中控门锁系统组成

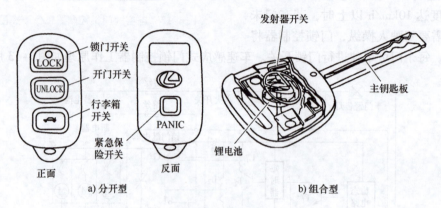

图1-15 发射器

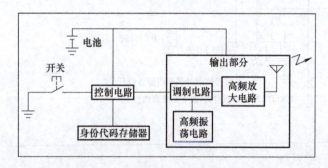

图1-16 无线电波式发射器组成框图

2)接收器。接收器对接收的信号进行放大和调制,检查身份鉴定代码是否相符,当代码一致时,判别功能代码,并驱动相应的执行器。

无线电波式接收器的组成如图1-17所示,主要由电源电路、接收部分、身份鉴定代码存储器、身份鉴定控制电路、开关信号输入电路以及输出电路等组成。接收部分主要由接收天线、射频放大器、局部振荡器、混频器、选频放大器、功率放大器、滤波器等组成。

3)接收天线。接收天线在载货汽车上位于前立柱处,家用汽车则印镶在风窗玻璃内。接收天线的功用是接收遥控器输出信号,同时也可用作收音机天线。

4)遥控门锁ECU。以雷克萨斯LS400轿车遥控门锁系统为例,介绍遥控门锁ECU的

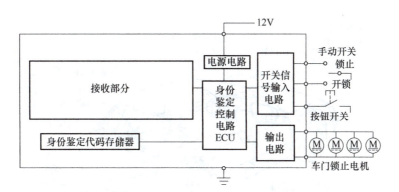

图 1-17　无线电波式接收器组成框图

功能。

① 正常工作情况的功能包括：

a. 全部门上锁操作。

b. 两级开锁操作。

c. 全部门开锁操作。

d. 行李箱开启操作。

e. 寻车操作。

f. 紧急报警操作。

② 车门微开（未关好）警告功能。

③ 操作确认蜂鸣器功能。

④ 内部灯功能。

⑤ 自动上锁功能。

⑥ 发射器开关防止误操作功能。

⑦ 频繁工作预防功能。

⑧ 安全功能。

⑨ 保护电机功能。

⑩ 发射器识别码注册功能。

（2）雷克萨斯 LS400 轿车遥控门锁系统的组成　遥控中控门锁系统一般是在电子式控制门锁系统的基础上加上手持遥控发射器、接收器、遥控门锁 ECU 等。遥控门锁系统零部件位置如图 1-18 所示。

（3）雷克萨斯 LS400 轿车遥控门锁系统工作原理　以 LS400 轿车遥控门锁系统电路（图 1-19）为例，说明遥控门锁系统的工作原理。

1）遥控天线电路。当操纵点火钥匙上的发送器时，发送器即发射电磁波，该电磁波以汽车后窗玻璃上的除雾电热丝（有的车为天线）为天线，然后通过匹配器，被送至无线遥控门锁 ECU 的 ANT 端子。当 ECU 的 ANT 端子接收到该遥控电磁波信号时，即控制四个车门锁自动进行打开或锁住操作。

2）遥控中控门锁 ECU 电源电路。当遥控门锁主开关接通时，蓄电池电压加到无线门锁 ECU 的 +B 端子上，使 ECU 工作。该电源为 ECU 的控制电源。

3）车门位置开关电路。车门位置开关设在门锁电机总成内。当车门锁按钮处于锁住位置

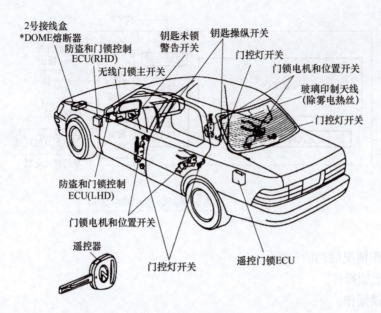

图 1-18　雷克萨斯 LS400 轿车遥控门锁系统零部件位置

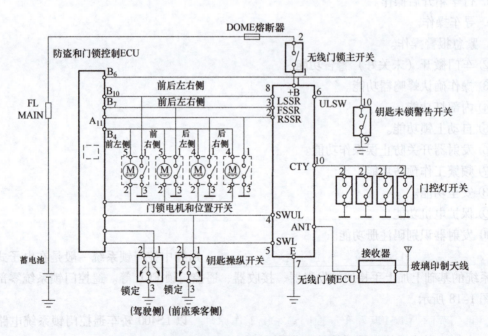

图 1-19　雷克萨斯 LS400 轿车遥控门锁系统电路图

时，开关断开；当车门锁按钮处于打开位置时，开关接通。无线门锁 ECU 的 LSSR、FSSR、RSSR 端子分别为左前门、右前门和后两门的车门位置开关端子。当四个车门的任一车门锁按钮处于锁住位置时，相对应的 ECU 端子的电压为蓄电池电压。相反，当按钮位于打开位置时，端子的电压为搭铁电压为 0。

4) 钥匙操纵开关电路。钥匙操纵开关设在车门锁芯内。当车门钥匙转至锁住侧时，开关的锁住端子搭铁；当车门钥匙转至打开侧时，开关的打开端子搭铁。

当点火开关接通时,蓄电池电压通过防盗和门锁控制 ECU 加到无线门锁 ECU 的锁住端子 SWL 和打开端子 SWUL 上,即锁住端子 SWL 和打开端子 SWUL 的电压为 12V。当钥匙操纵开关锁住端子搭铁时,无线门锁 ECU 的锁住端子 SWL 的电压为 0。当钥匙操纵开关打开端子搭铁时,无线门锁 ECU 的打开端子 SWUL 的电压为 0。

当无线门锁 ECU 的 ANT 端子接收到点火钥匙发送器发出的无线电波信号时,根据 SWL 端子和 SWUL 的电压信号,输出打开或锁住所有车门的信号,该信号通过两个 ECU 之间的通信线路 B_7-FSSR、B_{10}-LSSR、A_{11}-RSSR 给防盗 ECU,防盗和门锁控制 ECU 即控制门锁锁住或打开。

5) 钥匙未锁警告开关电路。当钥匙插入点火开关锁芯时,钥匙未锁警告开关电路接通,无线门锁 ECU 的 ULSW 端子的电压为 0,ECU 执行钥匙禁闭预防功能;当钥匙未插入时,开关断开,ULSW 端子的电压为蓄电池电压,钥匙禁闭预防功能解除。

6) 门控灯开关电路。门控灯开关在车门打开时接通,车门关闭时断开。当任一车门打开时,无线门锁 ECU 的 CTY 端子的电压为 0;当所有车门均关闭时,CTY 端子的电压为蓄电池电压。

4. 微机(ECU)控制式中控门锁系统的组成与工作原理

微机控制式中控门锁系统主要由电源、门锁开关、防盗和门锁控制单元及门锁执行器等组成。微机控制的中控门锁电路图如图 1-20 所示,该中控门锁能够同时打开和锁上车门的开关(有门锁控制开关和钥匙操纵开关)。对于执行器,车门采用直流电机,行李箱采用电磁线圈式。同时,还带有防止钥匙遗忘功能。

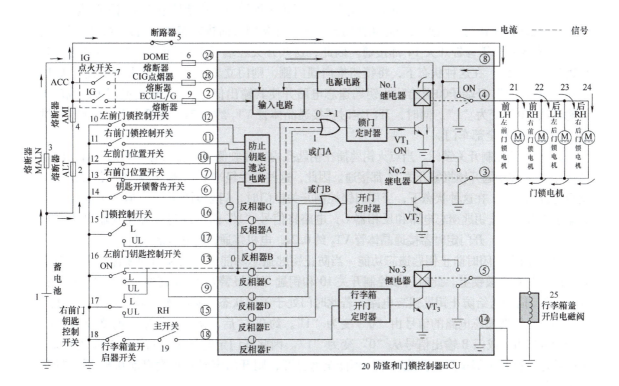

图 1-20 微机控制的中控门锁系统电路图

(1) 用门锁控制开关锁门和开门

1) 锁门控制。当驾驶侧或前排乘客侧门锁控制开关 15 推向锁门侧时,信号"1"经端子 16 和反相器 A 送给或门 A,或门 A 的输出从"0"变为"1"。因此,锁门定时器给晶体管 VT_1 加一基极电流约 0.2s 并使其导通。结果 No.1 继电器接通,电流流经蓄电池→端子⑧→No.1 继电器→端子④→门锁电机→端子③→搭铁,则门锁电机接通,锁上全部车门。

2) 开门控制。当门锁控制开关推向开门侧,信号"1"经端子 17 和反相器 B 送给或门 B,或门 B 输出从"0"变为"1"。因此,开门定时器给晶体管 VT_2 加一基极电流约 0.2s 并使其导通。结果 No.2 继电器接通,电流流经蓄电池→端子⑧→No.2 继电器→端子③→门锁电机→端子④→搭铁,则门锁电机接通,打开全部车门。

(2) 用钥匙锁门和开门

1) 锁门控制。当钥匙插进驾驶侧或前排乘客车门钥匙孔内并向锁门方向转动,则钥匙控制开关 16 向锁门侧接通。此时信号"1"经端子 13 和反相器 C 送给或门 A,或门 A 输出从"0"变为"1"。锁门定时器给晶体管 VT_1 加一基极电流约 0.2s 并使其导通。结果 No.1 继电器接通,电流流经蓄电池→端子→No.1 继电器→端子④→门锁电机→端子③→搭铁,则门锁电机接通,打开全部车门。

2) 开门控制。当用钥匙进行开门操纵时,钥匙开关向开门侧接通。此时信号"1"经端子⑨和反相器 D 送给或门 B,或门 B 输出从"0"变为"1"。开门定时器接通晶体管 VT_2 并使 No.2 继电器接通。因此,电流流经蓄电池→端子⑧→No.2 继电器→端子③→门锁电机→端子④→搭铁,则门锁电机接通,打开全部车门。

(3) 防止钥匙遗忘功能 防止钥匙遗忘功能可防止锁门时点火钥匙遗忘在钥匙门内。

1) 推动锁钮锁门。当点火钥匙插在钥匙孔内,驾驶侧或前排乘客侧车门开着,门锁控制开关 10 和钥匙开锁警告开关 14 都接通。因此,这些开关经端子 12 和⑥将"0"信号送给防止钥匙遗忘电路。在这种状态下,将锁钮推向锁门侧,则门立刻被锁上。但由于位置开关 12 断开,信号"1"经端子⑩送给防止钥匙遗忘电路并使其输出信号"1"送给或门 B,或门 B 的输出从"0"变为"1"。同时,开门定时器接通晶体管 VT_2 约 0.2s,电机由 No.2 继电器供电而工作,打开全部车门。

2) 用门锁控制开关锁门。当点火钥匙插在钥匙孔内,驾驶侧或前排乘客侧车门开着,门锁控制开关 10 和钥匙开锁报警开关 14 都接通。因此,这些开关经端子 12 和⑥将"0"信号送给防止钥匙遗忘电路。在这种状态下,当用门锁控制开关锁门时,门立刻被锁上。但由于信号"1"经端子⑩送给防止钥匙遗忘电路和反相器 G,电路将信号"1"送给或门 B 并使其输出从"0"变到"1"。同时,开门定时器接通晶体管 VT_2 约 0.2s,电机接通,打开全部车门。

3) 车门全关闭时防止钥匙遗忘功能。当防止钥匙遗忘功能起作用和门锁钮保持向下阻止开门时,门立刻被锁上。此时门锁控制开关 10 和钥匙开锁报警开关 14 接通,并经端子 12 和⑥将"0"信号送给防止钥匙遗忘电路。若此时门处于关闭状态,则门锁控制开关断开,并且输入到防止钥匙遗忘电路的信号由"0"变为"1"。约 0.8s 后,防止钥匙遗忘电路输出"1"信号给或门 B,或门 B 输出信号从"0"变为"1"。因此开门定时器接通晶体管 VT_2 约 0.2s,电机接通,打开全部车门。若此时车门不能全部打开,则开门定时器再次启动 0.8s 后,打开全部车门。

4) 行李箱盖开启器控制。当行李箱盖开启器开关 18 接通时,"1"信号经端子 18 和反相器 F 送给行李箱盖开启定时器。开启定时器送给晶体管 VT_3 基极电流约 0.2s 并使其导通,

No.3 继电器也导通，电流流经蓄电池→端子⑧→No.3 继电器→端子⑤→行李箱盖开启器→搭铁，从而打开行李箱盖。

5. 便捷登车系统（无钥匙进入系统）

无钥匙进入是一种非接触式的中控门锁和警报系统。车主无需"主动"使用车钥匙，就能够打开车门。只需车钥匙在车主的身边（例如口袋里），车主轻碰车辆的任意一门把手内侧就可以解除防盗状态，轻拉门把手就可以打开车门。

无钥匙进入系统中，车门把手上安装有天线，与点火开关内的读写线圈类似，能够产生强磁场。轻拉门把手，如果有车钥匙在磁场范围内，钥匙内的送码器就会被车门天线强磁场激发，向接收天线发送车钥匙的身份编码，防盗控制单元接收到该身份编码，就会解锁车辆车门；同时，给一键启动开关通电。轻按车门把手上的按钮，如果有钥匙在该门把手天线磁场范围内，那么车门就会自动落锁、警报系统开始起作用。

（1）无钥匙进入系统组成　如图 1-21 所示，无钥匙进入系统主要由防盗器控制单元、舒适中央控制单元、车门控制单元、车门外拉手（集成有触摸传感器、外部天线、中央门锁按钮）、内部天线、点火开关和芯片钥匙等。

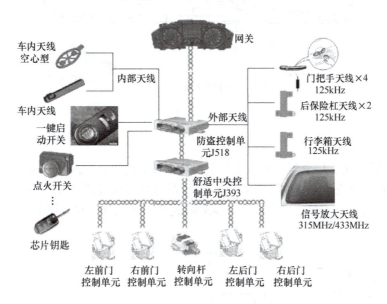

图 1-21　无钥匙进入系统的组成

（2）车门外拉手　如图 1-22 所示，每个车门外拉手的内表面都是一个电容式触摸传感器，在门拉手的内部集成了一个磁棒式天线。在驾驶侧的车门外拉手上，保留了一个钥匙孔。

1）电容式触摸传感器。这些传感器是电容式的，集成在车外门把手内，防盗控制单元会对传感器电流进行分析。每个门拉手和支座上都装上了一个电容片，门拉手内表面起介质作用，如果电容片之间插入新的介质，就会有一个电流短时流过，使用和起动授权控制单元会

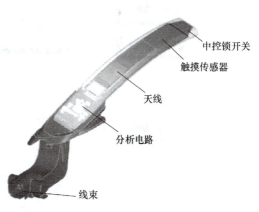

图 1-22　车门外拉手结构示意图

识别并分析这个电流。

2）车门外拉手天线。如图 1-23 所示，每个车门外拉手内都集成有一根磁棒天线，该天线的任务是将防盗控制单元的信号发送到车钥匙上，信号频率为 125kHz，天线的有效距离大约 1.5m。

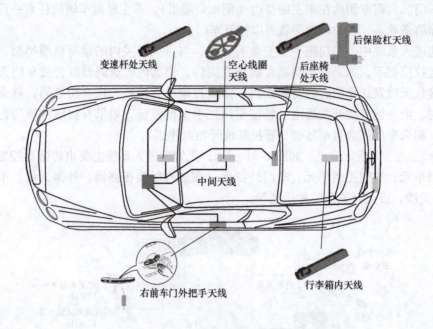

图 1-23　车门外拉手天线

3）中央门锁按钮。每个车门的门把手上都装有一个按钮，它是用来关闭中央门锁的。驾驶人轻按按钮时，与按钮同一车门拉手的车外天线识别到合法钥匙时，才能关闭中央门锁。

（3）无钥匙进入（车门）工作过程　无钥匙进入系统工作流程如图 1-24 所示。

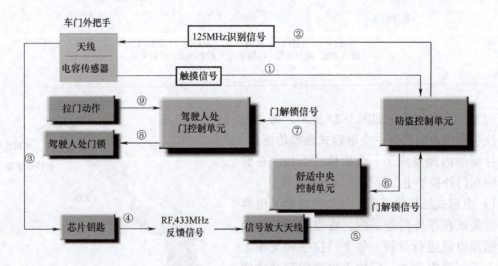

图 1-24　无钥匙进入系统工作流程

1）无钥匙进入控制过程。

① 中控门锁处于上锁状态时，无钥匙进入/起动系统除外部天线外，均会进入休眠状态。位于车门外把手内部天线并不会休眠，时刻保持激活状态，在车门外 1.5m 左右范围内监测到有合法钥匙时，并不会激活防盗器系统。以驾驶侧车门为例，驾驶人在拉动车门外把手时，手指触碰到车门外把手内侧的电容式传感器，改变电容传感器的电流信号。

② 防盗控制单元接收触摸信号后，防盗控制单元通过车门外拉手天线发送 125MHz 识别信号，合法钥匙接收到识别信号后，向防盗器控制单元反馈 315MHz 的反馈信号，防盗器控制单元必须通过位于后风窗玻璃上的信号放大器才能够接收到反馈信号。在防盗控制单元确认钥匙合法后，激活整个无钥匙进入/起动系统，并向舒适中央控制单元（某些车型称为车身控制单元，安装在行李箱内）传输车门解锁信号；如果防盗器识别出是非合法钥匙时，无钥匙进入过程立刻停止。

③ 舒适中央控制单元向所有的车门控制单元发出门解锁信号，以驾驶侧车门为例，驾驶人处门控制单元接收到门解锁信号后，控制驾驶人处门锁解锁。驾驶人轻拉门拉手，车门打开。前部车身控制单元接收到开锁信号后，控制转向信号灯闪亮 1 次。

2）无钥匙离开。

① 无钥匙离开的前提条件是所有车门均已关闭。

② 驾驶人轻按任意一车门中控锁按钮，防盗控制单元接收到上锁请求，首先向舒适中央控制单元问询各车门状态是否为"关闭"。确认所有车门关闭后，通过被激活中控锁按钮同一侧的车门外拉手天线发送识别信号，等待合法钥匙的反馈信号。

③ 合法钥匙接收到识别信号后，向防盗器控制单元发送 315MHz 的反馈信号。

④ 防盗器控制单元必须通过位于后风窗玻璃上的信号放大器才能够接收到反馈信号后，防盗器确认钥匙合法后，向舒适中央控制单元传输中控门锁设防信号。

⑤ 舒适中央控制单元接收到防盗器控制单元的中控门锁设防信号后，向车身所有车门控制单元传输中控门锁设防信号；向转向柱控制单元传输方向柱锁锁止信号。

⑥ 各车门控制单元控制门锁动作，进入锁死位置；方向柱锁锁止。前部车身控制单元接收到开锁信号后，控制转向信号灯闪亮 1 次。

任务实施

一、准备工作

1）整车一台，要求其性能良好。
2）检测工具：万用表、解码器、示波器、试灯、测试导线等。
3）常用拆装工具：套筒扳手、呆扳手、梅花扳手各一套、一字和十字螺钉旋具各一套、内饰撬板一套。
4）熟悉维修手册、作业工单。

二、任务实施

1. 中控门锁系统故障现象及原因

中控门锁系统故障现象及原因详见表 1-1。

表 1-1 常见中控门锁系统故障现象及原因

故障现象	故障原因	故障现象	故障原因
门锁控制系统不工作（全部）	门熔断器有故障	车门锁锁止/开启故障（使用钥匙）	配线有故障
	继电器有故障		门锁拉索断开
	配线有故障		继电器有故障
车门锁锁止/开启故障（使用手动开关和钥匙）	电动车窗主开关有故障	钥匙封闭防护运行故障	车门开启检测开关有故障
	继电器有故障		门控开关有故障
	配线有故障		配线有故障
车门锁锁止/开启故障（使用钥匙）	驾驶侧车门锁有故障	仅有一个车门锁不工作	门锁电机有故障
	继电器有故障		配线有故障
仅有一个车门锁不工作	门闩或连杆有故障	只有钥匙封闭防护功能失效	钥匙开启警告开关有故障
			无线门锁控制接收器有故障
			配线有故障
无线门锁功能故障（虽然只有一个车门开启，但按下遥控器开关时，所有车门锁均开启）	钥匙开启警告开关有故障	每个车门都打开时，无线门锁功能也起作用，在所有车门开启30s内打开任一车门，无线门锁控制系统自动锁止功能起作用	门控灯开关有故障
	无线门锁控制接收器有故障		无线门锁控制接收器有故障
	配线有故障		配线有故障
无线门锁遥控系统失效	门控灯开关有故障	即使按下紧急手柄，警告操作系统也不运行	无线门锁控制接收器有故障
	车门钥匙锁止和开启开关有故障		配线有故障
	钥匙开启警告开关有故障		
	无线门锁控制接收器有故障	门锁只有一种方式工作	继电器有故障
	车身控制系统有故障		配线有故障
	配线有故障		搭铁电路断路
车门锁不能开启	车门钥匙锁止和开启开关有故障	门锁间歇工作	连接点松动
	钥匙开启警告开关有故障		继电器有故障
	无线门锁控制接收器有故障		开关故障
	车身控制系统有故障		
	配线有故障	所有门锁只按一个开关工作	配线有故障
车门锁不能锁止	车门钥匙锁止和开启开关有故障		开关故障
	无线门锁控制接收器有故障	门锁只在发动机运转时工作	连杆故障
	配线有故障		蓄电池电压低

2. 中控门锁系统故障诊断方法

（1）普通中控门锁系统诊断方法　中控锁开闭可由遥控器、门锁钥匙开关、中控开关三个开关各自独立控制，如果有个别开关失去操纵能力，则应检查该开关及相关线路；所有开关都不能开闭门锁，首先检查电源，然后应检查门锁闭锁条件是否充分（如大众车的车门开关、档位开关及安全气囊故障等）和门锁控制器及其控制电路等；如果所有开关都不能闭锁车门则应重点检查门锁控制器及其电路；如果所有开关都不能解锁则应检查门锁开关及其电路是否短路、门锁控制器及电路故障，个别车门不能闭锁要检查个别车门门锁及其电路故障。

当然，有些故障不是通过对几个重点可疑部件及其线路的检查就能排除的，可能需要对系统内所有部件全面细致的检测才能解决，有些系统还需对硬件进行匹配及软件的升级。因此，在实际的维修中需要详细理解其维修指导手册。

普通中控门锁系统主要由遥控器、门锁钥匙开关、中控开关、门锁控制器组成，如果中控门锁系统工作不正常，其一般诊断流程为：

1）检查蓄电池电压正常，继电器、熔丝正常，关好车门，操作遥控器开闭车门。如果门锁工作正常则进行步骤2），如果门锁工作不正常则进行步骤3）。

2）用车钥匙开闭车门，如果不能开闭车门则应检修车钥匙开关及线路。

3）用车钥匙开闭车门，如果能开闭车门，则应检查遥控器及控制器的接收天线电路。如果用车钥匙不能开闭车门，则应检查门锁开关、门锁控制器。

(2) 微机控制的中控门锁系统诊断方法　用汽车故障诊断仪检查，如果有门锁系统的故障码，按故障码指示的故障范围进行检修。如果没有故障码，读取其数据流，检查其输入控制信号是否缺失、控制许可条件是否具备，如果有缺失或数据偏差大，应检查对应的线路及部件；检查控制单元是否有输出控制指令，如果有应重点检查门锁电机及控制电路，否则检查控制单元的电路或更换控制单元。

3. 中控门锁系统各部件检修

(1) 线路检查

1）短路检查。检查某电路是否与电源电路短路，可用带电的方法检查：在点火开关关闭时断开被检线路，打开点火开关，用万用表检查该电路上是否有电压，有电压说明该线路与电源电路短路。任何线路间的短路都可用不带电的情况下检查线间电阻来确定，如果线间电阻不为无穷大，则线路间存在短路现象。

2）导通性检查。在点火开关断开时断开被检线路，用万用表检查该线路端对端间的电阻，当其阻值大于规定值时，则为该线路导通不良。

3）导线端子电压检查。某些与控制单元相连的部件，控制单元会输出一定的电压作用在该部件上，检查时常常在点火开关关闭时先断开该部件的线束，然后打开点火开关，检查相关端子的电压是否符合维修手册的数据要求，如果不符合要检查该线路及控制单元是否有故障。

(2) 门锁控制开关　用万用表测量开关在不同位置的导通性时，首先应根据维修资料，找到开关的接线端子，一般开关处于 LOCK 或 UNLOCK 位置时对应的接线端子间的电阻值应为零，处于 OFF 位置时对应的接线端子间的电阻值应为无穷大。检测结果符合上述要求的开关是好的，只要有一个结果不符合要求，则表示开关损坏，如损坏一般直接更换。

(3) 门锁控制继电器　门锁控制继电器是由电子电路控制的继电器，包括控制电路和继电器两个部分，它为门锁执行器提供脉冲工作电流，也叫门锁定时器。检测时测量其输出状态（电压、波形），与维修手册标准值比较，从而判断是否有故障，然后进行相应的处理。

(4) 门锁执行器

1）微开开关和锁止状态开关。检查门锁在不同状态下的开关的导通情况要符合要求。

按照门锁单元电路图用万用表电阻检查各接脚间的电阻值与标准值比较即可判断门锁单元的状态。

2）电机或电磁铁执行器。门锁执行器有电磁铁机构和直流电机等。可以用直接通电的方法检查其工作是否有开锁和闭锁两种功能状态，以判断其是否损坏。

注意事项：

1）无论中控门锁系统出现什么故障，应先通过检查，使故障可能存在的部位缩小到一定范围以内，然后再拆下车门内饰，露出门锁机构。最好先将拨动门锁开关后的情况列出图表，然后与维修手册中的故障诊断图表相对照，以便分析故障原因和部位。

2）在测试电路前，应结合故障诊断图表，先弄清线路图，然后再试加蓄电池电压或用万用表电阻档测量。如果盲目地测试，有可能会损坏昂贵的电子元件。

课后测评

1. 汽车门锁有哪些功能？
2. 汽车机械式门锁由哪几部分组成，各组成有何用？
3. 简述机械式门锁的工作过程。
4. 普通中控门锁系统主要由哪些部件组成，各组成有何功用？
5. 遥控式中控门锁系统主要由哪些部件组成？
6. 简述微机控制的门锁系统诊断方法。
7. 如何对电路进行断路、短路检查？

任务二　汽车防盗系统检修

任务目标

知识目标：
1. 掌握汽车防盗系统的作用及组成
2. 掌握汽车防盗系统的基本工作原理
3. 掌握汽车防盗系统故障的诊断方法

技能目标：
1. 能够使用检测设备对汽车防盗系统进行检测
2. 能够正确使用万用表、试灯等工具对汽车防盗系统的电路、部件进行检测
3. 掌握测试操作的安全生产知识

任务描述

汽车防盗系统是指防止汽车本身或车内物品被盗所设的系统，发动机防盗系统各组成功能强大，通过其内部的软件系统可实现非常复杂的密码运算，实现发动机防盗功能。中控门锁是汽车防盗组成的一部分，在上节已经讲过，本节主要讲解汽车发动机防盗系统，为便于讲解，本节主要以大众车系统的防盗原理为基础加以介绍。

知识储备

一、汽车防盗系统的分类

目前，汽车防盗系统按防盗装置结构的不同，可分为机械式防盗系统、电子式防盗系统、芯片式数码防盗系统和网络式防盗系统四种。

（1）**机械式防盗系统**　机械式防盗系统是采用机械的方式给车辆的重要操纵装置加锁，它通过锁定离合器踏板、制动踏板、加速踏板或转向盘、变速杆等主要操纵件，使盗车者无法将车开走。机械式防盗锁存在很多局限性，因而被电子式防盗系统所取代。

（2）**电子式防盗系统（防盗警报）**　近年来生产的轿车大多安装了微机控制的智能型电子遥控防盗器。通过遥控防盗器安全闭锁车门，防止非法进入；通过锁定发动机起动、点火和喷油控制电路，从而使发动机不能起动和运行。

（3）**芯片式数码防盗系统（防盗止动器）**　芯片式数码防盗器是利用芯片上存储的密码计算程序不断更新防盗密码，锁住汽车的电机、电路和油路，在没有芯片钥匙的情况下无法起动车辆。数字化的密码重码率极低，而且要用密码钥匙接触车上的密码锁才能开锁，有效解决了被扫描的弊端。芯片式数码防盗器是现在汽车防盗器发展的重点，大多数轿车均采用这种防盗方式作为原配防盗器。

（4）**网络式防盗系统（GPS防盗）**　网络式防盗系统是目前国际上比较先进实用的一种防

盗方式,它是在充分总结了前几种防盗方式存在的人防与机防脱节、防盗方式单一、防盗不防劫的弊端之后出现的一种更为先进的新型防盗方式。网络式防盗系统通过卫星定位系统(GPS)对汽车进行监控,以达到防盗的目的。该防盗系统不但可以锁定汽车的点火或起动系统,还可以通过 GPS(或其他网络系统)将报警信息和报警汽车所在的位置传送到报警中心。

二、芯片式数码防盗系统

芯片式数码防盗系统是目前各类汽车广泛采用的防盗系统,其操作简便、安全可靠。它是通过电子防盗系统在汽车非法起动时使发动机不能起动,保证车辆不能行驶以防止盗失。下面以大众汽车防盗系统为例,对汽车防盗系统的结构与原理进行讲解。

1. 大众汽车防盗系统概述

(1)大众汽车防盗系统的发展 大众汽车的防盗系统习惯上称为防盗止动器。目前,大众/奥迪公司车型选用的防盗止动器都是由西门子公司开发。

第一代防盗止动器始于 1993 年,采用固定码防盗形式;第二代防盗止动器始于 1997 年,采用固定码加可变码的防盗形式;第三代防盗止动器始于 1998 年,采用固定码加可变码(两级可变码传输)的方式,同时发动机控制单元参与防盗码的计算;第四代防盗止动器采用在线进行匹配的方式;第五代防盗止动器采用指纹防盗的方式。

(2)大众汽车防盗系统的类型 大众汽车防盗系统的类型主要有单独防盗止动器控制单元、防盗止动器控制单元集成在组合仪表内、防盗止动器控制单元集成在舒适系统控制单元内三种形式,如图 1-25 所示。

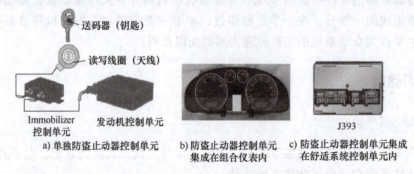

图 1-25 大众汽车防盗系统的类型

(3)防盗止动器功能及其特点

1)功能及作用。

功能:打开/锁止发动机控制单元(通过 W 线或 CAN 总线)。

作用:可以有效防止汽车在未被授权的情况下靠自身的动力被打开。

2)特点。

① 第一代防盗止动器。防盗止动器主要部件是钥匙、读写线圈和防盗控制单元,采用固定码传输,只要防盗控制单元识别到与其内部存储一致的识别码,防盗控制单元就允许发动机起动。

② 第二代防盗止动器。防盗止动器系统防盗控制单元集成在仪表控制单元内,在钥匙和防盗控制单元间采用固定码加变码进行传输,由 W 线进行数据传递。在第二代防盗系统中,当发动机控制单元锁死后,可通过自适应值清除解除锁止,起动发动机,所以其安全性不高。

③ 第三代防盗止动器。发动机控制单元是防盗止动器的一部分，不接收没有 PIN 的自适应；自适应后的钥匙（应答器）被锁止，不能再用于其他车辆；第三代防盗止动器提供对第二代功能的支持；由 CAN 总线进行数据传递。钥匙上压有 W 标记，在防盗控制单元和发动机控制单元中，都有防盗器 14 位串号和 17 位车辆底盘编号（车辆识别号）。

④ 第四代防盗止动器。第四代防盗止动器的功能和形式与第三代防盗器一致，只是所有与防盗器有关的元件均需在线进行匹配；只能通过诊断仪"在线查询"可确保安全、快速并可靠地将数据传送至车辆，通过传真来查询防盗器部件 PIN 码已经不再存在；所有车钥匙（包括补订的）在出厂前均已针对某一辆车编制了代码，因此这些钥匙只能与该车进行适配。

⑤ 第五代防盗器。第五代防盗器内的部件，除了钥匙以外，可以在不同车辆之间互换；刚刚订购的新钥匙在没有匹配前，插入点火开关，按下一键启动按钮也可以发动车辆；如果钥匙丢失，仍然可以通过诊断仪连接到 FAZIT 中心数据库，打开点火开关；没有使用过的新部件是可以在大众所有品牌适用车型内互用的，但如果完成了匹配，那只能在该品牌的车辆之间互用。

2. 防盗止动器各部件

(1) 第二、三代防盗止动器各部件　第二、三代防盗止动器由汽车钥匙、读写线圈、防盗止动器控制单元及发动机控制单元组成，如图 1-26 所示。

a) 带有送码器　　b) 读写线圈　　c) 防盗止动器控制单元　d) 发动机控制单元
的点火钥匙

图 1-26　第二、三代防盗止动器各部件

(2) 第四、五代防盗止动器各部件　第四、五代防盗止动器由芯片钥匙、进入和起动授权开关、舒适系统控制单元、发动机控制单元和转向柱锁止控制单元组成，如图 1-27 所示。

a) 芯片钥匙　　b) 进入和起动　　c) 舒适系统控制单元　　d) 发动机控制单元　e) 转向柱锁止控制单元
（送码器）　　　授权开关　　　（集成有防盗控制单元）

图 1-27　第四、五代防盗止动器各部件

1) 芯片钥匙。三代及以前的防盗点火钥匙（内部带有脉冲转发器、辨认线圈），每个防盗器中的防盗点火钥匙除了拥有一般车钥匙的功能外，还有一个识别码，当钥匙插入点火开关时，接收读写线圈的能量，钥匙中的脉冲发生器便会产生特有的脉冲信号（识别码），该信号（识别码）传给读写线圈，如图 1-28 所示。

四代及以后的防盗点火钥匙，钥匙的机械编码钥匙齿只能用于（驾驶人车门、行李箱盖）锁芯处。钥匙发射器与电子部件连成一体，并且在钥匙电池无电压的情况下也能工作。这种钥匙增设了一个电子部件，用它实现与进入和启动许可控制单元之间的无线双向通信。对于每辆车来说，防盗器的车钥匙都将在制造厂以电子和机械的方式预先设置密码。也就是说，

对钥匙的内齿进行特殊加工，并设置基础编码，使该钥匙只能在被指定的车上使用。芯片钥匙如图 1-29 所示。

图 1-28　钥匙及接收读写线圈

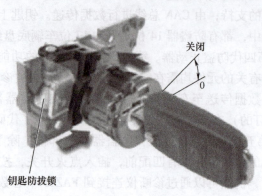

图 1-29　芯片钥匙

2）进入和起动授权开关（四代后采用）。如图 1-30 所示，该开关内的锁芯无机械编码，使用任何钥匙都可以转动该锁。钥匙的识别是通过点火开关内的识别线圈来完成的。收发器信息被编成密码，经一条"三线式"总线发送到防盗控制单元，防盗控制单元会分析这些信息。点火开关上有三个档位，可以用钥匙将该开关顺时针转至 ON（接通）位置及 START（起动）位置；逆时针转动即关闭该开关。

3）防盗器控制单元。防盗器控制单元是防盗系统的主控单元，内部存储用于防盗数据及运算程序，识别防盗钥匙。三代及以前的防盗功能集中在一个防盗控制单元中（集成在组合仪表内、单独的防盗控制单元或集成在舒适系统内），第四代防盗器的防盗器

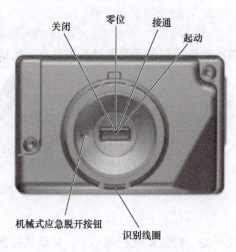

图 1-30　进入和起动授权开关

控制单元已经不再安装在组合仪表总成中，而是与进入和启动许可控制单元 J518 连成一体。现代的防盗功能分配到几个控制单元中。

4）发动机控制单元。如果更换发动机控制单元，则防盗器控制单元中已生效的钥匙不会被更改，继续有效，即不用再进行钥匙的匹配，但防盗器控制单元必须记忆新的发动机控制单元的编码，即需要进行两个控制单元之间的匹配，也就是进行相互识别。第四代防盗器的发动机控制模块与第三代防盗器的外观并无区别，但内部程序不相同，并不能互换。

5）转向柱锁止控制单元。转向柱锁止控制单元是第四代、第五代防盗器的一部分，用与控制转向柱的锁止和解锁，转向柱锁止或是解锁必须得到位于舒适系统控制单元中防盗器的认可，并且必须和舒适系统控制单元同时更换和在线匹配调整。

6）FAZIT 中心数据库。FAZIT 中心数据库位于沃尔夫斯堡的德国大众集团总部，是德文 Fahrzeug Auskunft und Zentrales Identifikations Tool 的缩写，意思是汽车信息和中心识别工具。在该数据库中保存了第四代防盗器 IV 的所有独特防盗数据。访问 FAZIT 中心数据库只能由 Geko 用户通过测试仪 VAS505X 进行在线访问。

3. 第三代防盗止动器

（1）组成　第三代防盗止动器各组成如图 1-31 所示。

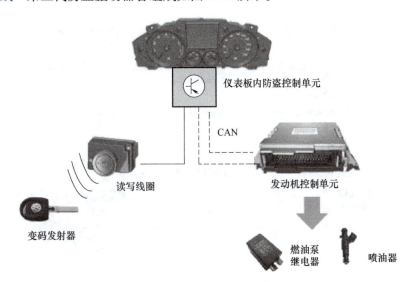

图 1-31　第三代防盗止动器组成

（2）第三代防盗止动器的工作原理　发动机起动授权过程：

第三代防盗止动器工作原理包括三个过程，即：固定码传输（从钥匙到防盗止动器控制单元），可变码传输（从防盗止动器控制单元到钥匙），可变码传输（从发动机控制单元到防盗止动器）。

1）固定码识别过程（钥匙→防盗 ECU）。当点火开关打开后，组合仪表内的防盗控制单元通过改变点火开关读写线圈的磁场能量向送码器传输的数据提出质询，然后点火钥匙发送回来它的固定码（首次匹配时这个固定码储存在防盗器控制单元中）。点火钥匙传送来的固定码与储存在防盗控制单元中的固定码在防盗控制单元中进行比较，如果相同，则开始传送可变码。点火钥匙与防盗控制单元的固定码识别过程如图 1-32 所示。

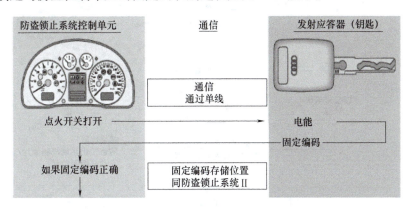

图 1-32　点火钥匙与防盗控制单元的固定码识别过程

2）可变码识别过程（防盗 ECU→点火钥匙）。防盗控制单元随机产生一个变码，这个码是点火钥匙和防盗控制单元用于计算的基础。在点火钥匙和防盗控制单元内有一套公式列表（密码术公式列表）和一个相同且不可改写的 SKC（隐秘的钥匙代码）。点火钥匙和防盗控制单元分别进行计算后，点火钥匙将结果发送给防盗控制单元，防盗控制单元将收到的结果与自己的计算结果进行比较，如果相同，钥匙确认完成，如图1-33所示。

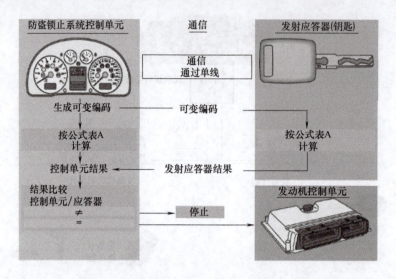

图1-33 防盗控制单元与点火钥匙的可变码识别过程

3）可变码识别过程（发动机ECU→防盗ECU）。如图1-34所示，当点火钥匙确认完成后，发动机控制单元随机产生一个变码。在发动机控制单元和确认完成的点火钥匙内有另一套密码术公式列表和一个相同的SKC（公式指示器）。点火钥匙确认完成后发回的计算结果在发动机控制单元内与发动机控制单元的计算结果进行比较（这个数据由CAN总线进行传递），如果结果相同，发动机被允许起动；如果异常，则发动机不能起动。

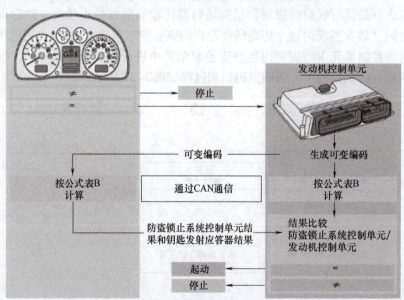

图1-34 防盗器控制单元与发动机控制单元的可变码识别过程

4. 第四代防盗止动器

第四代防盗器功能与第三代防盗器功能形式上基本一致，只是部件的匹配需要在线进行。

第四代防盗器由 FAZIT 中心数据库，防盗器转向柱控制单元参与防盗，如图 1-35 所示。

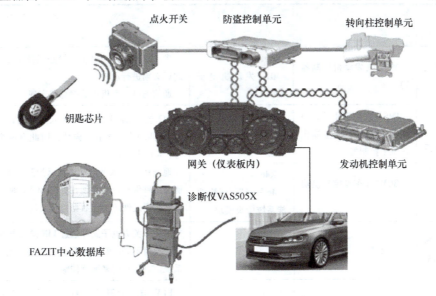

图 1-35　第四代防盗止动器组成

防盗控制单元、发动机控制单元均位于动力总线上，所以防盗控制单元与发动机控制单元的数据交换通过动力总线进行。

诊断仪 VAS505X 通过诊断 K 线进入仪表板内的网关，通过网关再与舒适总线上的防盗控制单元进行数据交换。可见，防盗控制单元同时位于动力总线与舒适总线上。防盗控制单元通过硬线与转向柱锁控制单元和点火开关相连接。

5. 第五代防盗止动器

在第五代防盗止动器中，变速器控制单元参与了防盗。第五代防盗止动器的示教功能检查在引导型故障查询中被称为修理防盗锁止系统。功能检查设计为模块化结构，可对 Geko 数据库信息进行分析。模块具有可更换性，因此给出的信息中出现的不是真正的部件，而是虚拟的控制器。这样，部分名称会与电路图中的部件名称存在偏差。第五代防盗止动器的组成如图 1-36 所示。

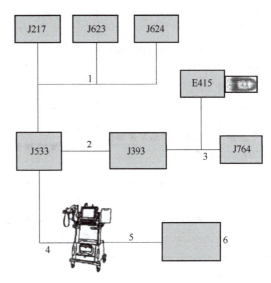

图 1-36　第五代防盗止动器的组成
J217—自动变速控制器　J623—发动机控制单元 1
J624—发动机控制单元 2　J533—数据总线诊断接口
J393—舒适/便捷系统的中央控制器　E415—进入及启动许可开关
J764—ELV 控制器　1—驱动机构数据总线　2—便捷功能数据总线
3—LIN 总线　4—数据总线诊断　5—网络连接　6—Geko 数据库

发动机控制单元 2-J624 和自动变速箱控制器 J217 仅可作为选装件进行安装。第五代防盗止动器部件功能说明见表 1-2。

表 1-2 第五代防盗止动器的部件功能说明

部 件	在引导型故障查询中使用的缩写	K 组件编号诊断地址	备 注
发动机控制单元1-J623	MSG1（发动机控制器1）	K01 01—发动机电子系统	发动机控制器1是防盗锁止系统主要设备，更换之后必须进行示教 通信通过驱动机构数据总线实现
舒适/便捷系统的中央控制器 J393	IMS（防盗锁止系统控制器，相当于防盗锁止系统主控制器） BCM2（车身控制模块2）	K05 05—进入及启动许可 K46 46—舒适/便捷功能系统中央模块	BCM2包括诊断地址05—进入及启动许可和46—舒适/便捷功能系统中央模块，因此有两个K组件编号：K05和K46 地址05—进入及启动许可承担防盗锁止系统的功能和组件保护，并必须在更换BCM2时进行示教 通信通过便捷功能数据总线实现
进入及启动许可开关 E415	点火开关	—	点火开关为电子式并通过LIN总线与BCM2连接 更换时不必示教点火开关，因为钥匙的防盗锁止系统信息仅是用来继续传输
ELV 控制器 J764	ELV（电子转向盘联锁）	KG1 05—进入及启动许可	ELV与点火开关一样使用同一条LIN总线与BCM2进行连接，因此没有自己的诊断地址，但在更换时必须在防盗锁止系统上进行示教 诊断通过地址05—进入及启动许可进行 ELV可作为单独部件更换，无需拆卸转向柱
发动机控制单元2-J624	MSG2（发动机控制器2）	K11 11—发动机电子系统Ⅱ	MSG2是防盗锁止系统的主要设备，更换之后必须进行示教 MSG2作为选装件安装，发动机代码不同时型号也不同 通信通过驱动机构数据总线实现
自动变速器控制器 J217	GSG（自动变速器控制器）	K02 02—变速器电子系统	GSG是防盗锁止系统的主要设备，更换之后必须进行示教 GSG作为选装件安装 通信通过驱动机构数据总线实现
数据总线诊断接口 J533	网关	K19 19—数据总线诊断接口	网关是防盗锁止系统的无源设备，更换之后不必进行示教 网关用作舒适/便捷功能数据总线与驱动机构数据总线的路由器
车辆钥匙 KD5708	钥匙	—	车辆钥匙是防盗锁止系统的主要部件，更换之后必须进行示教 可示教0~8把钥匙

一、准备工作

1）整车一台，要求其性能良好。

2）检测工具：万用表、解码器、示波器、试灯、测试导线等。

3）常用拆装工具；世达套筒扳手一套，一字、十字螺钉旋具各一个。

4）熟悉维修手册、作业工单。

二、任务实施

1. 大众第四代防盗止动器在线匹配

位于德国大众总部的中央数据库是第四代防盗止动器的核心部分，必须通过大众专用的测试仪 VAS5051 及后代产品，通过网络进入 FAZIT 才能获得车辆的防盗数据，否则无法完成防盗器的匹配。

如图 1-37 所示，在尝试在线匹配第四代防盗器的任何部件之前，建议测试 FAZIT 在线连接是否正常。进入 VAS505X 的引导性功能，然后选择"无钥匙进入/起动系统"选项，就可以找到 FAZIT 在线连接测试功能选项。如果测试通过，证明网络电缆、网络连接、路由器设置均良好。

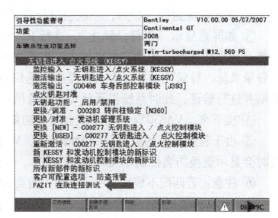

图 1-37　FAZIT 在线连接测试

如图 1-38 和图 1-39 所示，第四代防盗器内更换任何新的部件，都必须进行在线匹配，才能"添加"到第四代防盗器内。

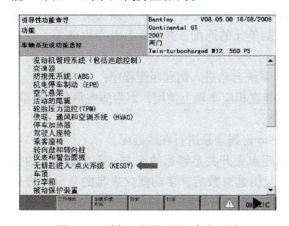

图 1-38　选择无钥匙进入/点火系统　　图 1-39　无钥匙进入/起动系统的全部功能

1）第四代防盗器部件在线匹配准备：

① 确保 Geko 账号目前处于激活状态。

② 连接 VAS505X 到车间的宽带网络上。

③ 连接 VAS505X 到车辆的诊断接口上。

④ 连接蓄电池充电器到车辆主蓄电池上。

⑤ 选择相关的汽车型号数据。

⑥ 在 VAS5052 上选择合适的对准选项。

⑦ 安装屏幕上的相关提示进行操作。

必须注意的是，每次进行在线匹配之前，必须完成"FAZIT在线连接测试"。如果第四代防盗器的一个或一个以上的部件已经完成在线匹配，那么发动机起动时间不能超过5min。

2）更换防盗控制单元时进行匹配：

① 在整个匹配过程中，保持钥匙位于点火档位，如15号正电不能接通，则可通过不停地旋转前照灯开关激活网关，使VAS5052能连接到车辆。

② 正式匹配进程开始后，系统会进行登录锁止状态查询。

③ 如屏幕显示"无登录锁止"，进行下一步，按照提示依次输入客户姓名、用户识别号、国籍（建议使用真实的用户信息输入，国籍为CN）等信息，然后输入服务站用户名及相应密码登录系统，登录成功后，中央数据库会返回有关查询数据，然后VAS5052接收和分析相关数据并进行验证，此时系统提示已写入配置信息指令字节。

④ 接下来，VAS5052会将下载包写入防盗控制单元。

⑤ 由于程序设备的原因，一般情况下，VAS5052无法一次性将下载包写入防盗控制单元，这时会显示更换防盗控制单元时匹配失败。

⑥ 注意：若匹配不成功，一定不要关闭点火开关、拔下诊断插头、断电或退出系统。因为，此时第四代防盗器已进行部分匹配，任何非正常中断都会造成防盗控制单元因不能完成匹配而永久损坏；正确的做法是按"继续"箭头再次运行匹配程序，继续防盗控制单元匹配的进程，在系统读取和验证第四代防盗器数据后，最终将显示成功地将下载包写入防盗控制单元。

3）根据第四代防盗器的工作原理，需要点火钥匙S触点的信号才能激活防盗信息的交换：

① 因此选择"查询S触点"，将点火钥匙暂时从钥匙座内拔出，再推回至S触点位置。

② 目的是进行断电和S触点的识别工作，并根据屏幕提示选择"是"。

③ 通过S触点正常识别，由50通道适配功能传递车辆底盘号，在车辆底盘号成功传递后，VAS505X显示成功地进行了舒适系统中央控制单元的匹配，并提示打开点火开关，以对系统进行确认。

4）确认舒适系统中央控制单元匹配成功后，系统自动进入钥匙匹配程序：

① 所有车辆钥匙出厂时均进行了预设码，只能在相应车辆上使用，因为防盗信息的更新，原钥匙必须和舒适系统中央控制单元J393进行匹配。

② 按照提示步骤，输入服务站用户信息和Geko密码登录进行在线匹配。

③ 匹配钥匙时为避免干扰，每把钥匙应放在距点火开关足够远的地方，通过屏幕上的加或减按钮，来确定所配钥匙的总数，在确定需匹配钥匙总数后，多功能仪表盘的日里程表处会显示所要匹配钥匙数的目标值和匹配成功的数值，按照引导程序打开/关闭点火钥匙，直到匹配钥匙总数达到目标值。

④ 至此，通过在线连接对防盗止动器的各部件之间的数据进行了匹配，实现了各系统部件的相互识别。

5）最后进行遥控器的匹配：

① 将相应的带遥控器的车辆钥匙插入点火开关，通过系统键盘输入带遥控器功能钥匙的数量。

② 在系统激活适配功能时，依次按一下待匹配钥匙的开锁或闭锁键至少1s以上，随着15s的适配时间上限截止，钥匙的匹配过程自动结束。

③ 尽管显示遥控器已成功匹配，但一般会出现操作遥控器却不能开、闭锁的现象，进入舒适系统中央控制单元J461第10数据组，读取开锁、闭锁遥控信号是否处于正常接收状态。

④ 此时，如操作左前门的控制键，控制键也同样失效，说明新更换的舒适系统中央控制

单元处于工厂模式。

⑤ 通过 VAS5052 功能引导关闭工厂模式，完成后，车辆开/闭锁功能恢复正常。

6）更改编码：

此时进入 J393 查询故障码，通常会有左右后门电控单元无信号/通信的故障存储，且无法清除，这是因为新的舒适系统中央控制单元预置的长编码与本车实际配置不符，需要按原来记录的长编码重新进行更改。改写编码后故障码自动变为偶发故障，存储可以消除。

7）退出功能引导，进入系统收集服务功能清除所有电控单元的故障码，确认无故障码存储后，起动车辆，确认是否正常；此时利用引导性功能中的测量数据块功能再读取舒适系统中央控制单元内防盗模块数据流。

① 显示防盗锁止系统使用状态为正常值 6；

② 防盗锁止系统状态为正常值 0；

③ 授权钥匙为"是"；

④ 发动机控制单元应答为"是"；

⑤ 许可启动过程为"是"。

至此，完成更换舒适系统中央控制单元，结束第四代防盗器匹配，恢复车辆运行。

2. 迈腾轿车第四代防盗止动器的故障检修

迈腾轿车配置了大众第四代防盗止动器。当更换防盗止动器的某些部件后，第四代防盗止动器需要与远程的中央数据库进行在线连接匹配，否则与防盗止动器有关的控制单元和该数据库的匹配不可能实现。中央数据库记录了相关控制单元的重要防盗数据。下面以迈腾为例介绍第四代防盗止动器的检修。

（1）防盗止动器的主要部件 迈腾轿车防盗止动器组成如图 1-40 所示。

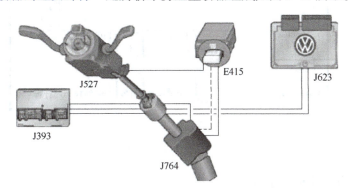

图 1-40 迈腾轿车防盗止动器主要部件

J527—转向柱控制单元 J623—发动机控制单元 J393—舒适系统中央控制单元 J764－转向柱锁止控制单元 E415—授权开关

1）点火钥匙（送码器）。

2）进入和起动授权开关 E415，更换后无需调整匹配。

3）舒适系统中央控制单元 J393：防盗控制单元集成在舒适系统控制单元中，更换后需要在线匹配。

4）转向柱锁止控制单元 J764：转向柱锁止或解锁必须得到位于舒适系统控制单元中的防盗控制单元的认可，J764 必须和舒适系统控制单元 J393 同时更换和在线匹配。

5）发动机控制单元 J623：更换后需要在线匹配。

6）进入和起动授权开关 E415：集成了防盗钥匙读写线圈，该件更换后无需调整，可重复使用。

(2) 防盗系统的工作过程分析　迈腾轿车防盗系统部分电路如图 1-41 所示。

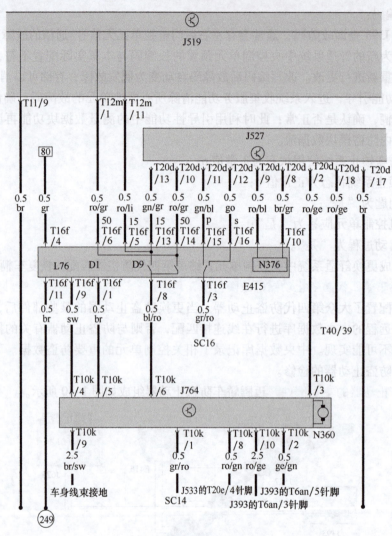

图 1-41　防盗系统电路图

1) 解锁过程中信号的走向：

① 钥匙插入进入和起动授权开关 E415，E415 内部的工作触点由 15 针脚（P 点）切换到 16 针脚（S 点）。电源由熔丝 SC16→E415 的 T16f/16 针脚→转向柱控制单元 J527 的 T20d/12 针脚，就是说 J527 识别到 11 针脚断电和 12 针脚来电的变化，并激活 CAN 总线。

② 当舒适系统中央控制单元 J393 激活后，通过串行数据线与转向柱锁止控制单元 J764 进行通信，同时 J764 进行读取钥匙信息，并通过串行数据线回传钥匙信息。J393 的 T6an/5 针脚与 J764 的 T10k/2 针脚通过串行数据线交换数据，J764 的 T10k/4 和 T10k/5 针脚与 E415 的 T16f/9 和 T16f/1 针脚交换数据，读取钥匙信息（识读线圈）。

③ J393 读取的钥匙信息通过 CAN 总线由 J533 和 J623 确认无误后，J393 的 T6an/3 针脚提供给 J764 的 T10k/10 针脚一个解锁信号，J764 解锁的同时通过 J764 的 T10k/6 针脚为 E415 的 T16f/8 针脚提供 15 号和 50 号电源。

④ E415 通过 T16f/5 和 T16f/6 针脚为 J519 的 T12m/11 和 T12m/1 针脚提供 15 号和 50 号电源，T16f/13 和 T16f/14 针脚为 J527 的 T20d/13 和 T20d/10 针脚提供 15 号和 50 号电源，供发动机起动。

2）锁止过程中信号的走向：

① 钥匙插入进入和起动授权开关 E415，E415 内部的工作触点由 16 针脚（S 点）切换到 15 针脚（P 点）。电源由熔丝 SC16→E415 的 T16f/15 针脚→J527 的 T20d/11 针脚，就是说 J527 识别 12 针脚断电和 11 针脚来电的变化，J527 的 T20d/2 针脚为 J764 的 T10k/3 针脚提供锁止激活信号。同时，数据总线诊断接口 J533 的 T20e/4 针脚为 J764 的 T10k/8 针脚提供一个附加锁止信号。

② J393 通过 CAN 总线收集车速和发动机转速等相关信息，如果达到规定，通过串行数据线 J393 的 T6an/5 针脚与 J764 的 T10k/2 针脚交换最终锁止命令。在这里值得一提的是，即使总线不通信，只要车速不为零时，ABS 控制单元也会通过 J393 的唤醒总线传递车速信号，防止转向柱锁死。

3）主要针脚电压变化和波形分析：

① 转向柱锁止控制单元 J764 的各针脚电压（表 1-3）。各针脚电压在线束插头未拔出时测量。其中针脚 10 的解锁电压正常为 13V，但持续时间只有约 268ms，闭锁电压持续时间约 228ms，用普通数字万用表捕捉不到，必须用示波器进行捕捉。

表 1-3　转向柱锁止控制单元 J764 的各针脚电压

针　　脚	钥匙未插入/V	钥匙插入/V	钥匙拔出/V
针脚 1	13.32	13.76	13.32
针脚 2	12.74	13	12.74
针脚 3	0.0082	13.32—8.2—0.0082	0.0082—13.32—0.0082
针脚 4	0.0043	0.0123—0.0043	0.0043
针脚 5	0.00424	0.0114—0.0043	0.0043
针脚 6	0.00416	0.01324	0.00416
针脚 8	0.0196	0.0286—0.0196	14—0.0286—0.0196
针脚 9	对地	对地	对地
针脚 10	0.016～0.017	0.024～0.017	0.025～0.017

② 主要实测波形。

a. J393 的 T6an/5 针脚与 J764 的 T10k/2 针脚之间串行数据线波形，如图 1-42 所示。

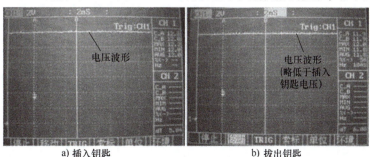

a) 插入钥匙　　b) 拔出钥匙

图 1-42　串行数据线波形

b. 钥匙信息读写线圈波形，如图1-43所示。

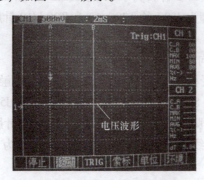

图 1-43　钥匙信息读写波形

 课后测评

1. 汽车防盗系统主要分哪几类？各是什么？什么是芯片式防盗系统？
2. 防盗止动器有什么作用？各代防盗止动器有什么特点？
3. 大众第三代防盗止动器由哪些部件组成？各部件有何作用？
4. 简述大众第三代防盗止动器的工作原理。
5. 大众第四代防盗止动器更换防盗控制单元后，是如何进行匹配的？

项目二 汽车 ABS、ASR、ESP 系统检修

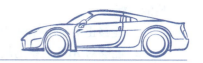

学习目标

知识目标：
1. 掌握 ABS、ASR、ESP 系统的作用及组成
2. 掌握 ABS、ASR、ESP 系统的工作原理

技能目标：
1. 能正确使用常用拆卸工具和仪器仪表
2. 能正确进行 ABS、ASR、ESP 系统的解体和装配
3. 能够进行 ABS、ASR、ESP 系统的检查及故障诊断与排除

情感目标：
1. 培养认真观察的能力和习惯
2. 培养安全与环保意识

项目描述

为预防汽车发生事故，避免人员受到伤害而采取的安全设计，称为主动安全技术。ABS、ASR、ESP 系统是汽车主动安全系统的重要组成部分，在保证汽车的行驶稳定性、防止车祸的发生方面发挥着积极的作用，在汽车上广泛应用。本项目重点介绍了各系统的组成、原理及检修方法。

任务一 汽车 ABS 系统检修

任务目标

知识目标：
1. 掌握 ABS 系统的作用及组成
2. 掌握 ABS 系统的工作原理
3. 掌握 ABS 系统的检修内容及方法

> 技能目标：
> 1. 能够正确使用各种仪器与设备
> 2. 能够对 ABS 系统的故障进行检修

 任务描述

防抱死制动系统的英文全称是 Anti-lock Braking System，简称 ABS。ABS 作为汽车制动安全的重要组成部分，已成为汽车的标准配置。防抱死制动系统对维修的安全可靠性要求很高，因此，维修人员不仅需要具备良好的专业技能，更需要有极高的责任心和很强的安全服务意识。

 知识储备

当对行驶中的车辆进行适当制动时，如果制动力左右对称产生，车辆能够在行驶方向上稳定地停止下来。但当左右制动力不对称时，就会产生绕重心旋转的力矩。此时，如果轮胎与地面的侧向反力能阻止旋转力矩的作用，则车辆仍能保持直线行驶；如果轮胎与地面的侧向反力很小，则车辆就有可能出现如图 2-1 所示的不规则运动。

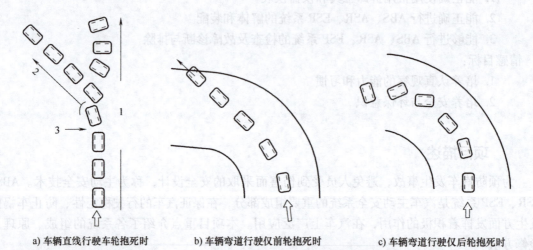

a) 车辆直线行驶车轮抱死时　　b) 车辆弯道行驶仅前轮抱死时　　c) 车辆弯道行驶仅后轮抱死时

图 2-1　车轮抱死后车辆的运动情况

如图 2-1a 所示，当车辆直线行驶车轮抱死时，车辆出现了制动跑偏或甩尾侧滑的现象；如图 2-1b 所示，当车辆弯道行驶仅前轮抱死时，车辆出现了失去转向能力的现象；如图 2-1c 所示，当车辆弯道行驶仅后轮抱死时，车辆出现了甩尾侧滑的现象。通常车轮制动抱死后会造成制动距离增加。

一、制动时车轮及路面的状态

1. 受力分析

（1）地面制动力（F_B）　图 2-2 所示是汽车在良好的路面上制动时，车轮的受力情况。

图中忽略了滚动阻力矩和减速时的惯性力矩。

汽车制动时，由于制动鼓（盘）与制动蹄摩擦片之间的摩擦作用，形成了摩擦力矩（即制动力矩）M_B，此力矩与车轮转动方向相反。车轮在 M_B 的作用下给地面一个向前的摩擦力 F_R（属于系统内力），与此同时地面给车轮一个与行驶方向相反的切向反作用力 F_B，这个力就是地面制动力，它是迫使汽车减速或停车的外力—制动力。

车轮作用于地面的制动力：$F_R = \mu_{HF} F_N$

地面反作用于车轮的制动力：$F_B = -F_R = -\mu_{HF} F_N$

侧向力：$F_S = \mu_s F_N$

式中，μ_{HF} 称为附着系数或摩擦系数，它表明轮胎与路面间的不同材料副的特性和对材料副影响的所有影响因素；μ_s 为侧向附着系数。附着系数是可传递摩擦力的一个尺度，它与路面状况、轮胎状态、行驶速度、气候条件有关。

（2）制动器制动力 当汽车制动时，阻止车轮转动的是制动器摩擦力矩 M_B。将制动器的摩擦力矩 M_B 转化为车轮周缘的一个切向力，称其为制动器制动力 F_R。

（3）地面制动力、制动器制动力和附着力的关系 图 2-3 所示为不考虑制动过程中附着系数 μ_{HF} 变化的地面制动力 F_B、制动器制动力 F_μ 以及附着力 F_φ 三者的关系。在制动过程中，车轮的运动只有减速滚动和抱死滑移两种状态。当驾驶人踩制动踏板的力较小，制动摩擦力矩较小时，车轮只作减速滚动，并且随着摩擦力矩的增加，制动器制动力和地面制动力也随之增长，且在车轮未抱死前地面制动力始终等于制动器的制动力。此时，制动器的制动力可全部转化为地面制动力，但地面制动力不可能超过附着力。

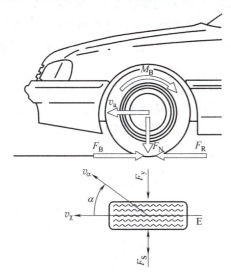

图 2-2 制动时车轮受力分析
v_x—纵向的车轮速度 F_N—轮胎支承力（法向力）
F_B—制动力 M_B—制动力矩 F_R—车轮给地面的摩擦力（由制动车矩产生）
v_α—侧偏方向速度 α—侧偏角 F_S、F_y—侧向力

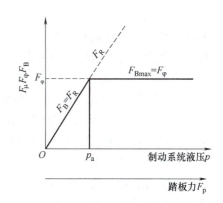

图 2-3 地面制动力、制动器制动力和附着力的关系

当制动系统液压力（制动踏板力）增大到某一值时，地面制动力达到附着力，即地面制动力达到最大值。此时，车轮即开始抱死不转而出现拖滑的现象。当再加大制动系统液压力时，制动器制动力随着制动器摩擦力矩的增长仍按直线关系继续上升，但是，地面制动力已

不再随制动器制动力的增加而增加。

要想获得好的制动效果,必须同时具备两个条件,即汽车具有足够的制动器制动力,同时又要有附着系数较高的路面提供足够的地面制动力。

2. 运动分析

车轮制动时会产生滑移,滑移有两种表现,一是由于轮胎的橡胶弹性变形而形成的内部滑移,二是轮胎与地面产生的滑动。滑移的结果是汽车的行驶速度与轮缘速度不等。

(1) 滑移率 汽车匀速行驶时,汽车的实际车速与车轮滚动的圆周速度(也称车轮速度)是相同的。在驾驶人踩制动踏板使车轮的轮速降低时,车轮滚动的圆周速度(轮胎胎面在路面上移动的速度)也随之降低了,但由于汽车自身的惯性,汽车的实际车速与车轮的速度不再相等,使车速与轮速之间产生一个速度差。此时,轮胎与路面之间产生相对滑移现象,其滑移程度用滑移率表示。

滑移率是指车轮在制动过程中滑移成分在车轮纵向运动中所占的比例,用"S"表示。其定义表达式为

$$S = (v - \omega r)/v \times 100\%$$

式中
    S—车轮的滑移率;
    r—车轮的滚动半径;
    ω—车轮的转动角速度;
    v—车轮中心的纵向速度。

由上式可知:当汽车的实际车速等于车轮滚动时的圆周速度时,滑移率为零,车轮为纯滚动;当汽车制动时,逐渐踩下制动踏板,车轮边滚动边滑动,滑移率为0%~100%;当制动踏板完全踩到底,车轮处于抱死状态,而车身又具有一定的速度时,车轮滚动的圆周速度为零,则滑移率为100%。

(2) 附着系数与滑移率的关系 大量的试验证明,在汽车的制动过程中,附着系数的大小随着滑移率的变化而变化。图2-4所示为在干路面上时附着系数与滑移率的关系。对于纵向附着系数,随着滑移率的迅速增加,并在$S=20\%$左右时,纵向附着系数最大;然后随着滑移率的进一步增加,当$S=100\%$,即车轮抱死时,纵向附着系数有所下降,制动距离会增加,制动效能下降。对于横向附着系数,$S=0\%$时,横向附着系数最大;然后随着滑移率的增加,横向附着系数逐渐下降,并在$S=100\%$,即车轮抱死时横向附着系数下降为零左右。此时,车轮将完全丧失抵抗外界侧向力作用的能力,稍有侧向力干扰(如路面不平产生的侧向力、汽车重力的侧向分力、侧向风力等),汽车就会产生侧滑而失去稳定性,而转向轮抱死后将失去转向能力。因此,车轮抱死将导致制动时汽车的方向稳定性变差。

从以上分析可知,制动时车轮抱死,制动效能和制动方向稳定性都将变坏。而如果制动时将

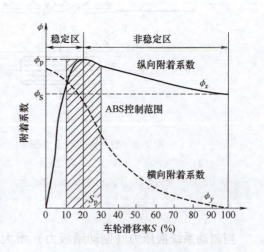

图2-4 附着系数与滑移率的关系曲线

车轮的滑移率 S 控制在 15%~30%，即图 2-4 所示的 S_p 处，此时纵向附着系数最大，可得到最好的制动效能；在纵向附着系数对应区域，横向附着系数也保持较大值（为横向附着系数的 50%~70%），使汽车也具有较好的制动方向稳定性。

二、控制方法

在汽车的制动过程中，若能将滑移率控制在最大附着系数所对应的滑移率范围内，汽车将处于最佳制动状态。

要控制滑移率就要对作用于车轮上的力矩进行瞬时的自适应调节。防抱死制动系统就是通过电子控制单元、车轮转速传感器和制动压力调节器，对作用于制动轮缸内的制动液压力进行瞬时的自动控制（每秒约 10 次），从而控制制动车轮上的制动器压力，使制动车轮尽可能保持在最佳的滑移率范围内运动，从而使汽车的实际制动过程接近于最佳制动状态成为可能。

通过在常规的制动系统中，主制动缸与轮缸间串接压力调节阀（以 2/2 电磁阀为例）。在通路位置（制动时的正常位置）轮缸中建立制动压力，2/2 电磁阀的排液阀处于关闭状态。

如果车轮转速传感器检测到车轮有很大减速度（有抱死危险），则不能再提高相应车轮上的制动压力，进、出液阀关闭，制动压力保持不变。

在继续提高车轮减速度时排液阀必须打开，以降低制动压力。制动液由回液泵泵回主缸。在轮缸中的制动液压力下降，车轮就不那么快地减速了。

三、基本的闭环控制过程

1. 控制过程

开始制动时，制动压力增加，制动滑移率 S 上升，在附着系数-滑移率曲线的最高点处达到稳定区与不稳定区的分界点。从此点开始，任何制动压力或制动力矩的进一步增加，都不会引起汽车制动力的继续增加。在稳定区，制动滑移主要是变形滑移；在非稳定区，制动滑移主要是趋向于滑拖（车轮打滑）。

在附着系数-滑移率曲线上，纵向附着系数有较陡或较平的跌落，过大的制动力矩使车轮很快抱死（未装 ABS 制动时），表现为车轮减速度急剧增加。

轮速传感器监测车轮的运动状态。当某一个车轮有抱死倾向时，该轮的减速度增加很快，车轮开始滑移。如果该轮减速度超过临界值，ABS 控制器发出指令，让电磁阀停止或减小车轮制动压力，直到抱死的可能消失。为防止车轮制动力不足，就必须再次增加制动压力。在自动制动控制过程中，必须连续检测车轮运动是否稳定，通过连续调节制动压力（加压、减压和保持），使车轮保持在制动力最佳的滑移范围内。ABS 电控液压回路如图 2-5

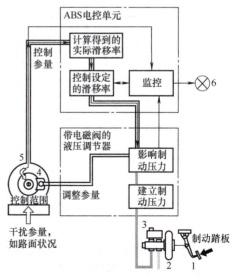

图 2-5　ABS 电控液压回路
1—制动踏板　2—制动助力器　3—带稳压罐的主缸
4—轮缸　5—车轮转速传感器　6—指示灯

所示。

对前桥车轮分别进行独立控制。由于行驶稳定性原因，两个后轮需采用另外的控制策略。在弯道行驶，为了在全制动时能保持横向加速度以及保持后轮上的横向力，必须提高轮胎的侧向摩擦系数。所以，必须保持后轮，特别是在弯道行驶的外侧后轮的滑移率要小。通过"低选"控制可实现这一要求，即首先对后轮有抱死倾向的车轮（"低"轮）进行控制。在Ⅱ型分布的制动回路3通道设计中可通过一个调节阀根据"低选"原则对两后轮同时进行控制；在 X 型分布的制动回路中，由两个调节阀分别控制两后轮，ABS 控制单元通过"低选"原则对两调节阀同时进行控制。

2. 典型的闭环控制循环

以高附着系数路面上的自动制动控制为例，如图 2-6 所示，介绍闭环控制循环。

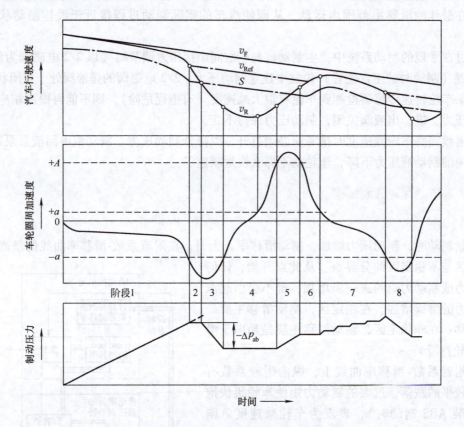

图 2-6　在附着系数大的硬路面上的制动过程

v_F—汽车速度　v_{Ref}—参考速度　v_R—车轮圆周速度　S—滑移率控制阈值

开关信号：$+A$，$+a$—车轮圆周加速度阈值　$-a$—车轮圆周减速度阈值　$-\Delta p_{ab}$—制动压力降低

车轮速度的变化（减速度）由电子控制单元（ECU）算出。当减速度低于阈（门限）值（$-a$）时，液压调节器阀进入保压方式。如果此时的轮速也低于滑移率门限值 S，则液压调节器阀接到减压方式，直至（$-a$）信号出现。在后续的保压状态下，车轮圆周加速度增加直至超过门限值（$+a$），随后，制动压力一直保持不变。

只有在加速度超过较高的门限值（$+A$）后，制动压力增大，但由于进入了附着系数-滑移率曲线的稳定区域，车轮并未过分加速。在（$+a$）信号下落后，制动压力缓慢上升，直到车轮加速度再一次低于门限值（$-a$），进入了第二个控制循环，此时液压调节器阀立即进入减压方式。

在第一个控制循环中有必要有一小段保压过程，以滤去干扰。如果车轮转动惯性大，附着系数低，同时制动分泵压力增加缓慢（小心地制动，如在冰滑路面上制动时），则车轮对减速度门限值还没有反应时就可能抱死。在这种情况下，车轮滑移也被用于制动控制。

在某些路面条件下，带差速器锁的全轮驱动轿车，当 ABS 系统工作时，会出现一些问题。这需要通过控制过程选择参考车速、降低车轮减速度门限值以及降低发动机的倒拖转矩等措施予以避免。

在不对称路面上（例如，左轮在干沥青路面上，右轮在冰面上）实施制动时，两个前轮上的制动力差异很大。此差异会导致汽车绕垂直轴转动（横摆力矩），如图 2-7 所示。

在轿车的 ABS 系统中应用有附加横摆延时装置（GMA），以保证在不对称路面上紧急制动时横摆力矩的控制。GMA 延迟了在高附着系数路面行驶时前轮的制动分泵的压力建立。

四、对 ABS 系统的控制要求

1）在后轮上提供足够的侧向导向力，保证汽车行驶稳定性。

2）在前轮上提供足够的侧向导向力，保证汽车的可操控性。

3）充分利用轮胎和路面间的附着系数，缩短车轮抱死制动时的制动距离。

4）制动压力尽快适应不同附着系数的路面，如越过水坑、雪地和冰面等。

5）保证较低的制动力控制幅度，防止传动系统振动。

6）制动器噪声小和通过制动踏板的反作用力应低，以提高舒适性。

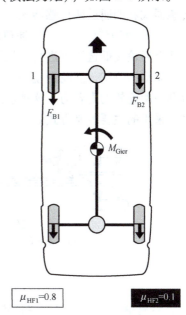

图 2-7　汽车在左、右两侧附着系数差别很大的路面上产生横摆力矩

M_{Gier}—横摆力矩　F_B—制动力　μ_{HF}—附着系数
1—"高"轮　2—"低"轮

五、ABS 的分类

1. 按控制方式分类

ABS 按控制方式，可分为预测控制方式和模仿控制方式两种。

（1）预测控制方式　预测控制方式是预先规定控制参数和设定值等条件，然后根据检测的实际参数与设定值进行比较，对制动过程进行控制。

控制参数有车轮减速度、车轮加速度及车轮滑移率。根据控制参数不同，预测控制可分为以车轮减速度为控制参数的控制方式、以车轮滑移率为控制参数的控制方式、以车轮减速度和车轮加速度为控制参数的控制方式、以车轮减速度、加速度以及滑移率为控制参数的控制方式。

（2）模仿控制方式　模仿控制方式是在控制过程中，记录前一控制周期的各种参数，再按照这些参数值规定出下一个控制周期的控制条件。此类控制方式在控制时需要准确和实时测定汽车瞬时速度，其成本较高、技术复杂，已较少使用。

2. 按控制通道及传感器数目分类

ABS 根据控制通道数可分为四通道、三通道、二通道和一通道四种；根据传感器数目，主要可分为四传感器和三传感器两种。控制通道是指能够独立进行制动压力调节的制动管路。如果一个车轮的制动压力占用一个控制通道，可以进行单独调节，称为独立控制；如果两个车轮的制动压力是一同调节的，称为一同控制。两个车轮一同控制时有两种方式：如果以保证附着系数较小车轮不发生抱死为原则进行制动压力调节，则称这两个车轮按低选原则一同控制；如果以保证附着系数较大车轮不发生抱死为原则进行制动压力调节，则称这两个车轮按高选原则一同控制。当今，按低选原则一同控制较常见。

目前，汽车上应用较多的为三通道（前轮独立控制、后轮低选控制）四传感器式、三通道三传感器式和四通道四传感器式。

(1) 三通道四传感器式　三通道四传感器式 ABS 如图 2-8 所示，一般采用两个前轮独立控制，两个后轮按低选原则进行一同控制。对两个前轮进行独立控制，主要是考虑轿车，特别是前轮驱动的汽车，前轮制动力在汽车总制动力中所占的比例较大（可达70%左右），可以充分利用两前轮的附着力。这种形式的 ABS 制动方向稳定性较好，制动效能稍差，是 ABS 控制系统采用的主要控制方式。

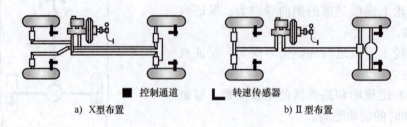

图 2-8　三通道四传感器式 ABS

(2) 三通道三传感器式　三通道三传感器式 ABS 如图 2-9 所示，也是采用两个前轮独立控制，两个后轮按低选原则进行一同控制。与三通道四传感器式 ABS 的不同是：后桥只有一个轮速传感器，装在差速器附近。这种形式的 ABS 制动方向稳定性较好，但制动效能稍差。

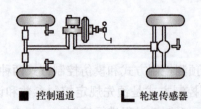

图 2-9　三通道三传感器式 ABS（Ⅱ型布置后轮驱动）

(3) 四通道四传感器式　四通道四传感器式 ABS 如图 2-10 所示，每个车轮都有一个轮速传感器，且每个车轮的制动压力都是独立控制。这种形式的 ABS 制动效能好，但在不对称路面上制动时的方向稳定性差。

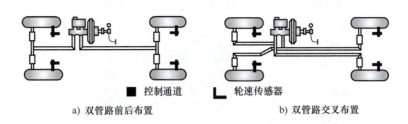

a) 双管路前后布置　　　　b) 双管路交叉布置

图 2-10　四通道四传感器式 ABS

3. 按液压调节器与制动主缸的安装方式分类

按液压调节器与制动主缸的安装方式，ABS 分为整体式 ABS 系统和分离式 ABS 系统。

4. 按助力方式分类

按助力方式，ABS 分为液压助力式和真空助力式。

5. 按液压调节方式分类

按液压调节方式，ABS 分为循环调节式和可变容积调节式。

6. 按 ABS 系统结构分类

按 ABS 系统结构，ABS 分为液压式、气压式、气液混合式。

六、ABS 的组成和工作原理

1. ABS 系统基本组成

ABS 通常由常规的液压制动系统、ABS 液压调节系统和 ABS 电子控制系统组成，其组成部件如图 2-11 所示。

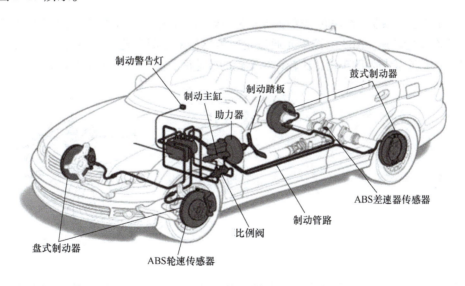

图 2-11　ABS 系统的组成

2. ABS 电子控制系统

（1）概述　ABS 电子控制系统制动时，ABS 电子控制单元根据车轮转速传感器等输入信号对车轮的制动状态进行计算，将计算结果指令输出给电磁阀等执行器，控制车轮处于制动力最大时的边滚边滑的最佳制动状态，电子控制系统组成如图 2-12 所示。

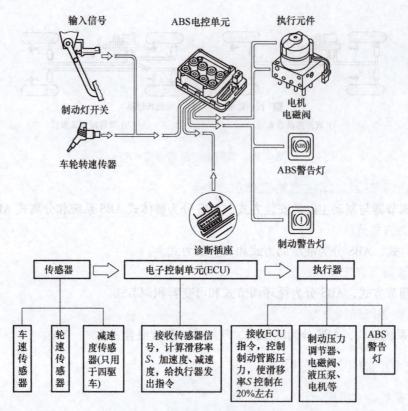

图 2-12 ABS 电子控制系统组成

（2）输入信号

1）车轮转速传感器。车轮转速传感器安装在轮毂上，也有个别装在差速器上（图 2-13），用于测定汽车车轮转速。ABS 电控单元通过轮速传感器来检测车轮的运动状态，根据驱动轮与非驱动轮、内侧车轮与外侧车轮，比较计算车轮的减速度、滑移率及车速等参数。

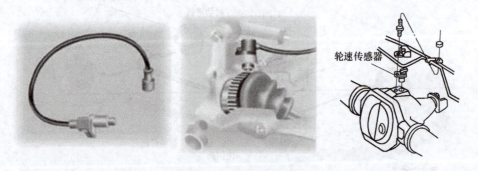

图 2-13 车轮转速传感器

利用固定在轮毂上的钢质脉冲轮或多极磁环产生轮速信号。车轮转速传感器有无源式和有源式两大类。

① 无源（电磁感应式）车轮转速传感器。无源车轮转速传感器（图 2-14、图 2-15）是由永久磁铁 1、与永久磁铁相耦合的软磁极柱 3 和有几千线匝的绕组 2 组成。软磁极柱 3 插在绕组 2 中，从而在传感器周围形成一个均匀磁场。图 2-14 所示的无源车轮转速传感器为极柱型，其空气间隙为 0.8~1.2mm。

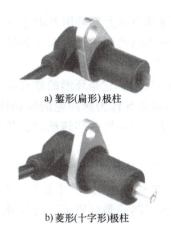

图 2-14 无源车轮转速传感器

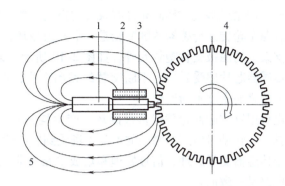

图 2-15 无源转速传感器原理图
1—永久磁铁 2—电磁铁绕组 3—极柱 4—钢质脉冲轮 5—磁力线

极柱直接位于固定在轮毂上的脉冲轮 4 对面。当脉冲轮即车轮转动时，传感器周围的均匀磁场不断受到脉冲轮的齿和齿隙交替更迭的"干扰"，改变了通过极柱的磁通密度，从而也改变了绕组的磁通密度。磁通密度的变化在绕组中感应出一个交变电压，并从绕组两端取出。

无论是交变电压的频率，还是交变电压的幅值都与车轮转速成正比，如图 2-16 所示。车轮在静止状态时感应电压为零。

脉冲轮的齿形、空气隙、电压上升斜率和电控单元输入灵敏度决定了最低的但还是可检测到的汽车行驶速度和用于 ABS 时可达到的灵敏度响应以及控制速度。

② 有源车轮转速传感器（磁敏式或霍尔式）。当今，先进的制动系统几乎毫无例外地采用了有源车轮转速传感器，如图 2-17 所示。常见的有源车轮转速传感器为一个由塑料封装的硅芯片，放在传感器头部。

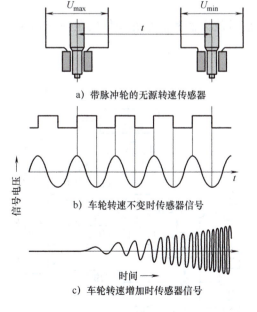

图 2-16 无源转速传感器输出信号电压

a) 有源转速传感器实物

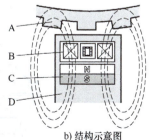

b) 结构示意图

图 2-17 有源转速传感器
A—多极磁环 B—敏感元件 C—永磁铁 D—集成磁性传感器

除了磁敏硅芯片（磁通密度变化时引起电阻变化）外，博世公司大都采用 Hall 芯片，它在磁通密度变化很小时也可检测出转速信号。与无源车轮转速传感器相比，有源车轮转速传感器与脉冲轮或多极磁环间允许有较大的空气间隙，空气间隙为 0.5～1.5mm。

有源车轮转速传感器的脉冲轮是一个多极磁环，如图 2-18 所示。它是环形的放在非磁性金属支架上的磁极交替塑料元件，如图 2-19 所示。北极 N 和南极 S 作为脉冲轮的齿和齿隙。转速传感器芯片感受磁环上不断交替的磁场变化，在车轮转动，即多极磁环转动时，传感器芯片上的磁通密度不断变化。

也可用钢质脉冲轮替代多极磁环。产生均匀磁场的磁铁放在 Hall 芯片上，如图 2-20 所示。脉冲轮转动时传感器周围的均匀磁场受到脉冲轮上齿和齿隙不断更迭的"干扰"。多极磁环转速传感器测量原理、信号处理和集成电路与非磁极转速传感器的测量原理、信号处理和集成电路是一致的。

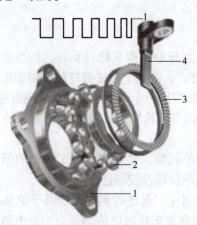

图 2-18　多极脉冲轮转速传感器
1—轮毂　2—滚珠轴承　3—多极磁环　4—车轮转速传感器

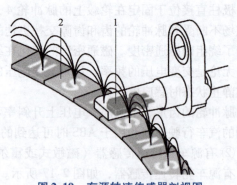

图 2-19　有源转速传感器剖视图
1—传感元件　2—南北磁极更迭的多极磁环

有源转速传感器的典型特征是将 Hall 测量元件、信号放大器和信号处理集成在一个芯片上，如图 2-21 所示。

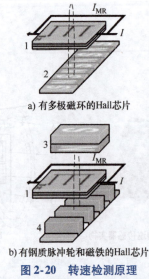

a) 有多极磁环的Hall芯片

b) 有钢质脉冲轮和磁铁的Hall芯片

图 2-20　转速检测原理
1—传感元件　2—多极磁环　3—磁铁　4—钢质脉冲轮

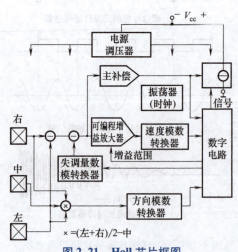

图 2-21　Hall 芯片框图

转速信号是以矩形脉冲的形式记忆电流传输的,如图 2-22 所示。电流脉冲频率与车轮转速成正比,并可检测出几乎达到静止状态的车轮转速(0.1km/h)。

传感器供电电压为 4.5～40V,输出的矩形电流信号幅值为低电平 7mA,高电平 11mA。

有源转速传感器以数字信号方式传输与无源感应式转速传感器模拟信号传输相比,不受感应干扰电压影响。传感器用双股电缆与电控单元相连。

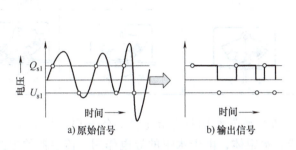

图 2-22 Hall 芯片中的信号处理
Q_{s1}——上控制阀值　U_{s1}——下控制阀值

图 2-23 装有转速传感器的牛轮轴承
1—转速传感器

有源转速传感器尺寸小、质量轻,可安装在汽车车轮轴承内或轴承旁边,如图 2-23 所示。为此,可选用不同标准的传感器头部形状。

2)减速度传感器。减速度传感器也称为 G 传感器,用于测量汽车制动时的减速度,识别雪路、冰路等易滑路面(两侧车轮不同附着系数)。

减速度传感器在结构上有光电式、水银式和差动式等形式。

① 光电式减速度传感器。光电式减速度传感器利用发光二极管和受光(光电)晶体管构成的光电耦合器所具有的光电转换效应,以沿径向开有若干条透光窄槽的偏心圆盘作为遮光板,制成了能够随减速度大小而改变电量的传感器(图 2-24)。遮光板设置在发光二极管和受光晶体管之间,由发光二极管发出的光束可以通过板上窄槽到达受光晶体管,光敏的晶体管上便会出现感应电流。当汽车制动时,质量偏心的遮光板在减速惯性力的作用下绕其转动

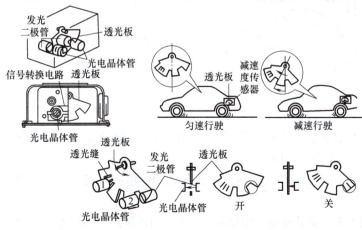

图 2-24 光电式减速度传感器

轴偏转，偏转量与制动强度成正比，如图 2-24 所示，在光电式传感器中设置两对光电耦合器，根据两个晶体管上出现电量的不同组合就可区分出表 2-1 中的四种减速度界限。因此，光电式减速度传感器具有感应多级减速度的能力。

表 2-1　四种减速度界限

减速度速率	低减速率 1	低减速率 2	中减速率	高减速率
光电晶体管 1	开	关	关	开
光电晶体管 2	开	开	关	关
减速度速率	低减速率 1	低减速率 2	中减速率	高减速率
透光板位置	光电晶体管1(开) 光电晶体管2(开)	关 开	关 开	开 关

② 水银式减速度传感器。水银式减速度传感器利用具有导电能力的水银作为工作介质。在传感器内通有导线两极柱的玻璃管中装有水银体，由于水银的导电作用，传感器的电路处于导通状态，当汽车制动强度达到一定值后，在减速惯性力的作用下，水银体脱离导线极柱，传感器电路断电，如图 2-25 所示。这种开关信号可用于指示汽车制动的减速度界限。

③ 差动式减速度传感器。差动式减速度传感器利用电磁感应原理工作。传感器由固定的线圈和可移动的铁心构成，铁心在制动减速惯性力的作用下沿线圈轴向移动，可导致传感器电路中感应电量的连续变化，如图 2-26 所示。

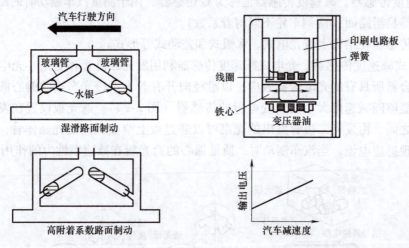

图 2-25　水银式减速度传感器工作原理　　图 2-26　差动式减速度传感器工作原理

3）储液室液位开关。用于储液室制动液位监测，当储液室制动液位低于规定值时，ABS 电控系统将自动停止工作，如图 2-27 所示。

4）制动灯开关。判断制动的依据，用于启动 ABS 电控系统，随时对制动中的车轮滑移率进行循环调节。

5）压力监测开关。安装在电动增压泵上，由压力控制开关和压力警示开关组成，如图 2-28 所示。

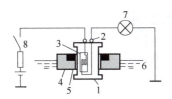
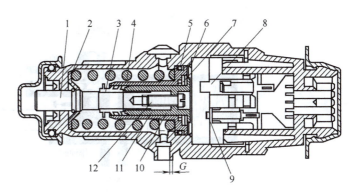

图 2-27 储液室液位开关电路
1—舌簧开关外壳 2—接线柱
3—舌簧开关 4—永久磁铁
5—浮子 6—制动液面
7—制动警告灯 8—点火开关

图 2-28 高压储能器压力监测开关
1—活塞控制 2—停止环活塞最大行程 3—泡沫橡胶 4—弹簧 5—密封环
6—卡簧 7—锁紧环 8—接触的低压力指示器灯（10.5MPa）
9—控制泵继电器触点（14～18MPa） 10—导向轮缸
11—安装套 12—螺杆柱塞套筒

压力控制开关：控制储能器内油液压力，控制电动增压泵工作，由一对开关触点组成，当压力低于15MPa时，开关闭合，增压泵工作；当压力达到18MPa，开关断开，增压泵停止工作。

压力警示开关：控制储能器内油液压力，内有两对触点，一对常开触点用于控制制动警告灯，当储能器内压力低于规定值时，常开触点闭合点亮红色制动警告灯；另一对为常闭触点用于控制ABS警告灯，当常闭触点张开时，该信号送给ECU关闭ABS并点亮黄褐色ABS警告灯。

6）电动回液泵工作状态监测信号。用于提供电动回液泵是否正常工作的信号，若无该信号，ABS电控系统将自动停止工作。

7）电磁阀工作状态监测信号。用于提供电磁阀是否正常工作的信号，若无该信号，ABS电控系统将自动停止工作。

8）电机和电磁阀继电器。继电器用于控制电机和电磁阀的电源，即是电磁开关，由触点控制的主电路和控制线圈辅助电路组成，当线圈通电时会改变触点的开闭状态从而控制电机和电磁阀的电源，如图2-29所示。

9）电磁阀。ABS制动压力调节主要靠液压回路中的电磁阀实现，电磁阀有二位二通式、二位三通式和三位三通式等，其电气组成基本一样。

电磁阀的电气组成主要是电磁线圈和铁心，电磁线圈通电产生磁场带动铁心动作，铁心带动阀心动作实现阀门的开闭功能。二位二通电磁阀电气结构如图2-30所示。

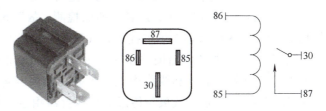

图 2-29 电机和电磁阀继电器

10）回液泵电机。如图2-31和图2-32所示，回液泵电机安装在ABS制动压力调节器上，该电机一般为永磁式直流电机，通入直流电流后产生转矩，驱动回液泵旋转。

11）ABS故障警告灯。ABS警告灯由ABS电子控制单元控制，位于仪表板上，灯的颜色为红色，打开点火开关，正常状态下该灯先亮2~3s指示系统自检，然后熄灭；ABS故障警告灯

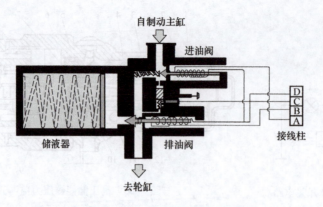

图 2-30　二位二通电磁阀的电气结构

不亮、常亮或闪烁则说明 ABS 系统存在故障。ABS 系统有故障不影响常规制动，但会影响制动效能，因此应及时检修 ABS 系统故障。

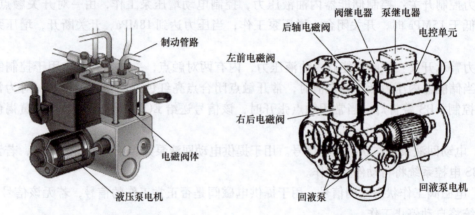

图 2-31　回液泵电机位置　　　　图 2-32　回液泵电机透视图

(3) **ABS 电控单元（ECU）**　ABS 电控单元接收来自各车轮上的传感器传来的转速信号，经过电路对信号的整形、放大和计算机的比较、分析、判断处理，向 ABS 执行器发出控制指令。一般来说，ABS 电控单元还具有初始检测、故障排除、速度传感器检测和系统失效保护等功能。图 2-33 所示为 ABS 电控单元（ECU）的基本作用框图。

1）组成。电控单元由硬件和软件两部分组成，前者由设置在印刷电路板上的一系列电子元器件（微处理器）和线路构成，封装在金属壳体中，利用多针接口（如 TEVES MKII 采用 32 针接口），通过线束与传感器和执行器相连。为保证 ECU 的可靠工作，它一般被安置在尘土和潮气不易侵入、电磁波干扰较小的乘客舱、行李舱或发动机罩内的隔离室中；软件则是固存在只读存储器（ROM）中的一系列计算机程序。电控单元的输入和输出如图 2-34 所示。

2）内部结构。ABS 电控单元的内部结构如图 2-35 所示。为确保系统工作的安全可靠性，在许多 ABS 的 ECU 中可采用了两套完全相同的微处理器，一套用于系统控制，另一套则起监测作用，它们以相同的程序执行运算，一旦监测用 ECU 发现其计算结果与控制用 ECU 所算结果不相符，则 ECU 立即让制动系统退出 ABS 控制，只维持常规制动。这种"冗余"的方法可保证系统更加安全。

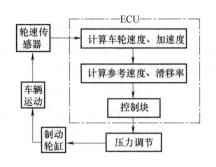 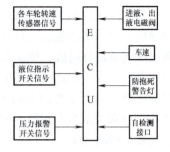

图 2-33 ABS 的 ECU 在系统中的作用　　图 2-34 ECU 的主要输入和输出信号

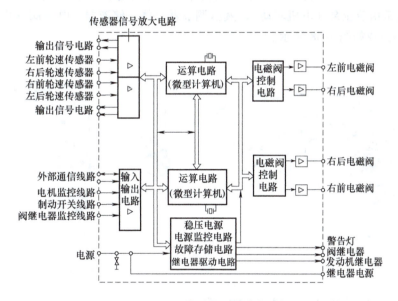

图 2-35 ABS 电控单元的内部结构

ECU 的内部电路主要包括以下几部分。

① 输入级电路：以完成波形转换整形（低通滤波器）、抑制干扰和放大信号（输入放大器）为目的，将车轮转速传感器输入的正弦波信号转换成为脉冲方波，经过整形放大后，输给运算电路。输入级电路的通道数视 ABS 所设置的传感器数目而定，通常以三通道和四通道为主。

② 运算电路（微型计算机）：根据输入信号运算电磁阀控制参数。主要根据车轮转速传感器输入信号进行车轮线速度、开始控制的初速度、参考滑移率、加速度和减速度等的运算，调节电磁阀控制参数的运算和监控运算，并将计算出的电磁阀控制参数输送给输出级。

③ 输出级电路：利用微机产生的电磁阀控制参数信号，控制大功率晶体管向电磁阀线圈提供控制电流。

④ 安全保护电路：将汽车 12V 电源电压改变并稳定为 ECU 工作所需的 5V 标准电压，监控这种工作电压的稳定性。同时监控输入放大电路、ECU 运算电路和输出电路的故障信号。当系统出现故障时，控制制动电机和制动阀门，使 ABS 停止工作，转入常规制动状态，点亮

ABS 警告灯，将故障以故障码的形式存储在 ECU 内存中。

3. 液压控制系统

（1）组成　ABS 液压控制系统由常规液压制动系统和 ABS 液压调节部分组成。常规液压制动系统由制动助力器、制动主缸、比例阀、制动分泵及管路组成。ABS 液压调节部分主要由供能部分和液压调节部分组成，供能部分由液压泵、储液器、蓄压器组成。

（2）制动压力调节器　制动压力调节器是执行元件，由 ECU 控制，在车轮制动抱死时调节制动器的制动压力。制动压力调节器的类型主要有真空式、液压式、机械式、空气式、空气液压加力式等，分别应用在不同类型的制动系统中，其中液压式广泛应用于中小型汽车中，本文讲学内容以液压结构为主。

制动压力调节器装在制动主缸与轮缸之间，如果它与制动主缸装在一起，则称之为整体（ATE）式制动压力调节器（图 2-36），否则就称为分离式制动压力调节器（图 2-37）。制动压力调节器通常由液压泵（电机驱动）、液压调节器总体、储液器、电磁阀（电磁线圈驱动、ECU 控制）等组成如图 2-38 所示。

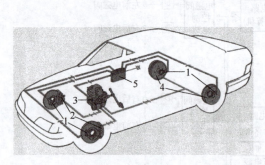

图 2-36　整体式

1—轮速传感器　2—制动钳　3—制动助力器、制动主缸、制动压力调节器及蓄压器总成　4—制动鼓　5—ABS 电子控制单元

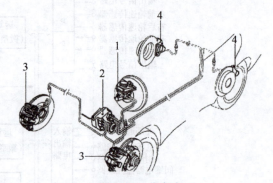

图 2-37　分离式

1—制动主缸　2—制动压力调节器　3—前制动分泵　4—后制动分泵

1）电磁阀。电磁阀串接在制动主缸、制动分泵以及分泵、储液器之间的液压管路中，用于调节制动压力。

① 二位二通阀。常开式二位二通电磁阀的内部结构如图 2-39 所示。当电磁线圈中无电流通过时，在复位弹簧的作用下，铁心被推至限位杆与缓冲垫圈相抵触的位置。此时与铁心连在一起的顶杆没有将球阀顶靠在阀座上，电磁阀的进油口（总泵）与出油口（分泵）相通，电磁阀处于开启状态。当电磁线圈中有一定的电流通过时，铁心在电磁吸力的

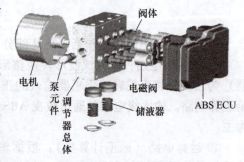

图 2-38　制动压力调节器

作用下，克服弹簧力的作用，带动顶杆一起上移，顶杆将球顶靠在阀座上，电磁阀进油口与出油口之间的通道被封闭，电磁阀处于关闭状态。旁通阀的作用在于不踩制动踏板时，使分泵的制动液快速回流到总泵，使分泵分离迅速。

常闭式二位二通电磁阀动作原理与常开式相反，复位弹簧安装在铁心的后面，结构上没有旁通阀，如图 2-40 所示。

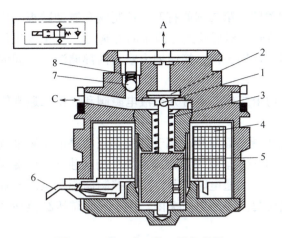
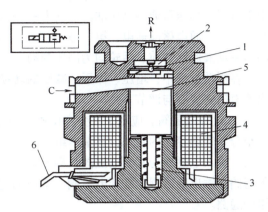

图2-39 常开式二位二通电磁阀
1—球阀 2—阀座 3—复位弹簧 4—线圈绕组
5—移动铁心 6—电气连接 7—单向阀
8—复位弹簧 A：通往主缸 C：通往制动卡钳

图2-40 常闭式二位二通电磁阀
1—球阀 2—阀座 3—复位弹簧 4—线圈绕组
5—移动铁心 6—电气连接
C：通往制动卡钳 R：回储液室

② 三位三通电磁阀。三位二通电磁阀应用在早期的BOSCH ABS系统中。三位三通电磁阀的结构如图2-41所示，由进油阀、回油阀、主弹簧、副弹簧、固定铁心、衔铁及套筒组成。

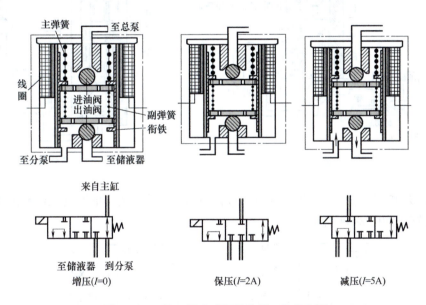

图2-41 三位三通电磁阀结构及工作状态图

三位三通电磁阀的工作状态取决于电磁阀线圈中通过的电流值。

③ 二位三通电磁阀。

二位三通电磁阀的结构如图2-42所示，由两个阀门（第一球阀和第二球阀）、衔铁、弹簧及电磁阀线圈等组成，主要用于戴维斯MKⅡABS中的主电磁阀，用来控制前后轮的液压助力功能。

第一球阀（常闭阀门）用于控制助力室与内部储液室之间的制动液通路——高压控制。
第二球阀（常开阀门）用于控制储液筒与内部储液室之间的制动液通路——低压控制。

踏下制动踏板、ABS不工作时，第一球阀关闭，第二球阀打开，控制阀在制动踏板的作用下打开，高压蓄能器高压油液经助力室进入后轮，对后轮进行高压助力制动；当ABS工作时，二位三通电磁阀通电，第一球阀打开，第二球阀关闭，接通助力室与内部储液室之间的高压制动液通路，前、后轮均为高压制动。

在制动过程中，增压、保压、减压的转换均由二位二通常开进液电磁阀和二位二通常闭出液电磁阀控制与调节。

④ 组合电磁阀。应用于可变容积式制动压力调节系统中，用于控制调压活塞的位置来调整至分泵管路容积的变化，其基本组成如图2-43所示。组合电磁阀由两个相互独立的电磁阀组成，输入电磁阀为常闭电磁阀，即不通电时闭合、通电时打开，用于控制储能器至调压缸的通路；输出电磁阀为常开电磁阀，即不通电时打开、通电时关闭，用于控制调压缸至储液罐的通路。

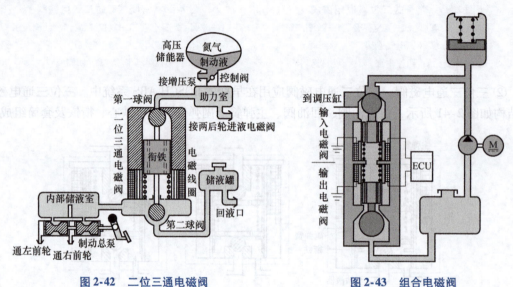

图2-42 二位三通电磁阀　　　　图2-43 组合电磁阀

2）液压泵和储液室。当电磁阀在减压过程中从制动轮缸流出的制动液经储液器由回油泵泵回制动主缸，如图2-44所示。

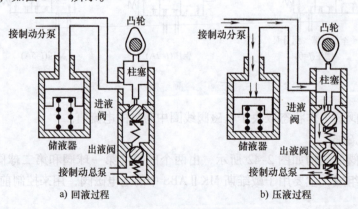

图2-44 储液器与电动回液泵

① 低压储液器。低压储液器用来接纳ABS减压过程中从制动分泵回流的制动液，同时还

对回流制动液的压力波动具有一定的衰减作用。

储液器内有一活塞和弹簧。减压时,回流的制动液压缩活塞克服弹簧张力下移,使容积增大,暂时存储制动液。

② 电动回液泵。液压泵受 ECU 控制,在可变容积式制动压力调节器的控制油路中建立控制液压;在循环式制动压力调节器调节压力降低的过程中,将由轮缸流出的制动液经蓄能器泵回主缸。电动回液泵由直流电机和柱塞泵组成。柱塞泵由柱塞、进出液阀及弹簧组成,如图 2-45 所示。

其工作原理如下:当 ABS 工作(减压)时,根据 ECU 输出的指令,直流电机带动凸轮将驱动柱塞在泵筒内移动。柱塞上行时,储液器与制动分泵内具有一定压力的制动液进入柱塞泵筒;柱塞下行时,压开进液阀及泵筒底部的出液阀,将制动液泵回制动总泵出液口。

3) 高压蓄能器与电动增压泵。

① 蓄能器。蓄能器应用于液压制动助力的制动系统中,其结构如图 2-45 所示,外部为高强度塑料壳体,内部有一膜片,将蓄能器室隔成二部分,上面为高压氮气室。膜片下面为油室,在进油口处有一单向阀,油液只进不出,在出油口接往总泵处有一安全阀与液泵进油端相通,当液压超过一定值时,安全阀打开,使蓄能器内液压降低。

② 电动增压泵。电动增压泵结构如图 2-46 所示,一般与压力/警告开关、调压开关组成一整体,液压泵则由电机、转子、滚子、活塞、凸轮环等组成,当开关一开,电机即以逆时针方向带动转子及活塞在凸轮环内运动,由于滚子的作用,引导活塞往复运动,靠近泵油侧时,出油口开;反之,靠近吸油侧时进油口开,一泵一吸,将制动油压向蓄能器。

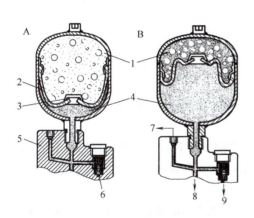

图 2-45 蓄能器
A—低压状态 B—高压状态
1—充满氮气的上腔 2—柔性膜 3—金属插接器
4—充满制动液的下腔 5—泵体 6—单向阀
7—到制动助力室 8—安全阀 9—电动液压泵出液器

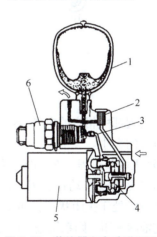

图 2-46 蓄能器和电动增压泵
1—蓄能器 2—单向阀 3—限压阀
4—回转球阀式活塞泵 5—直流电机
6—压力控制/压力警示开关

4. 典型的 ABS 制动回路

(1) 博世 ABS 液压回路

1) 系统结构。在 3 通道的 ABS 系统中,制动压力调节器铝体上装有通到每一个前轮制动器的制动液进液阀、放液阀和通到后桥(两后轮共用制动液)的进液阀、放液阀,总共 6 个电磁阀。该系统仅用在Ⅱ制动回路分配上。在后桥上不是分别控制每个车轮的制动压力,而是按"低选"原理控制两个车轮的制动压力,即用两后轮中有高滑移率的车轮的制动压力来确定后桥的制动压力。

在4通道的ABS系统中(用于Ⅱ制动力分配和X制动力分配),如图2-47所示,每个车轮上都装有一个进液阀和放液阀,总共8个电磁阀。每个车轮的制动压力可以分别控制。每个制动回路还可取消回液泵和低压储液罐。两个回液泵由一个公用直流电机驱动,如图2-47所示。

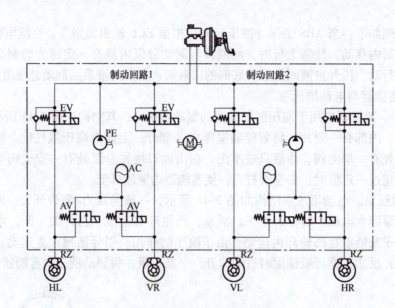

图2-47 4通道ABS系统中制动压力调节器液压通道(X制动力分配)
RZ—轮缸　EV—进液阀　AV—出液阀　PE—回液泵　M—回液泵电机
AC—低压储液罐　V—前　H—后　R—右　L—左

所有的阀都由相应的电磁线圈控制,由安装在制动压力调节器上的电控单元控制流过电磁线圈电流的大小。

2)液压调节过程。在ABS系统制动时,驾驶人踩下制动踏板,首先在车轮上产生制动压力。这时电磁阀没有动作,因为进液阀(EV)在没有通电时处于打开状态,排液阀(AV)在没有通电时处于关闭状态,如图2-48a所示。

如进液阀关闭,则系统进入压力保持状态,如图2-48b所示。如果一个车轮抱死,则该轮缸中的制动液通过相应的排液阀排出,使车轮制动压力下降,如图2-48c所示。从轮缸中排出的制动液流入低压储液罐,储液罐起着缓冲作用,抑制制动液的动态波动。在制动液回路中,由共用电机通过偏心轴颈驱动的回液柱塞泵降低了由驾驶人设定的制动液压力。驱动回液柱塞泵的电机按转速调节方式进行控制。当然,ABS系统可同时对多个抱死车轮进行控制。

(2)戴维斯MK Ⅱ ABS(Teves MK Ⅱ)液压回路

1)系统结构。戴维斯MK Ⅱ ABS系统为整体式,即制动助力器、制动主缸及制动压力调节阀安装成一体,该油路特点是:由增压泵、蓄能器及增压室组成的液压增压部分;剪刀式杠杆和控制阀控制后轮助力、主电磁阀控制前轮助力;前轮独立控制、后轮低选一同控制的三通道ABS油路;电磁阀为二位二通电磁阀,如图2-49所示。

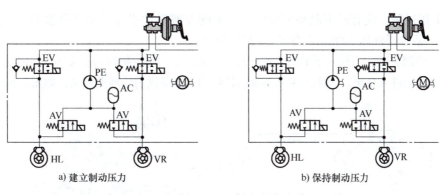

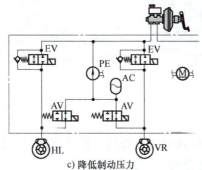

a) 建立制动压力 b) 保持制动压力 c) 降低制动压力

图 2-48 ABS 系统中液压调节器的压力调节

EV—进液阀　AV—排液阀　PE—回液柱塞泵　M—柱塞泵电机　AC—低压制动液罐　V—前　H—后　R—右　L—左

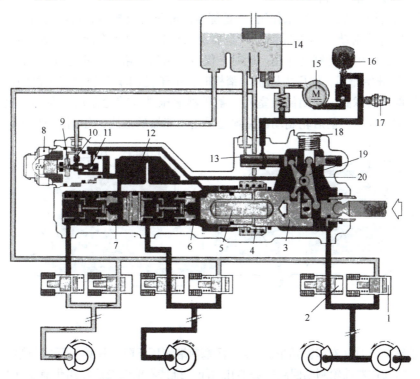

图 2-49 戴维斯 MKⅡ ABS 液压油路图

1—回液阀　2—进液阀　3—辅助柱塞　4—套管　5—中间推杆　6—第一活塞　7—第二活塞
8—主电磁阀　9—回油阀　10—单向阀　11—进油阀　12—前轮制动储油室　13—控制阀　14—储液室
15—增压泵　16—蓄能器　17—压力/警告灯开关　18—剪力活塞支座　19—剪力活塞　20—后轮增压室

2）工作过程。没有踩下制动踏板时，控制阀在剪刀式连杆带动下移至右边，进油孔关，回油孔开，蓄能器液压不能进入总泵，无制动作用。

踩下制动踏板时，推杆压下剪刀式连杆及总泵主活塞，使控制阀向左移动，回油孔关，进油孔开，蓄压器液压进入总泵，作用于主活塞及后轮制动，并提供前轮辅助制动，如图2-50所示。

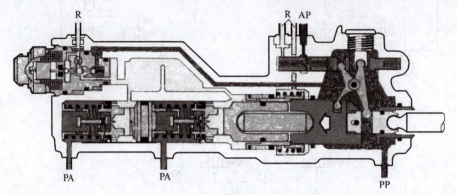

图2-50 制动开始时剪力杠杆控制后轮增压

R—到储液室的回油管路　AP—来自蓄压器的高压管路　PA—到前轮电磁阀管路　PP—到后轮电磁阀管路

制动踏板踩住不动时，由于液压及弹簧力作用，使控制阀向后移动，关闭进油孔（但回油孔仍保持关闭），此时总泵内液压维持在一稳定范围。

制动放松时，控制阀受剪刀连杆作用，移向右边，进油孔关，回油孔开，使总泵的油液流回储油室，释放前轮制动的作用。

踩下制动板初期（ABS系统未作用），蓄能器的液压由控制阀通到辅助压力阀处，因辅助压力阀关闭，故前轮制动无助力辅助。只是靠总泵活塞推力，将前轮制动回路的第一活塞、第二活塞向左推；产生前轮制动作用。此时，仅后轮制动回路采用蓄能器的液压。

当ABS系统开始作用，即用力踩制动踏板时，电子控制单元控制主电磁阀，将柱塞吸向右边，顶开辅助压力球阀，关闭储液室阀，蓄压器液压进入前轮制动总泵内，提供前轮制动的动力辅助制动。此时，前后轮制动回路均是采用蓄能器的液压，如图2-51所示。

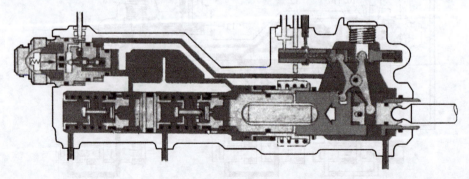

图2-51 制动ABS作用时主电磁动作前后轮同时增压

左前轮油路失效时（有泄漏情形），第二活塞前端液压下降，使第一活塞与第二活塞中间油封被推向前，将通往左前轮制动回路的进油孔封闭，维持右前轮及后轮组仍有正常制动作用。

右前轮油路失效时，第一活塞前端液压下降故中间油封受液压的力向右移，封闭通往右前轮的油路，此时左前轮及后轮组仍有正常制动作用。

在ABS制动过程中，如果电子控制单元监测并计算出某车轮抱死超过限定条件，电子控制单元就控制该控制通道的进回液电磁阀进行增压、保压、减压动作，实现车轮制动防抱死功能。

5. 典型的 ABS 系统控制电路

桑塔纳 2000 GSi 戴维斯 MK20-Ⅰ型 ABS 系统控制电路，如图 2-52 所示。ECU 各端子功能见表 2-2。

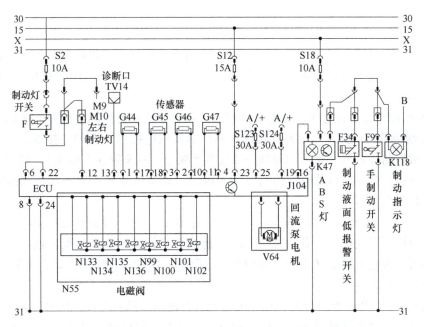

图 2-52　桑塔纳 2000 GSi 戴维斯 MK20-Ⅰ型 ABS 系统控制电路

表 2-2　桑塔纳 2000 GSi 戴维斯 MK20-Ⅰ型 ABS 系统控制电路 ECU 各端子功用

功用	端子号	端子功能	功用	端子号	端子功能
1）上电自检	23	上电自检端		13	故障诊断端
2）就绪状态	19、25	双电源正极端	4）故障警示及诊断功能	16	ABS 灯驱动端 制动警告灯（BRAKE）—红色：手制动未松开时亮；制动液面过低时亮；上电自检时短亮；ABS 故障影响 EBD 功能时，与 ABS 同时长亮 ABS 灯—橙色：上电自检闪亮一次；ABS 故障时长亮
	8、24	双搭铁			
	12	ABS 启动端			
3）ABS 工作	1~17、2~10、3~18、4~11	轮速传感器			
		八个电磁阀采用公共外搭铁形式（正极控制）	5）车型选择功能	6~22	产生 04505 内部代码，适用于桑塔纳轿车
				15~21	产生 03604 内部代码，适用于捷达轿车
	单独两端	泵电机端			

 任务实施

一、准备工作

1）带有 ABS 系统的整车一台，要求其性能良好；

2）检测工具：液压表、万用表、解码器、接线盒等。
3）常用拆装工具：套筒、梅花、呆扳手各一套，一字、十字螺钉旋具等。
4）熟悉维修手册、作业工单。

二、任务实施

1. ABS 维修的注意事项

1）ABS 系统与普通制动系统是不可分的，普通制动系统一出现问题，ABS 系统就不能正常工作。因此，要将二者视为整体进行维修，不能只把注意力集中于传感器、电控单元和制动压力调节器上。

2）ABS 电控单元对过电压、静电非常敏感，如有不慎就会损坏电控单元中的芯片，造成整个 ABS 系统瘫痪。因此，点火开关接通时不要插或拔电控单元上的插接器；在车上进行电焊之前，要戴好防静电器（也可用导线一头缠在手腕上，一头缠在车体上），拔下电控单元上的插接器后再进行电焊；给蓄电池进行专门充电时，要将电池从车上拆卸下来或摘下蓄电池电缆后再进行充电。

3）维修车轮速度传感器时一定要十分小心。拆卸时注意不要碰伤传感器头，不要用传感器齿圈当做撬面，以免损坏。安装时应先涂防锈油，安装过程中不可敲击或用蛮力。一般情况下，传感器气隙是可调的（也有不可调的），调整时应使用非磁性塞尺，如塑料或铜塞尺，当然也可使用纸片。

4）维修 ABS 液压控制装置时，切记要首先进行泄压，然后再按规定进行修理。例如，制动主缸和制动压力调节器设计在一起的整体 ABS，其蓄压器存储了高达 18000kPa 的压力，修理前要彻底泄压，以免高压油喷出伤人。

5）制动液至少每隔两年要换一次，最好是每年更换一次。这是因为 DOT3、DOT4 乙二醇型制动液的吸湿性很强，含水分的制动液不仅使制动系统内部产生腐蚀，而且会使制动效果明显下降，影响 ABS 的正常工作。注意不要使用 DOT5 硅酮型制动液，更换和存储的制动液以及器皿要清洁，不要让污物、灰尘进入液压控制装置，制动液不要沾到 ABS 电控单元和导线上。最后，要按规定的方式进行放气（与普通制动系统的放气有所不同）。

2. ABS 系统故障诊断

在进行 ABS 系统故障检测与诊断时，应根据 ABS 系统的工作特性，分析故障现象和特征，在故障现象确认后，根据维修资料的说明有目的地进行检测与诊断。

(1) **ABS 系统工作时特殊现象** 在 ABS 系统工作过程中，会出现一些与传统经验相背离的情况，有些是 ABS 系统的正常反应，而不是故障现象，应加以区别。

1）发动机起动后，踩下制动踏板，制动踏板会有可能弹起，这表示 ABS 系统已发挥作用；反之，发动机熄火，踩下制动踏板，踏板会有轻微下沉现象，这表示 ABS 系统停止工作，这些都是正常现象。

2）当踩下制动踏板后，同时转动转向盘，即可感到轻微的振动，这并非故障。因为在车辆转向行驶时，ABS 系统工作循环开始，会给车轮带来轻微的振动，继而传递到转向盘上形成振感。

3）汽车行驶制动时，制动踏板不时地有轻微的下沉现象，这是因为道路表面附着系数变化而引起的正常现象，并非故障。

4）高速行驶时，如果急转弯，或是在冰雪路面上行驶时，有时会出现 ABS 故障指示灯点亮的情况，这说明在上述工况中出现了车轮打滑现象，而 ABS 系统产生保护动作，这同样也不是故障现象。

(2) 制动灯、ABS 警告灯的故障信息

1）指示正常状态。打开点火开关，警告灯亮，发动机起动后，警告灯立即熄灭，这是正常的状态。

2）指示故障状态。发动机起动后或汽车行驶中，若警告灯亮、自动闪烁、亮与熄灭的时间间隔无规律，都说明 ABS 系统出现了故障。

3）运用警告灯诊断故障。引起 ABS 系统工作不良或不工作的原因有，蓄电池和发电机输出电压过低（ABS 系统的正常工作电压不小于 10.5V）；系统连接线搭铁不良；继电器不动作；电磁阀、电机等执行器件工作不正常等。

① 警告灯偶尔亮或间歇亮。警告灯的亮与灭无规律时，应当检查 ABS 和蓄电池的搭铁线是否松动或生锈造成搭铁不良，模拟检查汽车附近是否有强磁场干扰，可以打开收音机或车载电话，若无法收听或不能使用，说明该处地磁场过强；轮毂轴承是否松动；制动蹄是否破裂而损坏；制动盘是否过度磨损；液压系统是否有空气；制动分泵是否卡住。

② 行驶中警告灯有时亮、有时灭。警告灯亮时，ABS 不起作用，灯灭时 ABS 起作用，该故障的实质是线路连接不良或电源电压不稳定。应先看充电指示灯是否亮，若指示灯亮，说明发电机或蓄电池输出电压低；否则就是 ABS-ECU 的电源线连接不良，使 ECU 的输入电压低于 10.5V。

③ 警告灯亮，但 ABS 系统工作正常。这反映充电系统工作不良，因为当充电系统输出电压还没低于 10.5V 时，警告灯就会提前亮发出警告。所以，要着重检查充电系统的工作情况。

④ 警告灯亮，ABS 系统不工作。应着重检查 ABS-ECU 的电源线和熔丝（保险继电器）；支起汽车，打开点火开关，听各继电器、电机、传感器等的响声，继电器和电机在通电时有响声为正常，传感器不能有响声（传感器松动或与运转件碰擦会产生响声）；起动发动机，挂档起步，在车轮动作的情况下，再听它们的响声；运用模拟法检查传感器的工作；最后，更换 ABS-ECU，若故障排除，说明 ECU 不良。

⑤ 警告灯不亮，踩制动踏板，有振动感。先检查车轮轮速传感器，着重检查传感器插座及其连接线，检查传感器铁心或齿圈是否积有灰尘等；检查传感器的位置是否有变化；听电磁阀和继电器等有无响声；再检查制动鼓是否变形，制动盘是否翘曲或过度磨损等。

(3) 运用故障检测仪诊断故障 运用检测仪读取故障码，根据故障码的内容可确定故障范围；读取系统输入信号的数据流，将读取的数值与标准值比较可判断传感器开关等电气系统故障；运用执行元件测试功能，可对电机、电磁阀功能进行故障诊断，对检测到的故障范围可用万用表等检测工具进行查找，确定故障部位、排除故障。

(4) ABS 系统故障征兆模拟测试方法 在 ABS 系统故障检测与诊断中，若是单纯的元件不良，可运用电路检测方式诊断。如果属于间歇性故障或是相关的机械性问题，则需要进行模拟测试以及动态测试。

1）模拟测试方法：

① 将汽车顶起，使 4 个车轮均悬空。

② 起动发动机。

③ 将换档操纵手柄拨到前进档（D）位置，观察仪表板上的 ABS 故障指示灯是否点亮。若 ABS 故障指示灯亮，表示后轮差速器的车速传感器不良。

④ 如果 ABS 故障指示灯不亮，则转动左前轮。此时 ABS 故障指示灯若点亮，则表示左前轮车速传感器正常；反之，ABS 故障指示灯若不亮，即表示左前轮车速传感器不良。

⑤ 右前轮车速传感器测试方法与左前轮车速传感器测试方法相同。

2) 动态测试方法：

① 使汽车在道路上行驶至少 12km 以上。

② 测试车辆转弯（左转或右转）时，ABS 故障指示灯是否会点亮。若某一方向 ABS 故障指示灯会亮，则表示该方向的轮胎气压不足，也可能是轴承不良、转向拉杆球头磨损、减振器工作不良或车速传感器脉冲齿轮工作不良。

③ 将汽车驶回，在 ABS ECU 侧的"ABS 电源"和"电磁阀继电器"端子间接上测试线和万用表（置于电压档）。

④ 再进行道路行驶，在制动时注意观察"ABS 电源"端和搭铁间的电压，应在 11.7 ~ 13.5V 之间；而电磁阀继电器端子与搭铁间的电压，应在 10.8V 以上。前者主要是观察蓄电池电源供应情况，后者主要是观察电磁阀继电器的接点好坏。

3. ABS 系统检查

（1）初步检查　初步检查是在 ABS 系统出现明显故障而不能正常工作时首先采取的检查方法，例如 ABS 故障指示灯亮着不熄，系统不能工作。检查方法如下：

1) 检验驻车制动（手刹）是否完全释放。
2) 检查制动液液面是否在规定的范围之内。
3) 检查 ABS 电控单元导线插头、插座的连接是否良好，插接器及导线是否损坏。
4) 检查下列导线插接器（插头与插座）和导线的连接或接触是否良好：

① 制动压力调节器上的电磁阀体插接器；

② 制动压力调节器上的主控制阀插接器；

③ 连接压力警告开关和压力控制开关的插接器；

④ 制动液液面指示开关插接器；

⑤ 四轮车速传感器的插接器；

⑥ 电动泵插接器。

5) 检查所有的继电器、熔丝是否完好，插接是否牢固。
6) 检查蓄电池容量（测量电解液比重）和电压是否在规定的范围内；检查蓄电池正、负极导线的连接是否牢靠，连接处是否清洁。
7) 检查 ABS 电控单元、液压控制装置等的接地（搭铁）端的接触是否良好。
8) 检查车轮胎面纹槽的深度是否符合规定。

（2）线路与器件检查

1) 传感器检查：

① 检查车轮速度传感器的电阻值：将点火开关置于关闭位置，升举汽车；分别拆下前后轮及传感器的插接器；对应不同车型的维修手册，用数字万用表检查是否有异常。

② 检查车轮速度传感器的信号电压：升举汽车；点火开关置于打开位置；以慢速度转动被检车轮；对应不同车型的维修手册，用数字万用表检查是否有问题。如有问题应按照不同车型维修手册的要求进行更换。

③ 车轮速度传感器的齿圈的检查：检查是否有变形、断齿等现象，是否有泥土、脏物、铁石等异物堵塞。

2）ECU 的检查：

① 检查 ECU 线束插接器、连接导线有无松动。

② 检查 ECU 线束插接器各端子的电压值、波形或电阻，如与标准值不符且与之相连的部件和线路正常，应更换 ECU 后再试。

③ 直接采用替换法检验，即在检查其他部件无故障时，可用新的 ECU 代替，如故障消失，则为 ECU 故障。

3）压力调节器的检查：

① 常见故障：

压力调节器的常见故障为电磁阀线圈不良和阀泄漏。

② 检查方法：

a. 用电阻表检查电磁阀线圈的电阻，若电阻无穷大或无穷小，则电磁阀有故障。

b. 将电磁阀加载其工作电压进行试验，如不能正常动作，则应予以更换。

c. 解体后检查。

4）ABS 控制继电器的检查：

① 常见故障。触点接触不良和继电器线圈不良等。

② 检查方法：

a. 检查继电器电阻应在正常范围内。

b. 对继电器施加电压和不施加电压两种状况下，分别检查触点电阻，应符合要求。

4. 制动压力调节器的更换（以科鲁兹轿车为例）

（1）拆卸过程

1）关闭点火开关，反复踩踏制动踏板至少在 20 次以上，当感觉踩踏制动踏板的力明显增加时，ABS 液压控制系统泄压完成。

2）拆下蓄电池负极接线。

3）拆下散热器缓冲罐夹子 2。将散热器缓冲罐 1 放置在一边，如图 2-53 所示。

注意：切勿断开发动机冷却液软管。

4）拆下制动液储液罐盖并安装专用盖 1，以防止制动液流失和污染，如图 2-54 所示。

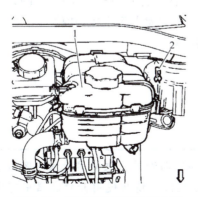

图 2-53　拆下散热器缓冲罐夹子

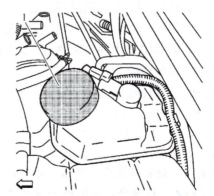

图 2-54　安装制动液储液罐专用盖

5）将电气插接器从电子制动控制模块/电子制动与牵引控制模块上断开。

注意： 盖上制动管接头，以防止制动液流失和污染。

6）将 6 根制动管（1，2）从制动压力调节阀上拆下，如图 2-55 所示。

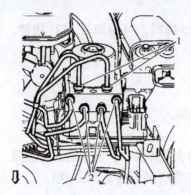 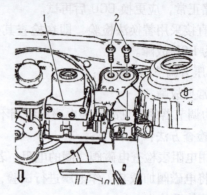

图 2-55　拆卸制动压力调节器制动管路　　图 2-56　拆下 2 个制动压力调节阀托架螺栓 2

7）拆下 2 个制动压力调节阀托架螺栓 2，如图 2-56 所示。

8）拆下制动压力调节阀托架总成 1。

9）拆下 3 个制动压力调节阀托架螺栓 4。

10）拆下制动压力调节阀 2。

11）将制动压力调节阀绝缘体 1 从制动压力调节阀托架 3 上拆下，如图 2-57 所示。

(2) 安装程序（与拆卸顺序相反）

1）将制动压力调节阀绝缘体 1 安装至制动压力调节阀托架 3 上（图 2-57）。

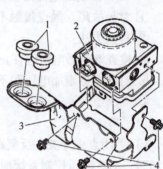

图 2-57　拆下制动压力调节阀

2）安装制动压力调节阀 2。

3）安装 3 个制动压力调节阀托架螺栓 4，并紧固至 10N·m（图 2-57）。

4）安装制动压力调节阀托架总成 1。

5）安装 2 个制动压力调节阀托架螺栓 2，并紧固至 20N·m（图 2-57）。

6）将 6 根制动管（1，2）安装至制动压力调节阀，并紧固至 18N·m（图 2-55）。

7）将电气插接器连接至电子制动控制模块/电子制动与牵引控制模块上。

8）拆下 CH-558-10 盖 1 并安装制动液储液罐盖。

9）安装散热器缓冲罐 1。

10）安装散热器缓冲罐夹子 2（图 2-53）。

11）记录检测结果，填写任务单。

12）整理恢复、清洁作业现场。

注意： 向制动液储液罐或离合器储液罐中添加制动液时，仅使用清洁、密封容器中的 DOT-4＋制动液。这种聚乙二醇制动液吸湿且吸潮。请勿使用开口容器中可能受水污染的油液。不正确或受污染的油液可能会导致系统部件的损坏。制动液加注与排气，与普通制动系统制动液加注与排气一致，有时需借助诊断仪完成。

课后测评

1. 什么是车轮制动力，其影响因素有哪些？
2. 什么是车轮的滑移率，最佳滑移率的范围是多少？
3. 简述制动闭环控制过程。
4. ABS 系统由哪几部分组成？各组成部分由哪些部件组成？
5. 简述 ABS 系统模拟测试方法。
6. 简述制动压力调节器的更换方法。

任务二 汽车 ASR 系统检修

任务目标

知识目标：
1. 掌握 ASR 系统的作用及组成
2. 掌握 ASR 系统的基本工作原理
3. 掌握 ASR 系统的测试内容及方法

技能目标：
1. 能够进行 ASR 系统各项测试操作
2. 能够正确使用测试项目的各种仪器与设备
3. 能够掌握测试操作的安全生产知识

任务描述

驱动防滑控制系统（ASR）也称为牵引力控制（TRAC）或 TCS 系统，主要应用在中、高级轿车上，是汽车制动防抱死（ABS）功能的自然扩展，它是主动安全系统，在车辆加速行驶时根据车辆的行驶状态及车轮滑转情况对驱动车轮实施制动，并降低发动机的输出转矩，保证车辆行驶方向的稳定性及行车安全。该系统与 ABS 系统一些元件共用，但功能有所不同，在检修中应认真加以区别。

知识储备

一、ASR 系统概述

危险的行驶状况不只在制动时出现，在轮胎与地面接触面上的很大的纵向力中断的各种情况下都会出现。危险的行驶状况还出现在汽车起步、加速时，特别是在光滑路面、山区和弯道行驶时。这些危险的行驶状况对驾驶人提出更高的要求，有时还导致驾驶人的错误反应和汽车的不稳定状态。为了最大限度地解决这种汽车驱动不稳定的行驶状态，设计出了汽车驱动防滑控制系统（Acceleration Slip Regulation，简称 ASR），在汽车驱动时防止驱动轮滑转。

制动时防抱死制动系统（ABS），可降低车轮轮缸的制动压力防止车轮抱死。在汽车驱动时，驱动防滑控制（ASR）系统可降低各个驱动轮上的驱动力矩，以防止车轮滑转或空转。ASR 系统是汽车在驱动状态下的 ABS 系统的扩展。

除了在加速时保证汽车的稳定性和可操控性以提高安全性外，ASR 还可调整"最佳的"滑转率改善汽车的牵引性。

1. 滑转率及其与路面附着系数的关系

汽车在驱动过程中，驱动车轮可能相对于路面发生滑转。滑转成分在车轮纵向运动中所占的比例称为驱动车轮的滑转率，通常用"SA"表示。

$$SA = (r\omega - v)/r\omega \times 100\%$$

式中

SA——车轮的滑转率；

r——车轮的自由滚动半径；

ω——车轮的转动角速度；

v——车轮中心的纵向速度。

当车轮在路面上自由滚动时，车轮中心的纵向速度完全是由于车轮滚动产生的。此时$v = r\omega$，其滑转率$SA = 0$；当车轮在路面上完全滑转（即汽车原地不动，而驱动轮的圆周速度不为0）时，车轮中心的纵向速度$v = 0$，其滑动率$SA = 100\%$；当车轮在路面上一边滚动一边滑转时，$0 < SA < 100\%$。

与汽车在制动过程中的滑移率相同，在汽车的驱动过程中，车轮与路面间的附着系数的大小随着滑转率的变化而变化，如图2-58所示。在干路面或湿路面上，当滑转率在15%~30%范围内时，车轮具有最大的纵向附着系数，此时可产生的地面驱动力最大。在雪路或冰路面上时，最佳滑转率在20%~50%的范围内；当滑转率为零，即车轮处于纯滚动状态时，其侧向附着系数也最大，此时汽车保持转向和防止侧滑的能力最强。随着滑转率的增加，侧向附着系数下降，当滑转率为100%，侧向附着系数变得极小，轮胎与路面之间的侧向附着力接近于零，车轮将完全丧失抵抗外界侧向力作用的能力。

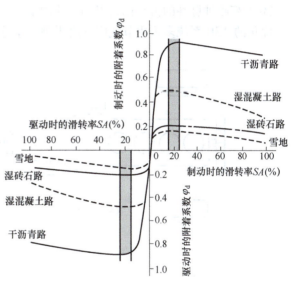

图2-58　附着系数与滑转率之间的关系

要想使汽车在极端条件下稳定行驶，滑转率应控制在15%~30%之间，这样车轮的纵向附着系数最大，横向附着系数较大（为横向最大附着系数的50%~75%）。

2. 驱动滑转及其形成

如驾驶人在离合器接合状态下继续给发动机增加供油，则发动机转矩增加，传到万向轴上的力矩也增加。万向轴转矩通过侧差速器以1:1的比例分配到两侧的驱动轮上，如图2-59所示。如果增加到两侧驱动轮上的力矩完全由行驶路面"支承"，则汽车将无阻拦地加速。若一个驱动轮上的驱动力矩产生的驱动力超过了该轮的最大附着力，则车轮就会滑转，车轮滑转时可传递的驱动力矩减小，汽车由于损失了侧向导向力而变得不稳定。

ASR将驱动轮的滑转率尽可能地控制在最佳值。为此，首先要设定滑转率。滑转率受一系列代表当前行驶状况的因素的影响。此外还有其他一些影响因素：

1）为ASR设定的滑转率的基本特性线（定位在加速时轮胎所需的滑转率）。

2）利用附着系数的情况。

3）外界的行驶阻力，如深的雪地、恶劣的道路等。

4)汽车横摆速度、侧加速度和转向盘转角。

3. ASR 控制原理

改变每一驱动轮上的平衡力矩可影响车轮速度,进而影响驱动滑转率。每个驱动轮上的驱动力矩 M_{Ges} 由制动力矩 M_{Br} 和道路阻力矩 M_{Str} 组成,如图 2-59 所示。

$$M_{Ges} = M_{Kar}/2 + M_{Br} + M_{Str}$$

式中,M_{Br} 和 M_{Str} 为负值。

显然,发动机提供的驱动力矩和制动力矩可以影响力矩平衡方程式。驱动力矩和制动力矩这两个参量就是 ASR 系统的控制参量,它们可以将每个车轮上的滑转率控制到设定值。

通过发动机干预可以控制汽油机汽车的驱动力矩 M_{Kar},方法如下:

① 调节节气门开度。

② 调节点火提前角。

③ 改变喷油脉冲的占空比,以调节喷油量。

优化的 ASR 系统多采用节气门开度干预和车轮制动器干预的综合控制措施。

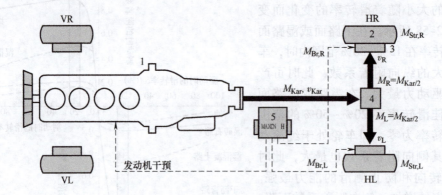

图 2-59 配备 ASR 的单轴传动驱动方案

1—带变速器的发动机 2—车轮 3—车轮制动器 4—侧差速器 5—有 ASR 功能的电控单元
M_{Kar}—驱动的万向轴力矩 v_{Kar}—万向轴速度 M_{Br}—制动力矩 M_{Str}—传递到路面的力矩
v—车轮速度 R—右 L—左 V—前 H—后

4. ASR 与 ABS 的比较

(1) 相同点

1) ASR 与 ABS 都是用来控制车轮在制动过程中的滑动,以使车轮与地面的附着力不下降,能够很好地改善汽车的行驶稳定性。

2) ASR 与 ABS 都是通过控制车轮的制动力大小来抑制车轮与地面的滑动。

(2) 不同点

1) ABS 控制的是汽车制动时车轮的"拖滑"和保持汽车在制动过程中能够改变行驶方向,主要是用来提高制动效果和保证制动时的安全;而 ASR 是控制车轮的"滑转",用于提高汽车起步、加速及在湿滑路面上行驶时的牵引力和确保行驶的稳定性。

2) ABS 可以对在行驶过程中的车轮进行控制,而 ASR 只对驱动车轮实施制动控制。

3) ABS 是在汽车制动时工作,在车轮出现抱死时起作用,当车速很低时,小于 8km/h 时,不起作用;而 ASR 则是在汽车行驶过程中都工作,在车轮出现滑转时起作用。

4) ASR 是在 ABS 的基础上的扩充。

二、ASR 系统组成

1. 基本组成

目前，ASR 系统广泛采用发动机的驱动力矩控制和车轮制动力矩控制两者结合的控制方式，发动机 ECU 与 ASR 的 ECU 通过网络实现信息交换。发动机的驱动力矩的控制即是对发动机的点火提前角、喷油量及节气门开度的控制，由发动机管理系统完成。发动机电子节气门取代原来的主副节气门，实现对发动机的进气控制。在液压制动系统上增加的供能部分和 ASR 功能控制部分。ASR 电子控制装置一般与 ABS 控制装置共用，电子控制装置根据驱动轮转速传感器信号与其他车轮转速传感器信号比较可计算车辆速度、加速度及车轮的滑转率，并将计算结果以电指令方式输出给执行器，控制车轮的驱动滑转，保证车辆安全行驶，其组成如图 2-60 所示。

ASR 系统中的发动机驱动控制由发动机控制系统实现，电子控制系统与 ABS 电子控制系统相仿，本文重点在于 ASR 的液压制动控制部分。

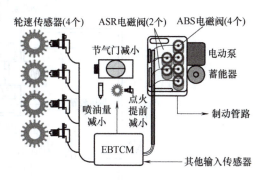

图 2-60　ASR 系统组成

2. 液压控制部分

ASR 的制动压力调节装置分两类，一种为单独方式的 ASR 制动压力调节器（与 ABS 制动压力调节器在结构上各自分开），如图 2-61 所示；另一种为组合方式的 ASR 制动压力调节器

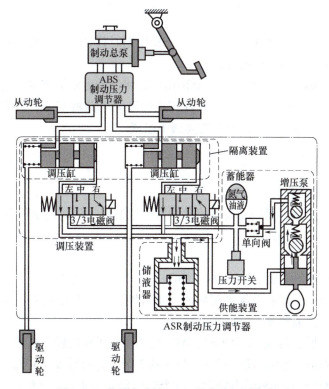

图 2-61　单独方式的 ASR 制动压力调节器

（ABS/ASR 压力调节器共用），如图 2-62 所示。为了简化机构调节器电磁阀是共用的。在制动力提供上，ABS 是由驾驶人踩下制动踏板提供的，而 ASR 工作时驾驶人踩的是加速踏板，所以应该有一套供能装置以产生制动力，同时还要有一套隔离装置将制动主缸在 ASR 工作时从制动系统隔离开，以使供能装置、制动压力调节装置和轮缸形成一个封闭的制动控制系统。

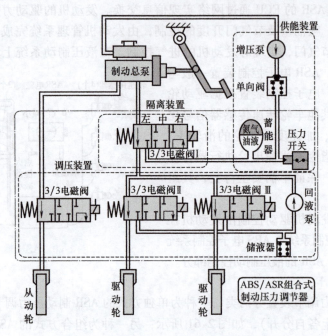

图 2-62 组合方式的 ASR 制动压力调节器

（1）供能装置 供能装置主要作用是在 ASR 作用时代替驾驶人提供制动压力，主要由增压泵、单向阀、蓄能器及压力开关组成。

（2）隔离装置 隔离装置作用是在 ASR 作用时将制动主缸隔离开，将供能装置的高压制动液引入调压装置，为增压泵提供制动液及调压回液导入储液室等。隔离装置主要由制动主缸隔离阀、蓄能器隔离电磁阀及储液室隔离阀等组成。

三、典型的 ASR 液压系统回路

1. 丰田汽车 TRAC 液压系统回路

（1）油路组成 其液压系统主要由驱动防滑供能装置、隔离电磁阀总成和 ABS 制动压力调节器组成，如图 2-63 所示。

（2）工作过程

1）当需要对驱动轮施加制动力矩时：TRC 的 3 个电磁阀都通电；主缸隔离阀关闭，将主缸从制动调节器隔离开；蓄能器隔离阀导通，将蓄能器中的高压液引入制动调节器；储液器隔离阀导通，将储液器油液导入主缸储液室中。

2）当需要对驱动轮保持制动力矩时：ABS 的 2 个电磁阀通较小电流。

3）当需要对驱动轮减小制动力矩时：ABS 的 2 个电磁阀通较大电流。

4）当无需对驱动轮施加制动力矩时：各个电磁阀都不通电且 ECU 控制步进电机转动使副节气门保持开启。

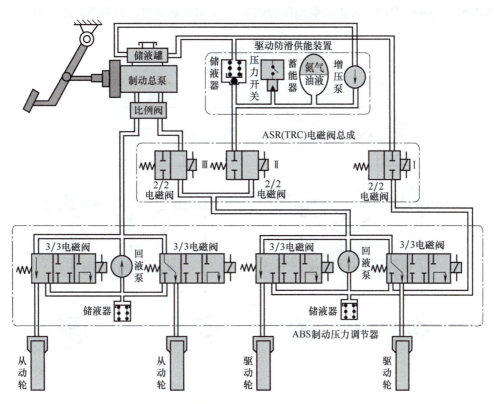

图 2-63 丰田汽车 TRAC 液压系统回路

2. 博世（BOSCH）的 ASR 液压系统回路

（1）油路组成　ASR 液压调节器的驱动滑转控制过程中，可自行建立驱动轮制动压力。与 ABS 系统液压调节器相比，在Ⅱ型制动力分配的 ASR 系统中，在后桥（两驱动轮）回路上加了一个转换阀和一个进液阀，总共 10 个电磁阀，如图 2-64 所示。在 X 型制动力分配的 ASR 系统中每个制动回路中需附加一个转换阀和一个进液阀，总共 12 个电磁阀，如图 2-65 所示。ASR 系统用自吸式液压泵替代 ABS 系统回液泵，甚至取消了蓄能器，结构大大简化。BOSCH ASR 系统由于性能优良得到了广泛应用。

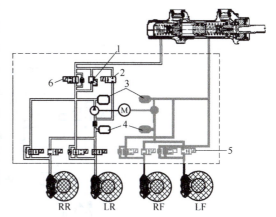

图 2-64　BOSCH ABS/ASR5 液压调节的液压通路（Ⅱ型制动力分配）
1—压力调节阀　2—吸液阀　3—前置蓄能器
4—储液器　5—ABS 电磁阀　6—转换阀
RR—右后　LR—左后
RF—右前　LF—左前

（2）工作过程　工作过程如图 2-66 所示

1）当 ASR 系统开始工作时，首先，转换阀通电，转换阀由导通到截止，将制动主缸从调压回路中隔离开；吸液阀通电，将主缸的制动液引入吸液高压泵的入口，用以补充制动调节时所要的液体。吸液泵在此间工作。

2）当某个轮在驱动过程中滑转，由各轮

缸的进液阀、回液阀及液压泵进行制动压力调节,与 ABS 制动时压力调节原理一样。

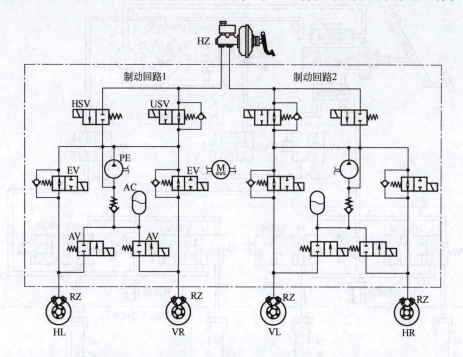

图 2-65　BOSCH ABS/ASR5 液压调节的液压通路（X 型制动力分配）
HZ—主缸　RZ—轮缸　EV—进液阀　AV—出液阀　USV—转换阀
HSV—吸液阀　PE—回液泵　M—回液泵电机　AC—低压储液罐
V—前　H—后　R—右　L—左

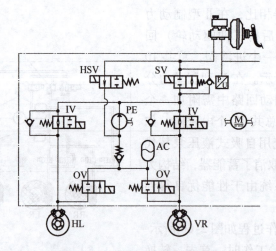

图 2-66　ASR 系统工作油路图

四、ASR 系统电路

奥迪 A6（C5）上安装了 BOSCH ABS/ASR5 防滑控制系统,其电路如图 2-67 所示,电路图中各部件标识名称见表 2-3。

项目二 汽车ABS、ASR、ESP系统检修

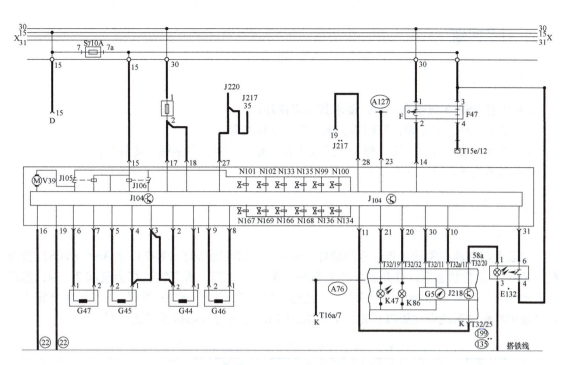

图 2-67　奥迪 A6（C5）ABS/ASR5 电路图

表 2-3　电路图中各部件标识表

序号	零件代号	零 件 名 称	序号	零件代号	零 件 名 称
1	D	点火开关	18	N101	左前车轮 ABS 进液阀
2	E123	ASR 开关	19	N102	左前车轮 ABS 出液阀
3	F	制动开关	20	N133	右后车轮 ABS 进液阀
4	F47	GRA/柴油喷射装置制动踏板开关	21	N134	左前车轮 ABS 进液阀
5	G44	右后车轮转速传感器	22	N135	左前车轮 ABS 出液阀
6	G45	右前车轮转速传感器	23	N136	左后车轮出液阀
7	G46	左后车轮速度传感器	24	N166	右前车轮 EDS 转换阀
8	G47	左前车轮转速传感器	25	N167	左前车轮 EDS 出液阀
9	G5	车速表	26	N168	左前车轮 EDS 转换阀
10	J104	带 EDS 的 ABS 电控单元	27	N169	左前车轮 EDS 出液阀
11	J217	自动变速器电控单元	28	N99	右前车轮 ABS 进液阀
12	J218	仪表板内组合处理器	29	S123	ABS 电控单元熔丝
13	J220	发动机电控单元	30	S13	熔丝支架上熔丝
14	K	自诊断插头	31	S7	熔丝支架上熔丝
15	K47	ABS 警告灯	32	T15e	插头，15 孔，白色，压力舱电器盒分线器
16	K86	ASR 警告灯	33	V39	ABS 回油泵
17	N100	右前车轮 ABS 出液阀	34	127	连接左后车轮转速传感器，在仪表板线束内

一、准备工作

1) 带有 ASR 系统整车一台,要求其性能良好;
2) 检测工具:液压表,万用表,解码器,接线盒等;
3) 常用拆装工具;套筒、梅花、呆扳手各一套,一字、十字螺钉旋具等;
4) 熟悉维修手册、作业工单。

二、任务实施(以大众车为例)

1. 仪表警告灯的检查

仪表上与制动相关的警告灯有制动灯(K118)、ABS 警告灯(K47)和 ASR(TCS)警告灯(K86),正常状态下,打开点火开关系统开始自检过程,所有警告灯会亮起 2~3s,然后会自动熄灭(如果手制动作用时 K118 会亮起,松开手制动后 K118 熄灭)。如果某个警告灯常亮或闪亮则该系统存在故障。表 2-4 为帕萨特 B5 警告灯故障指示可能的原因。

表 2-4　帕萨特 B5 制动故障与其仪表盘上警告灯点亮情况的对应关系

序号	警告灯的点亮情况	故障可能的原因
1	当点火开关接通和自检结束以后,制动防抱死系统警告灯 K_{47} 不会熄灭	ABS 制动控制系统的工作电源电压低于 10V
		ABS 制动液压控制单元系统出现问题,致使 ABS 系统没有工作
		在最后一次车辆起动后,存在暂时的传感器故障,此时 ABS 警告灯在汽车重新起动和车速超过 2.75km/h 之后,自动熄灭
		ABS 警告灯端脚①到控制单元(采用 25 引脚插接件)的端脚⑯或控制单元(采用 31 引脚插接件)的㉑端脚之间断路
2	当点火开关接通和自检结束以后,制动防抱死系统警告灯 K_{47} 和 TCS 警告灯 K_{86} 不会熄灭	ABS 的电源电压低于 10V,以及汽车的速度小于 12km/h
		ABS 警告灯 K_{47} 线路出现短路现象,应检查 ABS 控制单元 J104 引脚㉑到仪表板插头的导线
3	制动防抱死系统警告灯 K_{47} 熄灭后,制动系统警告灯 K_{118} 却点亮	制动液面太低,在点火开关接通以后,可以听到 3 声报警声
		制动系统警告灯的导线有故障
4	警告灯 K_{47} 与 K_{118} 同时点亮	ABS 制动防抱死系统失效
5	当点火开关接通和自检结束以后,K_{86} 警告灯不会熄灭	TCS 线路发生短路,TCS 警告灯 K_{86} 在点火开关接通 5min 后才会熄灭
		TCS 警告灯 K_{86} 工作后对搭铁短路,应检查 ABS 控制单元 J104 引脚⑳到仪表板之间的导线
		ABS 控制单元 J104 在更换液压控制单元后编码错误,对此先应查询故障存储器,然后进行控制单元的正确编码

（续）

序号	警告灯的点亮情况	故障可能的原因
6	TCS 警告灯 K86 在自检过程中不会点亮	TCS 警告灯 K86 本身可能损坏
7	ABS 警告灯 K47、TCS 警告灯 K86 与制动系统警告灯 K118 均不熄灭	ABS 的电源电压低于 10V，以及汽车的速度小于 12km/h
		ABS 制动液压控制单元系统出现了问题，致使 ABS 系统没有工作
		在最近行驶周期中存在转速传感器的动态故障。在这种情况下，在车辆重新起动和速度超过 2.75km/h 之后警告灯熄灭，但前提是在故障排除和重新检查后，转速传感器不再出现故障
8	制动摩擦片磨损警告灯 K61 在点火开关接通以后 3s 不会熄灭，或在车辆行驶期间会点亮	制动摩擦片磨损达到了极限
		制动摩擦片磨损警告灯 K61 线路有故障
9	驻车制动警告灯 K7 在点火开关接通以后不熄灭	驻车制动处于拉紧状态
		驻车制动警告灯 K7 开关损坏或其位置发生了变化

2. 系统自诊断

安装的系统控制单元带有一个故障存储器。如果监控的传感器以及元器件出现故障，故障存储器将把它们储存起来，可用故障阅读仪 V. A. G1551 查询故障存储器的内容。系统自诊断可区别出持续故障和偶发故障，如果一个曾被作为"持续故障"而储存的故障在接通点火开关后不再出现，那么该故障变为一个"偶发"故障。唯一例外的是"控制单元损坏"这个故障，该故障只能被当作持续故障储存。对出现的偶发故障还会附加上一个标记，在显示屏（V. A. G1551）的右侧出现"/SP"。如果通过一定次数的行驶后一个偶发故障不再出现，说明它被自动消除；持续故障将一直被储存直到通过故障阅读仪 V. A. G1551 把故障存储器内容消除为止。

1）自诊断功能列表。自诊断不仅能进行故障查询和清除，而且还能进行"控制单元识别""控制单元编码"和"读取测量数据块"附加功能。ABS/ASR 自诊断功能见表 2-5 所示。

表 2-5 ABS 自诊断功能表

01：查询控制单元版本号
02：查询故障存储器
03：执行元件诊断
05：清除故障存储器
06：结束输出
07：控制器编码
08：读取测量数据块

2）系统诊断检测流程。用大众专用汽车故障诊断仪 VAG1551/2 对 ABS 系统检查流程，如图 2-68 所示。

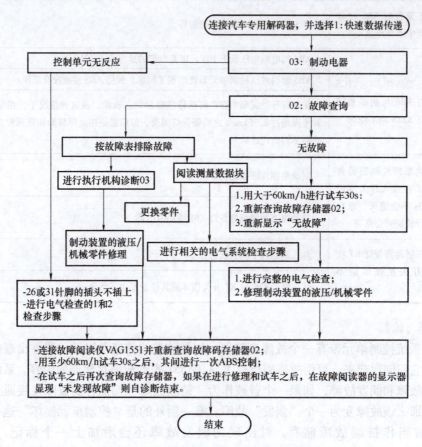

图 2-68　VAG1551/2 对 ABS 系统检查流程

3）ABS/ASR 故障码内容及说明详见表 2-6。

表 2-6　故障码内容及说明

故障码	故障部位	故障原因	故障维修方法
00597	车轮及轮胎尺寸不一致		对车轮及轮胎尺寸进行检查
	车轮转速脉冲异常		对车轮传感器齿圈进行检查，必要时更换新件
	车轮传感器齿圈严重污垢或损坏		对车轮传感器齿圈进行去污垢处理，当其损坏时应更换新件
	车轮轴承间隙变大		更换新的、同规格的车轮轴承
	车轮传感器安装位置发生了变化或损坏		对轮速传感器安装位置进行检查并校正，当其损坏时应更换新件
00623（具有 ASR 功能的车辆）	手动变速器	ABS/ASR 控制单元 J104 编码错误	对 ABS/ASR 控制单元 J104 编码情况进行检查
		ABS/ASR 控制单元 J104 对电源正极短路	检查并排除 ABS/ASR 控制单元 J104 短路故障

(续)

故障码	故障部位	故障原因	故障维修方法
00623 （具有ASR 功能的车辆）	自动变速器	ABS/ASR控制单元J104编码错误	对ABS/ASR控制单元J104编码情况进行检查
		ABS/ASR控制单元J104与变速器控制单元J217之间出现断路或短路故障	检查并排除ABS/ASR控制单元J104与变速器控制单元J217之间出现的断路或短路
00646 （具有ASR 功能的车辆）	ABS/ASR控制单元J104与发动机控制单元J220之间线路出现断路或对电源正极/搭铁短路		检查并排除ABS/ASR控制单元J104与发动机控制单元J220之间线路出现的断路或对电源正极/搭铁短路故障
	ABS/ASR控制单元J104本身损坏		更换新的、同规格的J104控制单元
	发动机控制单元J220本身损坏		更换新的、同规格的J220控制单元
00647 （具有ASR 功能的车辆）	ABS/ASR控制单元J104与发动机控制单元J220之间线路出现断路或对电源正极/搭铁短路		检查并排除ABS/ASR控制单元J104与发动机控制单元J220之间线路出现的断路或对电源正极/搭铁短路故障
	ABS/ASR控制单元J104本身损坏		更换新的、同规格的J104控制单元
	发动机控制单元J220本身损坏		检查发动机实际转矩测量数据块003，如果无法调出则更换新的、同规格的J220控制单元
00761 （具有ASR 功能的车辆）	发动机控制单元J220故障，无法减小发动机的转矩		对发动机控制单元J220中存储的故障码进行检查，并排除故障→清除发动机控制单元J220内存储的故障码
01130	ABS信号不可靠（因外界电子干扰而产生，例如不绝缘的点火导线）		检查所有导线、插接件连接是否对电源正极/搭铁短路→清除故障存储器→进行试车，以至少60km/h的速度行驶30s→重新查询故障存储器
01200	接线柱30到控制单元J104的⑰和⑱引脚之间的导线断路或电阻过大		检查和排除供电电压的导线断路电阻值过大故障
	汽车电气系统的电压出现波动		对蓄电池、发电机和调节器进行检查
	ABS阀供电电压异常		对ABS阀供电电压系统进行检查
	液压控制单元故障		对电磁阀继电器、电磁阀本身及它们的供电进行检查，如均无问题，则更换液压控制单元
01201	ABS液压回油泵供电电压异常		检查液压回油泵的电压，读取测量数据块显示组002，若无故障，进行执行机构诊断
	液压控制单元搭铁点之间的导线断路或电阻值过大		检查控制单元与搭铁点导线是否断路并排除故障
	液压控制单元故障		如上述检查均无问题，则更换液压控制单元
01203	组合仪表板和ABS控制单元J104之间的电路断路、电阻值过大或组合仪表板插头故障		检查和排除导线断路情况→读取静止周期测量数据块显示组004→检查组合仪表板插头连接情况
65535	ABS控制单元J104本身损坏		更换新的、同规格的配件

4）数据流内容及说明，详见表2-7。

表2-7 读取测量数据块的校验表

显示区	说 明	检测条件	在V. A. G1551上显示
1	左前轮轮速（km/h）		1（在停车时）到19*
2	右前轮轮速（km/h）		1（在停车时）到19*
3	左后轮轮速（km/h）		1（在停车时）到19*
4	右后轮轮速（km/h）		1（在停车时）到19*
5	制动灯开关	不操纵制动踏板	0
		操纵制动踏板	1
(6**)	制动灯开关	不操纵制动踏板	0
		操纵制动踏板	1
6	ABS回油泵-V39电压	回油泵不工作	0
		不允许，回油泵工作	1
7	ABS电磁阀继电器J106	继电器已吸合	1
		继电器没有吸合	0
9***	发动机转速/r·min^{-1}		以60r/min递进60…120…180…240…从60r/min至6540r/min
10***	发动机实际转矩N·m（MMI）		显示范围0～100% 0%～100N·m（推力） 100%～+410N·m 20至30%～急速
11***	ASR按键	不操作ASR按键	0
		操作ASR按键	1

注：* 在车速超过19km/h时控制单元J104的自诊断切断。
　　** 只在全轮驱动车辆上。
　　*** 只在装备了ASR的车辆上。

5）执行元件诊断。执行元件诊断用来检查执行元件的功能，即可诊断ABS/ASR系统的电机、电磁阀的功能，见表2-8。在进行该项诊断时要求不应有电气故障。

表2-8 电磁阀诊断

制动踏板状态	部件名称	电压/V	车轮状态	备 注
脚轻放在制动踏板上	ABS液压泵	测试	应可听到ABS液压泵在运转。脚放到制动踏板上时可感到振动。这是因为液压泵在制动管路内产生压力脉动，此脉动传到制动踏板上，但制动管路中的压力脉动不足以抱死车轮	否则应目视检查制动液罐、制动总泵、液压单元及制动分泵

(续)

制动踏板状态	部件名称	电压/V	车轮状态	备注
踩下	进液阀	0	正常制动：用力转不动该车轮	
	出液阀	0		
	进液阀	电池电压	该车轮为增压保压状态：用力转不动该车轮	
	出液阀	0		
	进液阀	电池电压	该车轮减压状态：该车轮能自由转动	
	出液阀	电池电压		
	进液阀	电池电压	该车轮为减压保压状态：用力能转动该车轮	
	出液阀	0		
松开	EDS 转换阀	触发	ABS/EDS 液压泵-V39 运转一秒钟。该泵从制动液罐中抽取制动液，并在 EDS 调节的制动分泵中产生压力，车轮抱住	如果未出现所述情况且无电器故障，说明某阀有机械故障，应更换液压控制单元
	EDS 进液阀	触发		

进行执行元件诊断时，应举起车辆，使车轮可自由旋转，可由另一修理工来协助检查。最好短时起动发动机以产生真空，这样工作起来更方便。

课后测评

1. 什么是车轮的滑转率，最佳滑转率的范围是多少？
2. ASR 系统由哪几部分组成？各组成部分由哪些部件组成？

任务三　汽车 ESP 系统检修

 任务目标

知识目标：
1. 掌握 ESP 系统的作用及组成
2. 掌握 ESP 系统的基本工作原理

技能目标：
1. 能够正确使用各种仪器设备
2. 能够对 ESP 系统进行诊断和检测
3. 掌握安全生产知识

 任务描述

车身电子稳定系统（ESP）是改善汽车行驶性能的一种控制系统，它不但可防止汽车在制动时车轮抱死，还可防止汽车在起步时驱动轮滑转（空转）。同时，可通过发动机驱动力的控制和有选择性地对个别车轮的控制，防止汽车转向时滑移、不稳定和侧向驶出车道。

 知识储备

ESP 系统即车身电子稳定系统（Electronic Stability Program，简称 ESP），是博世（Bosch）公司研发的。ESP 系统包含 ABS（防抱死制动系统）及 ASR（驱动防滑系统），是这两种系统功能上的延伸。因此，ESP 称得上是当前汽车防滑装置的最高级形式。

在博世公司之后，也有很多公司研发出了类似的系统，如日产公司研发的车辆行驶动力学调整系统（Vehicle Dynamic Control，简称 VDC）、丰田公司研发的车辆稳定控制系统（Vehicle Stability Control，简称 VSC）、本田公司研发的车辆稳定性控制系统（Vehicle Stability Assist Control，简称 VSA）、宝马公司研发的动态稳定控制系统（Dynamic Stability Control，简称 DSC）等。

一、ESP 系统的作用

ESP 可在以下几个方面改善汽车行驶的安全性：

1）扩大了汽车行驶稳定性范围。在汽车的各种行驶状况下，如全制动、部分制动、车轮空转、驱动、滑行和负载变化，仍可保持汽车正常行驶。

2）扩大了汽车在极端情况时的行驶稳定性，如在驾驶人感到惊恐时从而降低了汽车横甩的危险。

3）在各种路况下，通过 ABS、ASR 系统和发动机倒拖转矩控制 MSR（在发动机制动力矩过高时，可自动地提高发动机转速），还可进一步利用轮胎与路面间的附着潜力，从而可缩短制动距离、增大牵引力、改善汽车的操控性和行驶稳定性。

ESP 系统还可针对性地对每个车轮进行制动，如不足转向时对弯道内侧后轮制动或过多转向时对弯道外侧前轮制动，如图 2-69 所示，这样能最好地实现汽车在弯道内保持稳定行驶。此外，利用发动机干预，ESP 系统可使驱动轮加速，以保证汽车的稳定性。

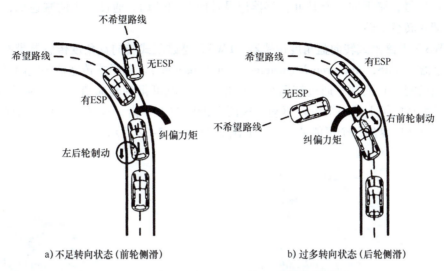

a) 不足转向状态（前轮侧滑）　　b) 过多转向状态（后轮侧滑）

图 2-69　在弯道行驶时的不足转向状态和过多转向

总之，ESP 系统可降低汽车在危险状态下的碰撞或翻滚的危险；可以避免汽车在物理极限内偏离行驶路面或车道。

二、ESP 系统主要部件

1. 转动率传感器

转动率传感器或偏转速度传感器也称陀螺测速仪，它用于检测配备有电子稳定系统的汽车在弯道行驶时或加速时绕其垂直轴的转动，以对其动态行驶状态进行调节。

微机械转动率传感器由于成本低、体积小，将替换现今常用的精密机械式转动率传感器。

2. 转向盘转角传感器

（1）作用　转向盘转角传感器主要测量汽车转向时转向盘的"旋转角度"，此"旋转角度"指的是"多圈旋程"的"绝对角度"。

常用的转向盘角度传感器有电位器式、光代码式和磁电式。它可连续记录和存储当前转向盘的转角。

（2）结构与工作原理　与博世公司电控单元配用的有两种测量绝对角度的电磁式角度传感器。它们与增量式传感器不同，可在任何时间，在整个角度范围内测出转向盘角度。

1）LWS 1 型 Hall 转向盘角度传感器。LWS 1 型 Hall 转向盘角度传感器有 14 个 Hall "栅栏"（传感器）检测角度和转向盘的转动，如图 2-70 所示。1 个 Hall 栅

图 2-70　LWS 1 型数字式 Hall 转向盘角度传感器分解图
1—带 9 个等距离分布的永久磁铁的壳体盖
2—软磁材料的编码盘　3—带 9 个 Hall 传感器和微处理器的印刷电路板
4—减速器　5—其余 5 个 Hall 栅栏（传感器）　6—转向柱固定套筒

栏（传感器）像 1 个光栅；1 个 Hall 传感器检测相邻磁铁的磁场。磁场由于被与转向柱一起转动的金属编码盘阻挡而大为减弱，甚至屏蔽。这样，9 个 Hall 传感器得到转向盘角度的编码（数字）信号，剩下的 5 个 Hall 传感器记录转向盘的转动。通过 4:1 的减速比，将该转动变为 360°即 4 转变 1 转。

2）LWS 3 型磁阻式转向盘角度传感器。LWS 3 型磁阻式转向盘角度传感器带有各向异性磁阻式传感器（AMS，Anisotrop Magnetoresistivcn Sensoren）。磁阻式传感器的电阻随外部磁场方向（即磁通密度）而变。通过测两个齿轮的角度，就可得到转向盘在 4 整圈的角度信号。两个齿轮是由转向轴上的一个齿轮驱动。这两个齿轮差 1 个齿。这样，从两个齿轮的一对角度值就可知道转向盘的每个可能的位置，如图 2-71 和图 2-72 所示。

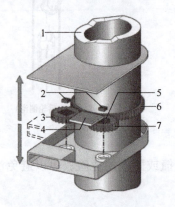

图 2-71　LWS 3 型 AMS 转向
盘角度传感器结构原理图

1—转向轴　2—AMR 传感器　3—M 个齿的齿轮
4—处理电路　5—磁铁　6—N 个齿的齿轮，
N > M；7—M + 1 个齿的齿轮

图 2-72　LWS 3 型 AMS 转向
盘角度传感器视图

3. 霍尔加速度传感器

带有防抱死制动系统（ABS）、驱动防滑控制系统（ASR）、四轮驱动或还带有车身电子稳定系统（ESP）的汽车，除装有车轮传感器外都装有霍尔加速度传感器，以测量汽车行驶时的纵向和横向加速度。

（1）结构　在霍尔加速度传感器中使用"弹性"固定的弹簧-质量系统，如图 2-73 所示。霍尔加速度传感器有一个竖放的带状弹簧 3，一端夹紧；另一端固定着永久磁铁 2，以作为振动质量。在永久磁铁上面是带有信号处理集成电路的霍尔传感器，在下面有一块铜阻尼板 4，如图 2-74 所示。

（2）工作原理　如果传感器感受到横向加速度则传感器的弹簧-质量系统离开它的静止位置而偏移，其偏移程度与加速度大小有关。运动的磁铁在霍尔元件中产生霍尔电压 U_H，经信号处理电路处理后输出信号电压为 U_A，它随加速度增加而线性增加。加速度范围约 ± 1g，如图 2-75 所示。

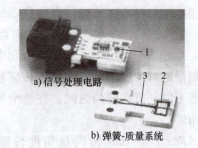

a）信号处理电路

b）弹簧-质量系统

图 2-73　霍尔加速度传感器（拆开情况）
1—霍尔传感器　2—永久磁铁　3—弹簧

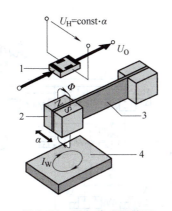
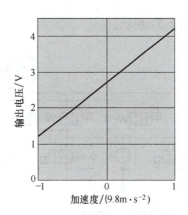

图 2-74　霍尔传感器简图

1—霍尔传感器　2—永久磁铁　3—带状弹簧
4—铜阻尼板　I_W—涡流（阻尼）
U_H—霍尔电压　U_O—供电电压　Φ—磁场
α—检测的横向加速度

图 2-75　霍尔加速度传感器特性线实例

4. 液压调节器

液压调节器是在主缸与轮缸间建立液压联系，与 ASR 液压调节器一样能自行建立制动压力。ESP8 液压调节器是一个全模块结构，ESP 系统液压调节器与制动力分配形式无关，需要 12 个电磁阀，如图 2-76 所示。在该系统中，像在 ASR 系统的液压调节器上一样，使用的两个进液阀被两个高压开关阀代替，进液阀与高压开关阀的差别在于：高压开关阀能在制动液压力差大于 0.1MPa 时仍能工作。这是 ESP 制动控制系统中为使汽车行驶稳定，增加由驾驶人设定的制动压力所必需的。对于半主动控制制动力系统，需要在高的初始制动压力下仍可接通柱塞式液压泵的制动液进液通道。

ESP 系统中还专门装有智能压力传感器以确定主缸中的制动液压力和判定驾驶人的制动意向。对于半主动的 ESP 控制方式也

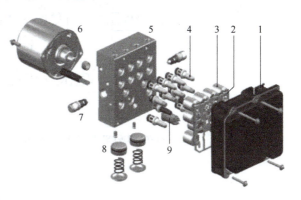

图 2-76　ESP8 型液压调节器

1—电控单元　2—电磁线圈组冲孔网格板　3—电磁线圈组
4—电磁阀　5—液压调节器体　6—直流电机
7—柱塞式液压泵　8—低压储液罐
9—压力传感器

需要安装智能压力传感器，这样就可知道驾驶人已经用多大的制动液初始压力进行了制动。因为 ASR、ESP 系统需要自行建立制动液压力，所以在这两个系统中要用自吸式液压泵替代回液泵。为防止液压泵从车轮制动器内吸出制动液，需要加装有一定关闭压力的制动液单向阀。

三、ESP 液压系统回路

ESP 系统中液压调节器的压力调节原理与前面的 ABS 系统中液压调节器的压力调节原理一样。两者的区别是，ESP 系统中轮缸与主缸间附加一个常开转换阀（不通电时开启）和一个常闭高压开关阀（不通电时关闭），这样在需要时可以进行主动的制动干预或半主动的制动

干预，如图2-77所示。

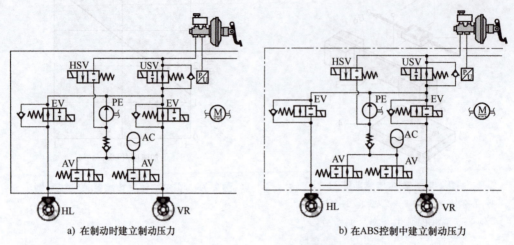

a) 在制动时建立制动压力　　　　　　b) 在ABS控制中建立制动压力

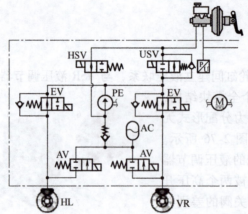

c) 在ASR或ESP系统进行制动干预时，通过自有吸式柱塞泵建立制动压力

图 2-77　ESP 系统中液压调节器的压力调节

EV—进液阀　AV—排液阀　USV—转换阀　HSV—高压开关阀　PE—回液泵　M—回液泵电机
AC—低压储液罐　V—前　H—后　R—右　L—左

1. ESP 制动压力建立

在制动液压力回路中有两个自吸式的柱塞泵和一个电机，这两个自吸式柱塞泵在驾驶人没有设定制动液初始压力时能自行建立制动压力。在需要 ESP 控制时，由电机经固定在电机轴上的偏心轴颈驱动柱塞泵。

在 ASR、ESP 系统中，回液泵可以自行建立制动液压力而不需要驾驶人踩制动踏板，或在驾驶人踩制动踏板后还可提高制动液压力。这样，ASR 和 ESP 两系统可以自行制动。为此，转换阀关闭，吸液阀或高压开关阀开启。制动液就可从低压储液罐吸出，经主缸压入轮缸并在轮缸中建立制动液压力，如图 2-77c 所示。

2. ESP 作用场合

在 ESP 系统中基本上有 3 种不同的使用场合：

1) 被动制动，如在前面的 ABS 控制系统所述。
2) 半主动制动，为使汽车行驶稳定，驾驶人设定的制动压力还不够时。

3）全主动制动，为使汽车行驶稳定，需在制动回路中产生制动压力，而不需要驾驶人踩制动踏板时。

在半主动制动和全主动制动时，建立制动压力除用于 ESP 系统制动场合外，还用于一系列的附加功能上，如自适应巡航速度控制（ACC）、液压制动辅助功能（HBA）。

① 半主动控制。半主动控制时需要用高压开关阀克服高的压差打开柱塞泵的进液通道。因为驾驶人制动时已施加了较高的制动压力，但还不足以使汽车稳定行驶。

高压开关阀克服高的压差开启分两个阶段：第一阶段是通过电磁线圈的电流产生磁力；第二阶段是液压系统中的高压开关阀面积差产生的开启力。

当 ESP 控制器识别出汽车不稳定行驶状态时，未通电流的常闭转换阀处于关闭状态，未通电流的常开高压开关阀处于开启状态，接着为使汽车稳定行驶，两个柱塞泵使制动液产生额外的制动压力。

在汽车稳定后排液阀开启，在被控制车轮制动器中，过高压力的制动液流入低压储液罐中。一旦驾驶人松开制动踏板，由低压储液罐来的制动液输回到制动液罐中。

② 全主动控制。如果 ESP 系统中控制器识别出汽车不稳定行驶状态，转换阀关闭。柱塞泵经转换阀或高压开关阀输送的制动液通道被短时切断而不能建立制动液压力。同时，高压开关阀开启，自吸式柱塞泵这时就可将制动液泵入相应的一个或多个轮缸中，以建立制动液压力。若只要在一个轮缸中建立制动液压力，以抵消汽车横摆率，则应关闭其余轮缸的进液阀。为降低制动液压力，最后需要开启排液阀，高压开关阀和转换阀返回到它们的初始位置。制动液由轮缸流入低压储液罐，这时轮缸中的制动液被柱塞泵抽空。

四、ESP 系统电路

奥迪 A6L 轿车 ESP 系统电路图如图 2-78 所示，电路部件说明见表 2-9。

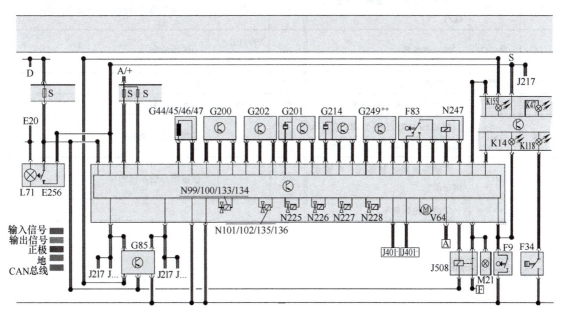

图 2-78　奥迪 A6L 轿车 ESP 系统控制电路

表 2-9 电路图各符号名称表

序号	零件代号	零件名称	序号	零件代号	零件名称
1	A	自诊断线	21	J285	组合仪表内带显示器的控制单元
2	A/+	正极连接	22	J401	带 CD 机的导航系统控制单元
3	D	点火开关	23	J508	制动灯抑制继电器,在附加继电器支架上继电器盘上方
4	E20	仪表板照明开关调节器	24	K118	制动装置指示灯
5	E256	ASR/ESP 按键	25	K14	驻车制动器指示灯
6	F	制动灯开关	26	K155	ASR/ESP 指示灯
7	F34	制动警报触点	27	K47	ABS 指示
8	F47	制动踏板开关	28	L71	ASR 开关照明
9	F83	ESP 制动识别开关,在制动助力器内	29	M21	左侧制动灯/尾灯灯泡
10	F9	驻车制动器指示开关	30	N100/102/135/136	ABS 出液阀
11	G200	横向加速度传感器	31	N225	行驶动态调节分配阀-1
12	G201	制动压力传感器-1 在制动总泵上	32	N226	行驶动态调节分配阀-2
13	G202	偏转率传感器,在左前针脚坑内,舒适中央控制系统前	33	N227	行驶动态调节高压阀-1
14	G214	制动压力传感器-2,在制动总泵上	34	N228	行驶动态调节高压阀-2
15	G249	纵向加速度传感器,在右侧 A 柱内	35	N247	制动压力电磁线圈,在制动助力器内
16	G44-47	转速传感器	36	N99/101/133/134	ABS 进液阀
17	G85	转向角传感器	37	S	熔丝
18	J...	发动机管理系统控制单元	38	V64	ABS 回液泵
19	J401	带 EDS/ASR/ESP 的 ABS 控制单元,在右前针脚坑内,车身前板上	39	*	仅指自动变速器车
20	J217	自动变速器控制单元,在流水槽中部	40	**	仅指带导航系统的车
	***	仅指四轮驱动车			

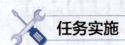

任务实施

一、准备工作

1)带有 ASR 系统整车一台,要求其性能良好;

2）检测工具：液压表，万用表，解码器，接线盒等；

3）常用拆装工具：套筒、梅花、呆扳手各一套，一字、十字螺钉旋具等；

4）熟悉维修手册、作业工单。

二、任务实施（以宝来车为例）

汽车 ESP 系统主要部件的校准：

更换了转向盘转角传感器 G85 及操控单元 J104 后，需从头进行标定作业。若 G85 底部查看孔内的黄点清晰可见，则标明传感器在零点方位。更换了压力传感器、侧向/纵向加速度传感器，也需要做调整作业。

下列为 04 功用"基本设定"中的通道号：

1）60-转向盘转角传感器 G85 零点调整。

2）63-侧向加速度传感器 G200 零点调整。

3）66-制动压力传感器 G201 零点调整。

4）69-纵向加速度传感器零点调整（四轮驱动）。

1. G85 零点平衡

1）连接 VAG1551 或 VAS5051 进入 03 地址。

2）登录 11Q，40168Q（做多项调整时，只需登录 1 次）。

3）起动车辆，在平整路面上试车，以不超越 20km/h 的车速行驶。

4）若转向盘是正中方位（若不在正中方位，调整），泊车即可，不要再调整转向盘，不要关闭点火开关。

5）查看 08 功用下 004 通道第一显示区 0 度（手册规定值：±4.5）。

6）输入 04Q，060Q，ABS 警告灯闪亮。

7）进入 06 退出，ABS 和 ESP 警告灯亮约 2s。

8）完毕。

2. 侧向加速度传感器 G200 零点平衡

1）将车停在水平地面上。

2）连接 VAG1551 或 VAS5051 进入 03 地址。

3）登录 11Q，40168Q。

4）输入 04Q，063Q；ABS 警告灯闪亮。

5）完毕进入 06 退出。

6）ABS 和 ESP 警告灯亮约 2s。

若显示该功能不能执行，表明登录有误。

若显示基本设定关闭，表明超出零点平衡允许公差。读取 08 数据块（004 通道第二显示区静止时规定值 ±1.5；转向盘转向止点，以 20km/s 车速左/右转弯，测量值应均匀上升）及故障记忆。然后重新进行。

3. 制动压力传感器 G201 零点平衡

1）不要踩制动踏板。

2）连接 VAG1551 或 VAS5051 进入 03 地址。

3）进入 08 阅读，测量数据块 005 通道查看第一显示区规定值 ±7bar。

4）登录 11Q，40168Q。

5）输入 04Q，066Q；ABS 警告灯闪亮。

6）完毕进入 06 退出。

7）ABS 和 ESP 警告灯亮约 2s。

若显示该功能不能执行，表明登录有误。

若显示基本设定关闭，表明超出零点平衡允许公差。读取 08 数据块（005 通道）及故障记忆。然后重新进行设定。

4. ESP 工作检测

ESP 检测用于查看传感器（G200、G202、G201）信号的可靠性，拆开或更换 ESP 部件后，有必要进行 ESP 检测。具体方法如下

1）连接 VAG1551 或 VAS5051，打开点火开关，进入 03 地址。

2）进入 04 基本设定，选择 093 通道，按 Q 键。

3）显示屏显示 ON，ABS 警告灯亮。

4）拔下自诊断插头，起动发动机。

5）用力踩下制动踏板（制动力应大于 35bar），直到 ESP 警告灯 K155 闪亮。

6）以 15～30km/h 试车，时间不超过 50s，行车时应确保 ABS、EDS、ASR、ESP 不起作用。

7）转弯并确保转向盘转角大于 90°。

8）ABS 警告灯和 ESP 警告灯熄灭，则 ESP 检测顺利完成。

若 ABS 灯不灭，表明 ESP 检测未顺利完成，应重复上述操作；若 ABS 灯不灭且 ESP 灯亮起，表明系统存在故障，查询故障存储器，并予以排除后，再重新进行 ESP 检测。

课后测评

1. 什么是 ESP 系统？它有什么作用？
2. 简述 ESP 系统的基本原理。
3. ESP 系统部件有哪些？
4. 转动率传感器有什么作用？
5. 简述 ESP 半制动、全制动的工作过程。

项目三 汽车自适应巡航控制系统检修

学习目标

知识目标：
1. 掌握自适应巡航控制系统的作用及组成
2. 了解自适应巡航控制系统的工作原理

技能目标：
1. 能正确使用常用拆卸工具和测试仪器仪表
2. 会自适应巡航控制系统的故障诊断方法

情感目标：
1. 养成认真观察的能力和习惯
2. 培养安全与环保意识

项目描述

汽车自适应巡航控制系统是一种智能化的自动控制系统，它是在早已存在的巡航控制技术的基础上发展而来的。该功能是汽车多个系统协同工作的结果，其独立的功能部件只有雷达传感器控制单元总成和功能操纵手柄，它通过总线与相关系统完成自适应巡航控制功能。本项目重点讲解自适应巡航控制系统的工作原理及调节方法。

知识储备

一、自适应巡航控制系统概述

自适应巡航控制系统（Adaptive Cruise Control，简称 ACC）是一种构想于 20 世纪 70 年代末期的汽车安全性辅助驾驶系统，它将汽车自动巡航控制系统 CCS（Cruise Control System）和车辆前向撞击报警系统 FCWS（Forward Collision Warning System）有机地结合起来，既有自动巡航功能，又有防止前向撞击功能。由于当时传感器技术、信号处理技术、汽车电子技术以及交通设施等因素阻碍了 ACC 的发展，直到 20 世纪 90 年代中期，随着各项技术的进步和对汽车行驶安生性要求的提高，特别是对有效地防止追尾碰撞要求的不断提高，才使得 ACC 迅速发展起来。博世公司的汽车自适应巡航控制系统如图 3-1 所示。

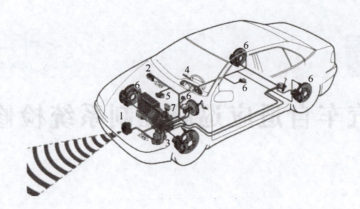

图 3-1 博世公司的汽车自适应巡航控制系统

1—ACC 系统传感和电控单元 2—发动机管理电控单元 3—ESP 系统进行主动干预 4—操纵和显示单元
5—由配备 EGAS（汽油机的电子加速度踏板）或 EDC（柴油机）的发动机转矩干预（ME）
6—传感器 7—变速器干预（可选择）

二、自适应巡航控制系统基本功能

如图 3-2 所示，在车辆行驶过程中，安装在车辆前部的车距传感器（雷达）持续扫描车辆前方道路，同时轮速传感器采集车速信号。当与前车之间的距离过小时，ACC 控制单元可以通过与防抱死制动系统、发动机控制系统协调动作，使车轮适当制动，并使发动机的输出功率下降，以使车辆与前方车辆始终保持安全距离

a) 按所希望的等速行驶接近前面行驶的汽车

b) 在慢行的汽车后面制动与跟随

c) 在前面行驶的汽车转向后加速行驶恢复到原来设定的车速

图 3-2 ACC 功能示意图

三、自适应巡航控制系统基本结构

ACC 根据雷达传感器探测到前车的状态及本车传感器检测到的本车行驶状态，通过发动机、变速器及制动系统的控制，使本车在有前车或无前车时安全地巡航行驶。其系统组成结构如图 3-3 所示。

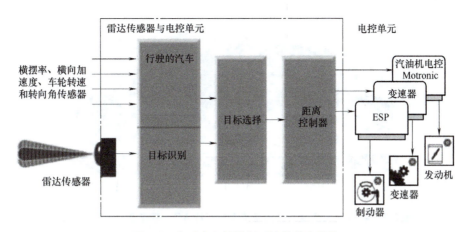

图 3-3　自适应巡航控制系统的基本结构

四、ACC 系统主要部件

ACC 系统的主要部件有操纵和显示部件、车距感应器和 ACC 控制器，如图 3-4 所示。

1. 操纵和显示部件

操纵和显示的专门开关用于激活 ACC 系统，设置自适应巡航车速和到达前面行驶汽车位置时的时间间隔。仪表组合上的信息向驾驶人显示汽车受控的一些数据和 ACC 系统的其他信息，如图 3-5 所示。

操纵和显示元器件是 ACC 系统与驾驶人间的直接桥梁。操纵和操纵说明应尽可能简单、清晰和直观（即应直接反映实情或过程）。因为显示常常是对操纵的反映，所以将操纵与显示放在一起说明。

图 3-4　ACC 系统基本组成

典型的操纵和显示元器件及它们的功能如下：

（1）激活　ACC 系统是由驾驶人激活的。在一些车型上，ACC 系统首先由主开关接通。在另一些车型上，在转动点火钥匙到点火位置时，ACC 系统同时处于被动的等待状态。激活 ACC 系统的条件为：

1）行驶速度大于驾驶人希望的最小速度。

2）不踩制动踏板。

3）松开驻车制动。

4）在 ACC-SCU 系统（ACC 系统传感器和电控单元）或 ACC 系统中没有识别出故障等。

一旦满足上述激活 ACC 系统的条件和驾驶人人为激活 ACC 系统操纵设定的操纵按钮，则 ACC 系统开始投入工作。

进行 ACC 系统控制的重要前提是为 ACC 系统控制的初始时间点确定"希望的汽车速度"和"希望的时间间隔"。这样驾驶人就能马上得到有关设定的"希望参数"的反馈信号，如

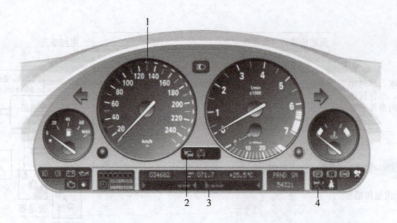

图 3-5 在驾驶人仪表组合信息范围内配备 ACC 系统显示元器件实例
1—指示希望汽车速度的车速表上的发光二极管（ACC 系统激活）　2—识别重要的目标（ACC 系统激活）　3—指示所选的设定距离（在激活 ACC 系统和输入数据后 6s 长闪光）或 ACC 系统减活的故障信息或请求"清洁"传感器 Ⅰ　4—ACC 系统工作准备（stand by）

果需要，还可对"希望参数"进行修改。因此，在激活 ACC 系统时，指示这些希望参数值是完全必要的。

为清晰地区分另外一些功能，国际标准化组织（ISO）规定了一个符号，如图 3-6 所示，它不但可表示"准备指示"，也表示"激活指示"。

（2）设置和显示"汽车的希望速度"　至今，已知的所有操纵方案是将激活 ACC 系统和设置希望的速度结合在一起，即驾驶人从 ACC 系统的等待状态第一次利用调整希望的速度开关（±）时，ACC 系统就同时被激活，如图 3-7 所示。

a) ACC系统正常

b) ACC系统故障

图 3-6 ACC 系统激活的 ISO 符号

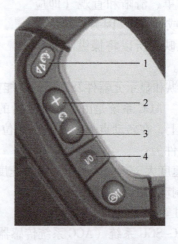

图 3-7 转向盘上的操纵键实例
1—ACC 复位/激活开关　2—增大设置车速开关（希望增加开关）　3—减少设置车速开关（希望减小开关）　4—ACC 开启/关闭开关

虽然经常使用像行驶速度控制器那样的相同开关，但希望的速度调整与行驶速度的调整有明显的不同。实践表明，在进行 ACC 系统控制时采用粗略的速度对驾驶人来说能感受到速度的变化。如 ACC 系统不按通常的 1km/h 的速度分段控制，而是按 5km/h 或 10km/h 的速度分段控制。

粗略的速度分段能使希望的速度适应较宽的速度变化范围，如从市区内行驶变换到高速公路上的"自由"行驶。

为设置希望的汽车速度，有四种方式：

1）把实际的汽车速度作为希望的汽车速度，并标以 Set。
2）把比实际的汽车速度高一段的速度作为希望的汽车速度，并标以 Set +。
3）把比实际的汽车速度低一段的速度作为希望的汽车速度，并标以 Set －。
4）存储希望的速度（重新开始）。

根据操纵方案在第一次设置汽车的希望速度后，利用不断的轻压或轻击希望速度设置按钮，可以按速度分段方式提高或降低希望速度，并标以 Step + 或 Step －。

Set 功能和 Step 功能可以相互组合，但不同的汽车厂家有不同的组合。

(3) 典型的组合　典型的组合如下：

1）STEP + 和 SET 或 STEP + 和 SET +。
2）STEP － 和 SET，STEP － 和 SET － 或 STEP － 和 R（Resume，重新开始）。

希望速度的指示可以与汽车速度表的刻度组合在一起（图 3-8），或以数字值单独的放在指示区。

(4) 设置希望的汽车间距离或希望的时间间隔　设置希望的汽车间距离或希望的时间间隔与驾驶人的偏爱有关，但也与路况和气候状况有关。据此，各汽车厂家提供了调整时间间隔的三个不同范围，即约 1～2.0s。

在调整时有不同的操纵方式：

1）依靠转动小转轮连续调整，如图 3-9a 所示。
2）渐进式或阶梯式开关，如图 3-9b 所示。
3）利用依次轻击的按键，如长、中、短循环如图 3-9c 所示。

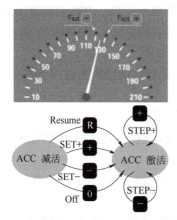

图 3-8　ACC 系统的激活
用 4 个按键和一个与汽车速度
表刻度组合在一起的指示器
调整所希望的速度

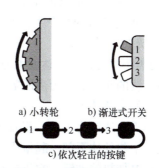

图 3-9　调整希望的汽车间距离或希望
的时间间隔的操纵件
1—绿色范围（大距离）　2—黄色范围（中等距离）
3—红色范围（近距离）

在改变时间间隔时，驾驶人收到选定的反馈信息，如图 3-10。

（5）显示识别的物体　除了绝对需要指示汽车的希望速度和汽车间的距离外，还需要显示识别的物体。该显示器向驾驶人显示了 ACC 系统传感器是否已识别出一个重要物体，如前方行驶的汽车。

若被识别的前方行驶的汽车速度慢于本车目前设定的希望速度，则需对本车进行渐降式的速度调整，如图 3-11 所示。

（6）其他显示功能　在切断 ACC 系统或操纵不对未激活 ACC 系统而出现的故障信息是不需要显示的。除了故障信息提示外，还可以显示出该故障信息的 ISO 规定的符号。

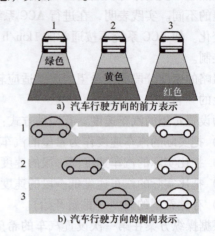

图 3-10　希望的汽车速度和希望的时间间隔的调整指示
1—绿色范围（大距离）　2—黄色范围（中等距离）
3—红色范围（近距离）

除了与 ACC 系统相关的各个电控单元的"真正的"故障外，还可能有一些暂时性的故障会切断 ACC 系统。特别是当传感器的视野被厚的湿雪层覆盖时会切断 ACC 系统，并作出受影响提示。

（7）减活　与常规的行驶速度控制器相似，通过操纵 ACC 系统的切断开关或踩下制动踏板即可减活 ACC 系统。减活 ACC 系统的其他一些原因是汽车的不允许行驶状态和汽车行驶速度低于最小控制速度。

在 ASR 或 ESP 的滑转率控制系统进行干预后，ACC 系统被部分的减活，这时只能控制制动器，但不能加速。如要继续跟踪行驶，驾驶人必须手动才能激活 ACC 系统全部功能。

2. 车距感应器和 ACC 控制器

车距感应器和控制器安装在同一壳罩内，它们也称为"ACC 系统传感器和电控单元"（ACC-SCU）。

若车距感应器和控制器任一发生故障，则需更换整个单位元件。安装和调整通过安装在固定板上的转换接口板来进行，限位块用螺钉旋紧在保险杠的中部位置，如图 3-12 所示。

车距感应器和 ACC 控制器的主要部件是透镜和电子部件。

（1）透镜　雷达装置的两个主要的物理参数基本确定了它的结构参数，如图 3-13 所示。

1）天线系统的外形尺寸。

2）相应的焦距深度，即雷达波束源与透镜下边间的距离。

在给定雷达波的频率后，可由所需的波束得到透镜的直径。通过波束源与透镜间的正确距离可得到透镜的完整波束。

博世公司的雷达透镜为耐温、耐石子打击的专用介质塑料。透镜是塑料外体上部的组成部分从而形成一个与外体下部一起组成密封的外体室。

也可以选择电加热的透镜，它集成在透镜内。加热的透镜可以融去可能覆盖在其上的冰、雪，以保证雷达波束的正常发射与接收，特别是潮湿的雪会明显地衰减雷达波束。

（2）电子部件　ACC-SCU 系统的基本电子系统为 3 个印刷电路板和一个雷达波发射和接收单元，如图 3-14 所示。

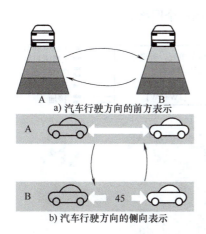

图 3-11 显示识别物体的方式
A—没有重要物体 B—识别出重要物体

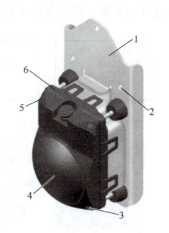

图 3-12 ACC 传感器和电控单元
1—限位块 2—固定钻孔 3—垂直调整螺钉
4—车距调控系统传感器及控制器
5—水平调整螺钉 6—转换接口板

1）雷达波发射和接收单元。雷达波发射和接收单元直接放在印刷电路板 1 上。这样，连接线很短，较少干扰。

2）印刷电路板 1。印刷电路板 1 包含数字信号处理所需的所有电子部件（由雷达的原始数据计算目标的位置和速度）。印刷电路板 1 的核心部件是数字信号处理器。

3）印刷电路板 2。印刷电路板 2 有一个能完成汽车控制的所有计算的 16 位微处理器、电压控制器和其他的开关器件、控制器件。

4）印刷电路板 3。印刷电路板 3 包含一个插头、与车内区域网络和 CAN 总线相连的连接件以及抗干扰扼流圈、抗干扰电容器。

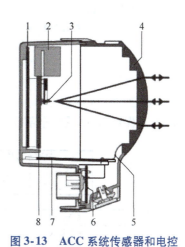

图 3-13 ACC 系统传感器和电控
单元（ACC-SCU）剖面图
1—印刷电路板 1 2—压控振荡器体 3—雷达波束源
4—透镜 5—触点和透镜加热 6—印刷电路板 2
7—印刷电路板 3 8—雷达波束发射和接收

3 个印刷电路板的柔性连接形成一个可折叠的、节省空间的、整体的电子单元。ACC 控制单元是 ACC 系统的中央处理器，是系统的核心部分，它负责将传感器送来的数据（包括相对距离、相对速度）进行处理，然后按照控制算法进行计算，最后形成指令控制作动器工作。

五、系统总线结构

因为 ACC 系统是由多个子系统组成，所以系统的总线结构十分重要。只有采用有效的系统总线结构才能将各个分功能相互连接在一起，以完成周期性的和可靠的总体功能。

ACC 系统传感器和电控单元识别本车前面的汽车和计算设定的本车速度和加速度，设定的加速度和减速度在相关的发动机系统和制动系统的子系统中转换为有效的调整信号。ACC

系统没有独自的系统,而是由各相关的子系统组成的一个网络。

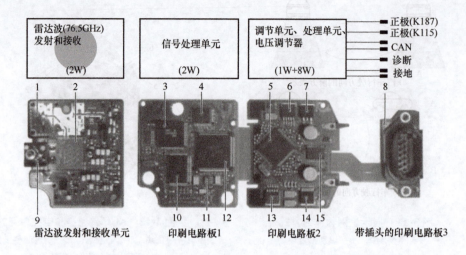

图3-14　ACC传感器和控制电元(ACC-SCU)电子部件

1—介质谐振荡器(DRO)　2—杆状发射极　3—静态随机存储器(SRAM)
4—可擦除闪速存储器(Flash)　5—16位微处理器　6—5V数字接口　7—开关3A　8—带CAN发射、
接收器的MQS插头　9—耿氏振荡器　10—专用集成电路ASICCC610
11—开关调节器　12—数字信号处理器(DSP) 56002
13—调节器8V　14—5V模拟接口　15—K-Line接口

1. 系统连接的工作原理

图3-15是保证ACC系统全部功能所需的各相关子系统功能框图。

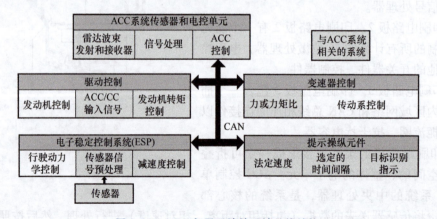

图3-15　ACC各子系统的系统总线结构

1)通过发动机控制系统和制动系统改变ACC系统的汽车纵向加速度或减速度设定值。反之,ACC系统需要从这些相关的子系统中得到汽车状态的信息与数据,如汽车行驶速度、加速度或减速度,汽车的横摆速度和当前的发动机转矩等。

2)显示元器件和操纵元器件也通过CAN总线相连。ACC系统需要驾驶人意图的信息(设定车速、选择时间间隔)和将信息传给驾驶人(如是否识别到目标)。常规的汽车行驶速度控制也需要操纵元器件控制,且大多采用发动机控制。

3)变速控制不是用作ACC系统的执行系统。为了得到变速器当前的作用力比或转矩比,需要变速器控制的信息。

数据传输使用 CAN 总线，它将各子系统连接在一起，此外还接入其他的仪器或通过功能口接入 CAN 总线。

除了数据传输的方式外，还要规定网络信号的数据容量协议，该协议由功能分配得到。因此，按照现有的各相关的子系统可以改变各个接口信号的数据容量。

2. 驱动控制

ACC 系统需对发动机控制进行干预，以便改变设定的汽车加速度（减速度）或设定的发动机转矩。

目前，大多采用的各种发动机控制有电子加速踏板（EGAS）、电控汽油机的 MotronicME7 和电控柴油机 EDC 系统。它们可以改变设定的汽车加速度（减速度）或设定的发动机转速。这些系统利用汽车上现有的、常规行驶速度控制器的接口。这样，不需要发动机的特性曲线数据，就可根据发动机转矩来控制传动系统。

3. 制动控制

为实现 ACC 控制器所要求的设定减速度，如单独用发动机倒拖来降低传动系统的转速还不够，则还要进行主动制动。为此有两种制动控制器：

（1）主动制动助力器　电动移动制动踏板杠杆的主动制动助力器可以不依赖驾驶人而自动制动汽车。其前提是要改变制动助力器的膜片设计和增加一个具有比例调节特性的气动阀。为操纵制动灯，在驾驶人制动踏板上有一个制动灯开关，驾驶人制动时制动灯开关脱开。

如果在制动主缸出口安装一个压力传感器（如在电子稳定性程序 ESP 系统中为控制汽车行驶动力学时常见的那样），就可为 ACC 系统进行主动制动，也可通过压力接口或转矩接口进行主动制动。

（2）液压制动控制器　在驱动防滑控制系统（ASR）和车身电子稳定系统（ESP）中，电控制动器已得到广泛使用，当然只是在出现不稳定行驶状况和不是在正常的行驶条件下才使用。利用改进的控制技术，可以对液压制动控制器（一般为电动油泵和阀）进行舒适的制动控制。

为控制制动灯，对已有的、由制动踏板触发的制动灯开关信号会再产生一个开关信号。这样，在进行主动（自动）制动时制动灯就亮。

4. 弯道传感器及传感技术

ACC 系统使用 ESP 系统中的传感器信号，以得到汽车的运动状态信息。CAN 总线将汽车上现有的 ESP 系统电控单元中的测量数据传输给 ACC 系统的电控单元，这样就可避免 ACC 系统中另加的传感器。

以下的 ESP 系统中的传感器可供 ACC 系统中使用。

（1）转动率传感器　转动率传感器或横摆速度传感器检测汽车绕其垂直轴的转动。它是按照测量哥氏力的测量原理进行检测。

（2）转向盘角度传感器　转向盘角度传感器测量转向柱上的转向盘角度。根据测量任务不同，传感器可以是触点式或无触点式的线绕电位器。

（3）加速度传感器　加速度传感器测量汽车在纵向或横向惯性力作用下的偏转。

（4）车轮转速传感器　车轮转速传感器信号传给相关的电控单元。常用的车轮转速传感器有：

1）带有与轮毂相连的测速齿轮的无源（感应式）转速传感器。

2）带有与轮毂相连的有源转速传感器。

六、ACC 系统的调整

ACC 传感器和电控单元的调整分两步，即确定汽车纵轴和调整雷达轴线与汽车纵轴平行。

1. 汽车的纵轴可用测量轴的一般方法确定

ACC 系统传感器调整精度，即传感器对汽车纵轴的调整精度是实现 ACC 系统功能的重要保证。

传感器水平位置调整不当，就不能很好地确定前面行驶汽车的位置。特别是角度测量的偏差，会将目标转移到前方相邻车道上行驶的汽车上；传感器垂直位置调整不当将影响传感器作用范围和产生角度误差，如图 3-16 所示。

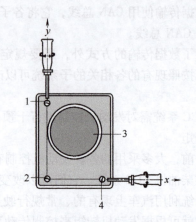

图 3-16　ACC 系统水平和垂直方向调整前视图
1—垂直调整螺钉1　2—支点螺钉2　3—透镜
4—水平调整螺钉3
x—垂直调整轴　y—水平调整轴

对传感器调整精度的要求是由汽车行驶车道的预测、角度计算和计算流程决定的，传感器调整不当会影响这些功能器件的功能。传感器水平偏差大于 0.3°，驾驶人会感觉到功能上的缺陷，所以传感器的水平调整精度要明显地小于 0.3°。ACC 系统传感器和电控单元剖视图，如图 3-17 所示。

2. ACC 调整方法

下面以大众迈腾车 ACC 调整方法为例进行介绍。

装备有 ACC 的车辆在后桥底盘位置变动时，或者系统更换感应器、传感器固定架、前保险杠和汽车前盖、车辆前部损坏（例如在对撞事故发生后）时，都必须对 ACC 传感器进行校准。

（1）车辆行驶轴线的调整　车辆行驶轴线的测定和调整是通过四轮定位设备和 ACC 校准设备（VAS6041）组成的试验台来完成的。在 VAS6041 上，在 ACC 传感器的高度上安装了一个激光发射器，在激光发射器和 ACC 传

图 3-17　ACC 系统传感器和电控单元剖视图
1—透镜　2—雷达波束发射和接收器　3—雷达波束源

感器之间安装一个目标盘，目标盘上有一个中心孔，激光发射器发出的激光束，穿过目标盘上的中心孔照在 ACC 传感器的校准镜上，然后被反射回目标盘上。在 ACC 校准前，必须将 VAS6041 调整到与车辆的行驶轴线平行（利用安装有 ACC 系统调整装置上的前轴测量接收器及后轴上的其他测量接收器，将 ACC 系统调整装置调整到与行驶轴线对齐），如图 3-18 所示。

在调整底盘时，ACC 传感器校准镜和目标盘之间的距离必须是 1145mm。如果在点火开关打开的情况下在车辆前面进行一些维修操作，应该关闭 ACC 系统的功能，完成维修操作后，再激活 ACC。

（2）系统偏差的测量 由于生产原因，ACC 传感器的镜面法线和探测区域的中心线可能会不重合。在水平面和垂直面内的方向偏差，在制造厂测定并保存在 ACC 传感器的内存中，作为修正值，修正值可以用 VAS6041 输出。ACC 系统一旦用修正值调整后，激光线束便会从中心移入一个象限内。为了检查调整螺钉是否已经沿正确方向旋紧，目标象限也保存在传感器内存中。

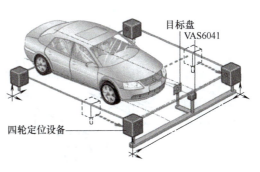

图 3-18 车辆行驶轴线调整

通过 VAS6041，系统偏差的测量值能够被自动读出，但需要将其转换成相应轴线上的毫米数。检测时读取数据流，进入地址码 13，测量数据块 6。其中数据块的第 2 区表示 *XOY* 坐标在水平面内方向偏差（*XOY* 为方位角偏差，即 S2 转角）；数据块 3 区表示 *XOZ* 坐标在垂直面内方向偏差（*XOZ* 为仰角偏差，即 S1 转角），如图 3-19、图 3-20 所示。在数据块 6 中，高度和水平方向上的设定值以角度值显示出来。对于 ACC 系统的校准，第 2 区和第 3 区的数值是有用的。

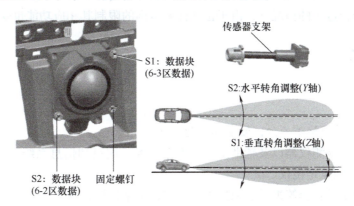

图 3-19 数据块 6 中第 2 区和第 3 区系统偏差值

因为 0.1°的偏差等于被反射激光束的 4mm 的偏移量（用角度值乘以 40 可得到目标盘上的毫米值）。该偏移量水平方向上的正值在 Z 轴右边，负值在左边（从行驶方向看）；该偏移量垂直方向上的正值在 Y 轴下边，负值在上边（从行驶方向看，如图 3-20 所示）。

（3）系统偏差的调整 根据 VAS6041 提示，在目标盘上标记计算值，并调整传感器固定支架调整螺钉，使反射激光束达到标记值。如在第 2 区（水平方位）测得的数据是 0.4°，就需要调整 16mm；在第 3 区（高度方位）测得的数据是 -0.8°，那么需要调整 32mm。系统偏差的调整如图 3-21 所示。

ACC 系统调整时，在水平面内要求有较高的调整准确性，借助螺钉只能进行粗调，可在车辆行驶过程中，利用电子设备在传感器内进行微调。在调整 ACC 系统时，如果由 3 个螺钉固定的传感器支架被分开了，那么这 3 个支架必须更换。

七、自适应巡航系统的系统缺陷

1）自适应巡航定速系统是车辆驾驶的辅助系统而不是安全系统，它并不是一套完全自动的驾驶系统。

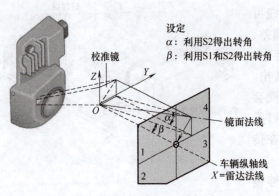

图 3-20 系统偏差值在坐标轴上的显示

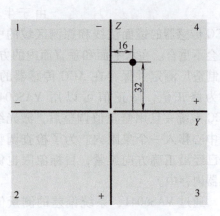

图 3-21 系统偏差值调整

2）自适应巡航定速系统可在 30~200km/h 的速度范围内发挥其调控功能。

3）自适应巡航定速系统并不对静止物产生反应。

4）雷达探测技术的功效将受到降雨、沫状物及降雪的影响。

5）在弯道半径过小的情况下，由于雷达探测范围的限制其相应功能也受到限制。

一、准备工作

1）带有 ACC 系统整车一台，要求其性能良好。

2）专用工具、检测仪器以及辅助工具：汽车诊断、测量和信息系统 VAS5051A、ACC 校正装置 VAS6041，四轮定位仪。

3）常用拆装工具：套筒扳手、呆扳手，一字、十字螺钉旋具。

4）熟悉维修手册、作业工单。

二、任务实施

1. ACC 系统校正（大众迈腾为例）

（1）在下列情况下必须进行校正

① 已拆卸和安装锁支架。

② 已拆卸和安装自动车距控制系统传感器（G550）。

③ 在进行四轮定位的过程中已调整前束和/或后桥车轮外倾。

（2）校正时必须满足下列检测前提条件

① 之前进行了四轮定位或轮辋偏位补偿。

② 检查轮胎充气压力的额定值和离地高度。

（3）在进行四轮定位的过程中校正 ACC 系统

1）ACC 系统校正操作流程如图 3-22 所示。

2）实操步骤如下：

① 车辆前方要求的空间。$a = 1145$mm，距离 a 是自动车距控制传感器 G550 的反射面和

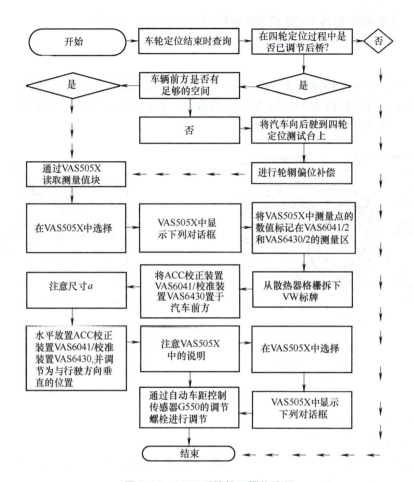

图 3-22 ACC 系统校正操作流程

ACC 校正装置 VAS6041 测量区域之间的距离，如图 3-23 所示。

② 拆下 VW 标志。将螺钉旋具穿过开口（箭头 A），并向下按压凸耳（箭头 B）。取下 VW 标牌，如图 3-24 所示。

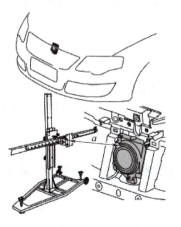

图 3-23 车辆前方要求的空间

图 3-24 拆下 VW 标志

③ 自动车距控制传感器 G550 调节螺栓的图例，如图 3-25 所示。

④ VAS 505X 中轴线和显示的说明。

举例：

测量值 0.1 表示在 VAS6041 上 4mm，VAS 505X 的读数在测量值块 6-2 时显示数值为 0.1，在测量值块 6-3 时显示数值为 -0.2。综合下列数据，这些数值得出一个测量点（箭头）：$a = 4mm$，$b = 8mm$，如图 3-26 所示。

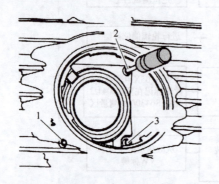
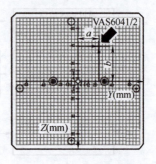

图 3-25　自动车距控制传感器 G550 调节螺栓的图例

1—水平方向或测量值块 6-2 的调节螺栓　2—垂直方向或测量值块 6-3 的调节螺栓　3—不允许扭转-仅用作轴心

图 3-26　VAS 505X 中轴线和显示的说明

Y—测量值块 6-2　Z—测量值块 6-3

3）在 VAS505X 上的选择：

在屏幕上依此按下下列按钮：

悬架-距离调节控制单元-01-具有车载诊断（OBD）功能系统-功能-适用于车桥标准状态调整的匹配。按照屏幕上的说明进行匹配。

（4）未经过车轮定位的校准

1）应遵守下列操作流程，如图 3-27 所示。

2）在 VAS505X 上的选择：

在屏幕上依此按下下列按钮：

悬架-距离调节控制单元-01-具有车载诊断（OBD）功能系统-功能-适用于车桥标准状态调整的匹配。按照屏幕上的说明进行匹配。

2. ACC 传感器及控制单元的拆装（以迈腾为例）

拆卸和安装车距调节装置的控制单元 J428：

车距调节装置的控制单元 J428 安装在汽车前部，散热器格栅上的汽车商标后面。车距调节装置的控制单元 J428 不可进一步拆分，它含有以下部分：车距调节传感器 G550、车距调节传感器的暖风装置 Z47。

（1）拆卸

1）关闭点火开关和所有用电器，取出点火钥匙或者松开位于位置 0（前向锁定）的起动按钮。

2）拆下散热器格栅、嵌条和饰板。

3）脱开车距控制单元 J428-1 上的 3 个固定件 2，如图 3-28 所示。

4）根据已连接的导线长度，向前转动车距控制单元 J428-1。

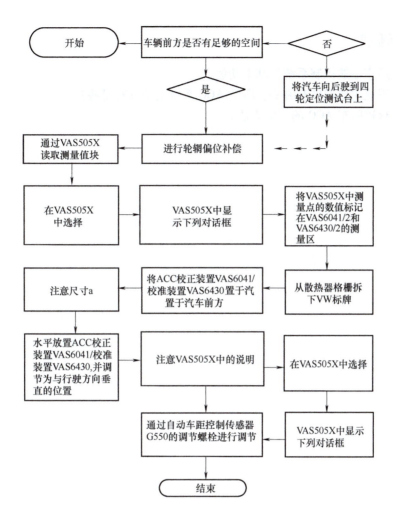

图 3-27 未经过车轮定位的 ACC 校准的操作流程

5）脱开并分离插头连接 2，取下车距控制单元 J428，如图 3-29 所示。

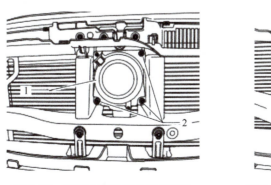

图 3-28 脱开车距控制单元固定件

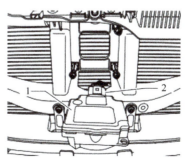

图 3-29 分离插头取下车距控制单元

（2）安装：按照与拆卸过程相反的顺序进行安装。

课后测评

1. 简述自适应巡航控制系统的基本功能。
2. 自适应系统主要部件有哪些？激活 ACC 系统的条件有哪些？
3. 简述大众迈腾车 ACC 的调整方法。

项目四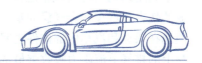

汽车安全气囊、安全带张紧器系统检修

 学习目标

知识目标：
1. 掌握安全气囊、安全带张紧器系统的作用及组成
2. 掌握安全气囊、安全带张紧器系统的基本结构和工作原理

技能目标：
1. 能正确使用常用拆卸工具和测试仪器仪表
2. 能正确进行安全气囊、安全带张紧器系统的解体和装配
3. 能够进行安全气囊、安全带张紧器系统的检查及故障诊断与排除

情感目标：
1. 养成认真观察的能力和习惯
2. 培养安全与环保意识

 项目描述

汽车安全气囊、安全带张紧器系统能在汽车发生碰撞后有效地保护驾驶人及乘员的生命安全，是被动安全系统。该系统在车上的布线为黄色，以示系统的重要性，维修人员应认真学习相关知识，严格遵守操作规程，确保维修后系统功能的正常。

 知识储备

一、概述

安全气囊的英文名称为 Air bag，是辅助约束系统（SRS）中起缓冲作用的一种装置。SRS 是英文 Supplemental Restraint System 的缩写，它是汽车安全带的辅助装置，只有在使用安全带的前提下 SRS 才能充分发挥保护乘员的作用。

当汽车发生碰撞时，汽车与汽车或汽车与障碍物之间的碰撞称为第一次碰撞。第一次碰撞导致了汽车速度的急剧变化，由于惯性的作用，车上的乘员向前运动，于是发生了车内乘员与车内结构件之间的第二次碰撞，事故中造成乘员伤害的主要原因是第二次碰撞。

为了减轻和避免驾驶人及乘员在第二次碰撞中受伤害，乘员保护系统的设计目标是在碰

撞中利用约束系统（包括座椅、安全带、安全气囊等）避免或减缓乘员与车内结构件碰撞造成的伤害。汽车安全气囊的基本思想是：在发生第一次碰撞后，第二次碰撞前起爆充气，迅速地在乘员和汽车内部构件之间插入一个充满气体的气囊，让乘员"扑"在气囊上，通过气囊上的排气节流阻力吸收乘员的动能，缓冲前排乘员向前的冲力，使猛烈的第二次碰撞得以减缓，以达到保护乘员的目的。现代轿车普遍装有驾驶人和前排乘员气囊，在一些高级轿车上还装有侧部、头部和膝部气囊以最大限度保护车内乘员的生命安全，如图 4-1 所示。

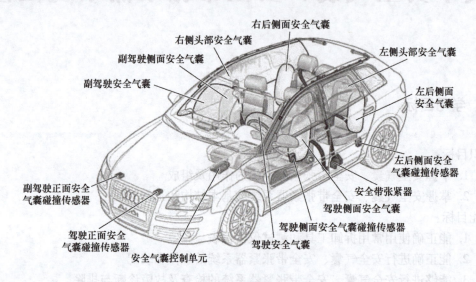

图 4-1 奥迪 Q7 被动安全系统

安全带张紧器是在车辆碰撞时拉紧安全带，防止乘员由于撞击惯性使身体移动，与安全气囊一起保护人身安全，安全气囊不能独立于安全带起保护作用。

仪表盘上有 SRS 指示灯，当系统出现故障时会以常亮状态作出指示。

二、安全带张紧器（中高级轿车配备）

1. 作用

当汽车撞在障碍物上时，安全带将车内乘员拉回到正座椅上。安全带收紧器可改善三点式自动安全带的拉回性能并提高防伤害能力。在汽车发生正面碰撞时，安全带收紧器可以拉紧紧贴乘员上身的安全带，使乘员尽可能靠紧在座椅靠背上，并可进一步防止由于惯性而使身体前移，安全带张紧器能在约 13ms 内最多将安全带卷起 130mm。安全带张紧器和安全气囊如图 4-2 所示。

2. 分类及组成

如图 4-3 所示，按结构和作用原理的不同，安全带张紧器有球式安全带张紧器、转子式（汪克尔式）安全带张紧器、齿条式安全带张紧器、拉索式安全带张紧器、带式安全带张紧器。

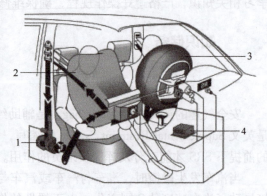

图 4-2 安全带张紧器和安全气囊
1—安全带张紧器 2—副驾驶气囊 3—驾驶人气囊 4—安全气囊 ECU

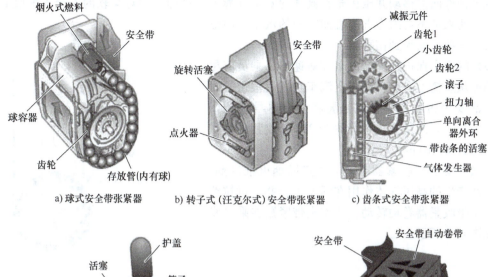
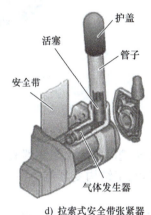
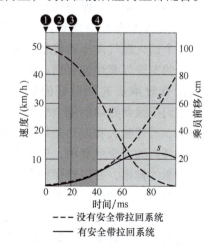

图 4-3 安全带张紧器

根据车的装备水平，安全带张紧器或者只装在前座椅上，或者在前后座椅上都配备。

3. 工作原理

当汽车以 50km/h 的行驶速度撞到固定的障碍物时，安全带必须吸收能量。这部分的能量相当于人从五层楼上自由落下时到达地面的动能。由于安全带的松弛、伸长和卷带效应（滚动机构的时间延迟），当汽车以 50km/h 速度行驶撞向固定的障碍物时，三点自动式安全带只有有限的保护作用，不能可靠地防止头部和身体碰撞在转向盘或仪表板上。乘员在没有安全带拉回系统时会有较大的前移，如图 4-4 所示。

在汽车碰撞时，肩式安全带收紧器在收起和拉紧状态可消除安全带的松弛和"卷带效应"。在汽车行驶速度为 50km/h 碰撞时，在碰撞开始后的第一个 20ms 时间内肩式安全带收紧器达到其最好的作用效果，并一直持续到 40ms 后安全气囊完全充气。之

图 4-4 在碰撞速度为 50km/h 时，乘员回到静止状态的时间和前移状况

1—碰撞 2—安全带收紧器或安全气囊点火
3—安全带收紧 4—安全气囊充气

后，乘员稍许向前移动并压在充有氮气的安全气囊上。这样，相对柔软的安全气囊吸收乘员的动能，使乘员不会因为直接碰撞在硬的汽车转向盘或仪表板等部位而受到伤害。

最好的安全保护系统是汽车在减速时，乘员应尽可能小地从座椅上向前移动。在汽车碰撞后很短的时间内激活安全带收紧器，就是要将乘员尽早地拉回来。安全带收紧的最大前移量约为2cm，收紧的机械作用时间为5~10ms。

在激活安全带收紧器时，电子点燃烟火推进剂。烟火爆炸产生的高压气体作用在活塞上，并通过拉线带动安全带收紧器卷轴转动，使安全带紧贴在乘员身上，如图4-5所示。

三、电子控制安全气囊系统

1. 作用

当汽车以高达60km/h的速度碰撞到固定障碍物或两车正面碰撞时（两汽车的相对速度达到100km/h时），前安全气囊可防止驾驶人和副驾驶人（乘员）头部和胸部受伤。单独的安全带收紧器在汽车严重碰撞时，无法阻止驾驶人头部撞到转向盘上。为此，根据安全气囊的安装地点、汽车形式和汽车结构变形能力，有各种形式的、与车型匹配的不同烟火推进剂数量的安全气囊。

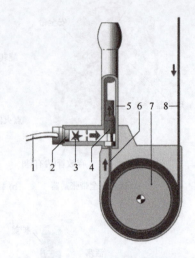

图4-5 肩式安全带收紧器
1—点火导线 2—点火元件 3—推进剂
4—活塞 5—气缸 6—拉线
7—安全带卷轴 8—安全带

在一些较少的车型上，前安全气囊与可充气的膝部缓冲垫一起工作，它可保证在汽车碰撞时乘员的速度与乘员室的速度一起降下来，即"缓冲效应"。

2. 工作原理

如图4-6所示，为保护驾驶人和副驾驶乘员，当传感器识别到汽车碰撞后，每一个烟火燃气发生器将驾驶人和副驾驶处的安全气囊快速开启。为对驾驶人和副驾驶乘员起到最好的保护作用，在它们接触到物体前安全气囊必须完全开启。当驾驶人和副驾驶乘员上身分别碰到各自的安全气囊时，安全气囊中的部分燃气排出，并以被保护人不受严重伤害的面压力和减速度柔软地吸收冲击能量，从而可以明显地减轻，甚至完全避免头部和胸部受伤。

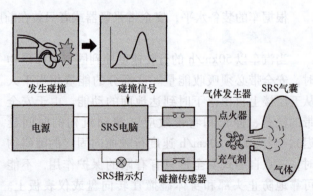

图4-6 安全气囊工作原理

至驾驶人处的安全气囊安全充气为止，驾驶人允许的最大位移约为12.5cm，相当于汽车以50km/h的速度碰撞在硬的障碍物后的10ms+30ms=40ms时间（参照图4-4）。电子点火延迟10ms，安全气囊打开时间30ms，如图4-7所示。

在汽车以50km/h速度碰撞后约40ms，安全气囊安全开启并在80~100ms后，安全气囊中的气体从放气孔放出。整个充气—放气过程，即从张开到收起只要0.1s左右的时间。

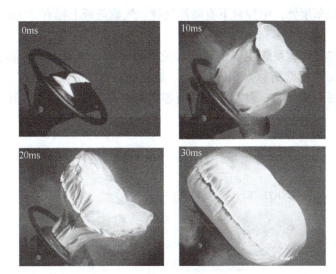

图 4-7 驾驶人安全气囊展开瞬间

3. 碰撞识别

在两汽车正面、偏移、倾斜碰撞或汽车与固定障碍物碰撞时，为使气囊和安全带的保护作用达到最佳的效果，其电子控制单元应在最佳的时刻分别激活安全气囊和安全带收紧器。

装在电控单元上的 1~2 个汽车纵轴方向上的电子加速度传感器以及外部碰撞传感器用来测量汽车在碰撞时的减速度，并由此算出汽车速度的变化。为更好地识别汽车倾斜和偏移碰撞，在点火控制算法中要使用测定汽车横向方向的加速度传感器信号。另外，电控单元需要对碰撞的形式进行判断，如锤击、轻的冲撞、飞机着陆、汽车碰到路肩或者驶过凹坑时不允许开启安全气囊。为此，要对传感器信号进行点火控制算法处理。利用碰撞模拟数据可以优化碰撞灵敏度参量。根据碰撞形式，开启安全带收紧器的时间阈值在 8~30ms 以内，开启前安全气囊的时间阈值在之后的 10~50ms。

受车身装饰和变形影响的加速度信号，对每一辆汽车是不一样的。加速度信号决定调整参量，即决定点火控制算法（或计算过程）的灵敏度，最后对安全带收紧器和安全气囊的点火有决定性影响。按汽车生产厂家设计，点火控制时刻的参量是在汽车装配结束时编程在电控单元中的。

为避免状况由于不当的安全气囊开启引起的乘员伤害或死亡事故的发生，安全气囊的开启和充气状况需与乘员状况相适应。为此，采用减活开关，按动减活开关，驾驶人或副驾驶乘员位置的前安全气囊不起作用，并用专门的指示灯指示，如图 4-8 所示。

4. 安全气囊的安装位置

常见的安全气囊系统分别安装在驾驶人、副驾驶人或乘员座位的前方及侧部等，驾驶人气囊安装在转向盘的中部，副驾驶座气囊安装

图 4-8 奥迪 A6 副驾驶安全气囊关闭开关

在工具箱上方的仪表板内。在一些高级轿车上前排侧气囊安装在座椅外侧，后排侧气囊是安装在后排车座上靠近窗户的一边，前排头部气囊通常安装在风窗玻璃两侧钢梁内侧，后排头

部气囊是安装在后部车顶处，中控台下有膝部气囊。气囊盖板上标有"AIRBAG"字样。

5. 安全气囊系统组成及各部件

汽车电子控制安全气囊系统主要由碰撞加速度传感器、气囊组件、膨胀阀总成、安全气囊电子控制单元 ECU（通常简称为 SRS ECU）、旋转插接器、故障指示灯、电压保护装置及储备电源等组成，如图 4-9 所示。表 4-1 为系统各组部件代号对应名称，其实际结构和安装位置因车型不同而异。

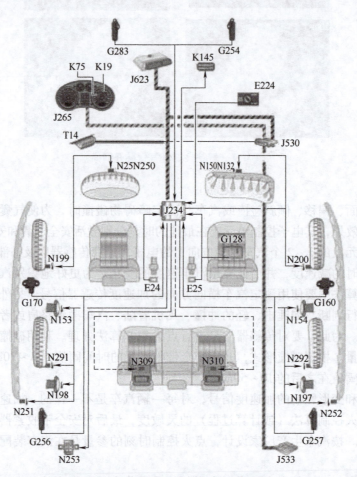

图 4-9 奥迪 Q7 安全气囊系统组成

（1）加速度传感器 为识别汽车碰撞而用于安全带收紧器、前安全气囊的一些加速度传感器直接安装在电控单元中，如图 4-10 所示。

外部加速度传感器则安装在汽车承载构件右侧或左侧，如座椅横支座、门框、B 柱、C 柱，如图 4-11 所示。

智能安全气囊的汽车前部加速度传感器安装在汽车前部的变形范围。识别碰撞的加速度传感器精度十分重要，它们都是表面微机械加速度传感器，由固定的和活动的梳状结构件和保持弹簧组成一个"弹簧—质量"系统。该系统是采用专门的方法在硅晶片上蚀刻而成。因为传感器的工作电容约为 1pF，为避免分布电容的影响和其他干扰因素的影响，所以将信号处理电路放在直接靠近传感器的同一机体内。

表 4-1 系统各组部件代号对应名称

序号	代号	部件名称	序号	代号	部件名称
1	E24	驾驶人安全带开关	19	N95	驾驶人安全气囊点火器
2	E25	副驾驶安全带开关	20	N131	副驾驶安全气囊点火器1
3	E224	副驾驶安全气囊关闭钥匙开关	21	N132	副驾驶安全气囊点火器2
4	G128	副驾驶座椅占用识别触感器	22	N153	驾驶人安全带张紧器点火器1
5	G179	驾驶人侧面安全气囊碰撞传感器	23	N154	副驾驶安全带张紧器点火器1
6	G180	副驾驶侧面安全气囊碰撞传感器	24	N196	左后安全带张紧器点火器
7	G256	左后侧面安全气囊碰撞传感器	25	N197	右后安全带张紧器点火器
8	G257	右后侧面安全气囊碰撞传感器	26	N199	驾驶人侧面安全气囊点火器
9	G283	驾驶人正面安全气囊碰撞传感器	27	N200	副驾驶侧面安全气囊点火器
10	G284	副驾驶正面安全气囊碰撞传感器	28	N201	左后侧面安全气囊点火器
11	J234	安全气囊控制单元	29	N202	右后侧面安全气囊点火器
12	J285	组合仪表内控制单元	30	N250	驾驶人安全气囊点火器2
13	J393	舒适系统中央控制单元	31	N251	驾驶人头部安全气囊点火器
14	J533	数据总线诊断接口（网关）	32	N252	副驾驶头部安全气囊点火器
15	J623	发动机控制单元	33	N253	蓄电池切断点火器
16	K19	安全带警报指示灯	34	N309	驾驶人侧翻车保护磁铁（仅指Cabriolet车）
17	K75	安全气囊指示灯	35	N310	副驾驶侧翻车保护磁铁（仅指Cabriolet车）
18	K145	副驾驶安全气囊关闭指示灯（PASSENGER AIRBAG OFF）	36	T16	插头16针脚（诊断接口）

机械式安全传感器 压电式传感器
(Safing-Sensor)

带有微机械传感器系统的控制单元

图 4-10 加速度传感器置于控制单元内

a) 前部散热器架上

b) B柱或C柱区

c) 前门上

图 4-11 外部加速度传感器安装位置

1）压电式加速度传感器。加速度传感器的核心元件是压电弯曲元件，它由两个相反极性的压电薄层黏结而成。在加速度作用下一层拉伸、另一层压缩而产生机械应力，如图4-12所示。压电弯曲元件外表面的金属层上有两个电极，以输出由于弯曲而产生的电压信号。

传感器测量室有时用凝胶作机械保持，与第一级信号放大器一起放在密闭的壳体内。

加速度传感器由阻抗变换器的混合电路、滤波器和放大器组成，以对信号进行处理，并确定传感器的灵敏度和可用的频率范围。滤波器去掉信号的高频成分。在加速度的作用下，依靠弯曲元件本身的质量而弯曲，并输出动态电压信号（没有直流成分），典型的极限频率为10Hz。

根据安装位置和加速度方向，有单一传感器和双传感器以及垂直安装和水平安装的传感器，如图4-13所示。

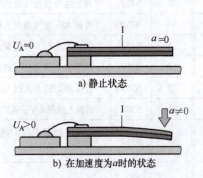

图4-12 压电式加速度传感器的弯曲元件
1—双压电弯曲元件　U_A—测量电压

图4-13 压电式加速度传感器、垂直安装的双传感器视图

2）硅表面微机械加速度传感器。用于乘员保护系统的大加速度范围（50～100g）的硅表面微机械加速度传感器也适用于小加速度范围。它比硅体积微机械加速度传感器体积更小（边长约为100～500μm），并与专用的信号处理集成电路（ASIC）一起装在防水的壳体内，用叠加方法将弹簧-质量系统放在硅晶片表面。

（2）用于安全带收紧器、前和侧安全气囊以及防止汽车翻滚的综合电控单元

如图4-14所示，在中央电控单元（也称触发单元）中，目前集成下列功能：

1）利用加速度传感器和安全开关或通过两个加速度传感器但没有安全开关（冗余设计，全电子检测碰撞）识别汽车碰撞。

2）利用转动率加速度传感器、加速度传感器和加速度传感器识别汽车翻滚。

3）在汽车纵向发生不同形式的碰撞时，如正面、倾斜、偏移、尾部碰撞或与标桩碰撞，能准时控制前、侧安全气囊。

4）控制汽车翻滚机构。

5）为开启侧安全气囊，电控单元与中央的一个横向加速度传感器和2个或4个外设的加速度传感器一起工作。外设的加速度传感器（PAS. Peripheral Acceleration Sensor）将开启安全气囊的命令通过数字接口传输到中央电控单元。只要内部的横向加速度传感器通过可信度控制证实，的确发生了横向碰撞，中央电控单元发出开启侧安全气囊命令。

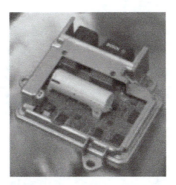

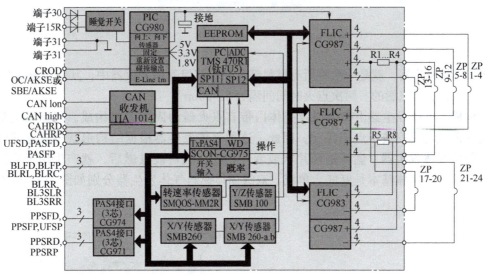

图 4-14 综合的中央控制单元

6) 电压转换器和能量存储器为汽车蓄电池在碰撞时受损时提供能量。

7) 根据安全带使用状况和座椅占用状况,要为两级安全带收紧器和两级前安全气囊调整多个点火控制的时间阈值。

8) 把关器（Watchdog，简称 WD）。碰撞时为防止误开启安全气囊和适时、准确地开启安全气囊，对安全气囊的开启装置提出了很高的安全性要求。为此，安全气囊开启装置（AB9）上集成了 3 个独立的、严密监视的硬件把关器（WD）。

9) 诊断电控单元内部、外部功能是否正常和系统部件是否正常工作。

10) 用碰撞记录仪存储故障类型和故障持续时间。通过诊断总线接口或 CAN 总线接口读出故障信息。

11) 对警告灯进行控制。

(3) 安全气囊组件　安全气囊主要由充气器、气囊、饰盖、底板等组成。驾驶人侧气囊组件位于转向盘中心处，副驾驶安全气囊在仪表板的右上方，上有"AIRBAG"标志。驾驶人安全气囊和副驾驶安全气囊如图 4-15、图 4-16 所示。

1) 充气器。充气器（也称为气体发生器）包含有引爆装置、爆开充气装置和膨胀器等。按气体产生的方式，充气器可分为固体燃料气体发生器和混合气体发生器两种。按点燃方式，充气器可分为单级和双级气体发生器，按其外形，发生器分为盆状和管状两种。

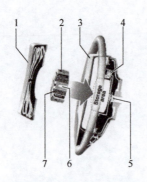
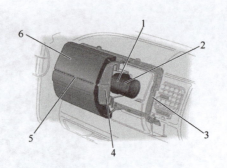

图 4-15 驾驶人安全气囊
1—气囊 2—气体发生器 3—气囊容器 4—电气连接 5—转向柱连接 6—点火器 7—炸药

图 4-16 副驾驶安全气囊
1—管状气体发生器 2—出气口 3—固定框 4—气囊 5—境内规定的撕裂缝 6—防护罩

单级气体发生器，就是一次将所有燃料都点燃。双级气体发生器中，其燃料分成两部分，在时间上是先、后点燃的。两次点火时间间隔为 5~50ms。

固体燃料气体发生器由壳体以及壳体内带有点火器的固体燃料构成。气体发生器壳体的结构和形状与其安装特点相匹配。因此，这种气体发生器根据结构形状分成盆状气体发生器和管状气体发生器。燃料是药片状或者环状的。燃料被点燃后，就产生用于充注气囊的无害气体，该气体基本是氮气。单级、双级固体燃料气体发生器分别如图 4-17 和图 4-18 所示。

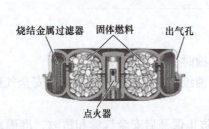
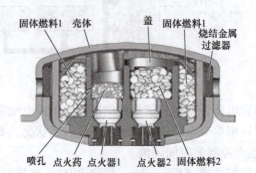

图 4-17 单级固体燃料气体发生器

图 4-18 双级固体燃料气体发生器

混合气体发生器由壳体、壳体内存储的高压气体和带有点火器的固体燃料构成。大多数情况下，这种气体发生器是管状的。混合气体发生器的重要部件是高压储气瓶和固体燃料（固体燃料集成在高压储气瓶内或者与高压储气瓶以法兰方式连接着）。固体燃料是药片状或者环状的。存储着的高压气体是一种惰性气体混合物，比如氩和氦。根据气体发生器具体结构，气体压力为 200~600bar。固体燃料点燃后就会使得高压储气瓶打开，于是就产生了一种混合气体（固体燃料燃烧产生的气体和惰性气体混合气）。单级、双级混合气体发生器分别如图 4-19 和图 4-20 所示。

交流电点火：为避免由于安全气囊点火元件与汽车电源短路（如线束绝缘不好）而出现不希望的点火并开启安全气囊，所以采用约 80kHz 频率的交流电脉冲点火，即交流电点火。

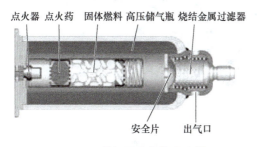
图 4-19 单级混合气体发生器

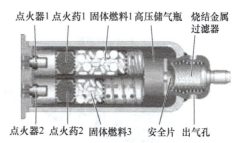
图 4-20 双级混合气体发生器

2)气囊。气囊也称为气袋,按布置位置分为驾驶侧气囊、乘客侧气囊、后排气囊、侧面气囊等。乘客侧气囊离乘客较远,通常使用张开后体积较大的气囊。驾驶侧气囊使用尼龙布涂氯丁橡胶或有机硅制造,也有采用防裂性能好的聚酰胺织物制成,它是一种半硬的泡沫塑料,并经过硫化处理过,以减小气囊吹胀时的惯性力。为了使气体密封和阻燃,气囊的里面涂有聚氯丁二烯。气囊一般被紧紧地折叠后置于气囊式转向盘的缓冲垫下面。乘客侧气囊没有涂层,靠尼龙布本身的孔隙泄气。

安装在转向盘的气囊上设有通气孔,以便膨开后迅速放气。在气囊被氮气充满的同时,气体冷却后迅速从通气孔排出,以保证驾驶人的正常视野。驾驶侧气囊如图4-21所示。

3)饰盖。汽车安全气囊饰盖是气袋组件的盖板,上面有撕缝,以便于气囊能够冲破饰盖而迅速张开。

4)底板。底板是气囊和充气器安装的基板,它安装在转向盘或车体上,气囊张开时,底板承受气囊张开时的反力。

(4)电子控制安全气囊报警指示灯 汽车安全气囊报警指示灯又称为保养提示灯或保养警告提示灯,用来指示气囊系统的工作情况。当点火开关置于点火位置时,安全气囊警告灯会点亮,点亮6s后熄灭,表示系统工作正常。如果点亮6s后灯不熄灭或依然闪烁,则说明气囊系统有故障,应及时进行修理。

图 4-21 驾驶侧气囊

(5)电子控制安全气囊系统的电气连接件 汽车安全气囊系统使用的电气连接件主要是时钟弹簧、配线插接器和线束。

1)时钟弹簧。时钟弹簧又称为螺旋形电缆,安装在转向盘与多功能开关之间。由于驾驶侧气囊安装在转动的转向盘上,为实现活动端与静止端转向柱的电气连接,故采用螺旋形电缆来实现旋转运动的转向盘一端与固定端的电气连接,如图4-22所示。

时钟弹簧的簧管采用正反两个转向盘绕,并采用螺栓固定在转向柱的顶部。其功能是实现活动端与静止端的电气连接,保证转向盘自由转动。由于与时钟弹簧串联的触发器阻抗很小,所以对时钟弹簧阻抗偏差的要求非常严格,否则将影响诊断系统对触发器故障的正确诊断,其结构如图4-23所示。

时钟弹簧盘绕中心转向的同轴度,对弹簧伸用寿命有很大的影响(时钟弹簧的使用寿命要求不低于10万次循环)。如果偏差过大,会导致弹簧旋转过量而产生永久变形。考虑到偏差无法避免,时钟弹簧在正、反两个方向上均留有半圈余量。因此每次拆卸时都要做上记号,以确保原位装回,如图4-24所示。

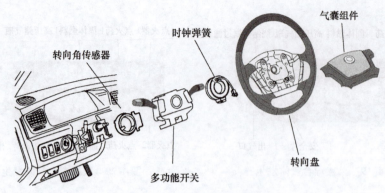

图 4-22 时钟弹簧安装位置

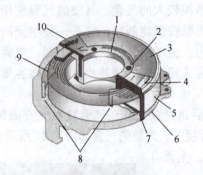

图 4-23 时钟弹簧结构

1—转子 2—螺钉 3—警告贴 4—齿轮 5—上盖 6—下盖
7—纸板 8—电缆终端支撑 9—线缆 10—齿圈

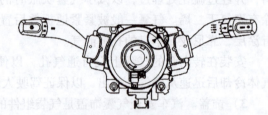

图 4-24 时钟弹簧安装记号、车轮摆正时的安装记号

2) 插接器（图 4-25）。安全气囊系统的所有插接器通常采用黄色，以便与其他插接器相区别。插接器使用镀金端子，以确保电气接触良好，且采用了双保险自动锁定和分段自动短接措施。插接器分开后，气囊侧引发器的电源端和地线端会自动短接，可防止由于误通电或静电作用而造成触发器误触发引爆气囊。SRS ECU 控制单元的插接器还设有一个自检机构，如果插接器插接不良就会使气囊系统故障灯常亮。

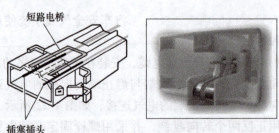

图 4-25 带短路电桥的插头

3) 气囊线束。安全气囊系统线束同车辆配线总成连成一体，气囊线束装在一个黄色的波纹管内，工作可靠、检修方便。

四、系统电路

奥迪 A6L 汽车安全气囊系统电路如图 4-26 所示，表 4-2 为该电路各电气部件电气符号及名称。

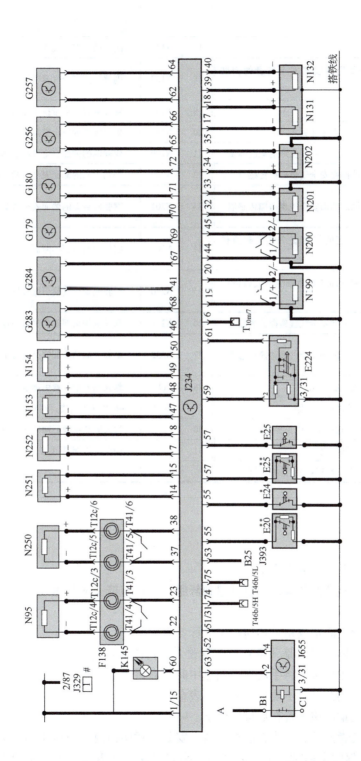

图4-26 A6L（C6）安全气囊电路

表 4-2　奥迪 A6L 电路图各部件名称

序号	零件代号	零件名称	序号	零件代号	零件名称
1	A	蓄电池	17	N131	副驾驶侧安全气囊引爆装置1
2	E224	用于关闭副驾驶侧安全气囊的钥匙开关	18	N132	副驾驶侧安全气囊引爆装置2
3	E24	驾驶侧安全带开关	19	N153	驾驶侧的安全带拉紧器引爆装置1
4	E25	副驾驶侧安全带开关	20	N154	副驾驶侧的安全带拉紧器引爆装置2
5	F138	安全气囊和带滑环复位环的螺旋弹簧	21	N199	驾驶侧的侧面安全气囊引爆装置
6	G179	驾驶侧的侧面安全气囊碰撞传感器	22	N200	副驾驶侧的侧面安全气囊引爆装置
7	G180	副驾驶侧的侧面安全气囊碰撞传感器	23	N201	驾驶侧后面的侧面安全气囊引爆装置
8	G256	驾驶侧后面的侧面安全气囊碰撞传感器	24	N202	副驾驶侧后面的侧面安全气囊引爆装置
9	G257	副驾驶侧后面的侧面安全气囊碰撞传感器	25	N250	驾驶侧安全气囊引爆装置2
10	G283	驾驶侧的前部安全气囊碰撞传感器	26	N251	驾驶侧的头部安全气囊引爆装置
11	G284	副驾驶侧的前部安全气囊碰撞传感器	27	N252	副驾驶侧的头部安全气囊引爆装置
12	J234	安全气囊控制单元	28	N95	驾驶侧安全气囊引爆装置
13	J329	总线端15 供电继电器	29	T46b	46 芯插头连接，右 CAN 分离插头
14	J393	舒适/便捷功能系统中央控制单元	30	*	驾驶侧杂物箱后面的9座继电器托架
15	J655	蓄电池断路继电器	31	T10m	10 芯黑色插头连接，右侧座椅横梁
16	K145	副驾驶侧安全气囊关闭的指示灯			

五、安全规范

1. 使用注意事项

1）任何时候都要系上座椅安全带。

2）调整好驾驶人座椅的位置，使自己感到舒服，坐在座椅上应尽量往后坐、往后靠，头部不要太靠近转向盘。

3）不要在转向盘上固定或粘贴任何标志、标签等。

4）不要将任何物体（尤其是儿童）放在驾驶人与转向盘之间。

5）不要抓住转向盘辐条或将手放在转向盘中间气囊罩盖上开车。

6）前排乘客在车辆开动时不要把脚放在仪表台上。

7）小于十岁的儿童应该安置在后排座位上。

8）前乘客安全气囊的开关，当在前排座椅上安装儿童座椅时，应该用钥匙关闭前乘客气囊；如果只有一个人驾驶车辆时，也可以关闭前乘客气囊。在需要时不要忘记把它打开，使其恢复作用。

9）在安全气囊启爆后，不要触摸它的零部件（因为它们温度很高）。

10）不要试图自己来维修、移动、安装安全气囊系统及转向柱，这些工作必须由汽车服务站的技术人员操作完成。

11）安全气囊系统的气体发生器从安装之日起，十年更换一次。

2. 维修注意事项

> 注意：启爆装置是通过点火器来启动的，在搬运和存放起爆装置时，必须由经过专门训练的人来进行。

安全规范：

1）除原设计的线束外，绝对不能将其他电器线束接到启爆装置上。

2）禁止在点火器上使用电阻表，以及其他能产生电流的仪器。

3）放置安全气囊时，气囊向上，插接器向下，万一引爆时，危险较小。

4）启爆装置应该妥善保管，不要将启爆装置放在温度高于100℃的地方。

5）决不要试图用工具打开安全气囊的气袋或点火器，并禁止对其加热。

6）维修启爆装置之前应拆掉蓄电池。

7）决不能使用破裂了的安全气囊气袋。

8）不要乱扔没有启爆的启爆装置元件（放电器或收集器）。

9）当驾驶人安全气囊还没有固定在转向盘上时，不要引爆。

10）当指定报废某一车辆时，必须使用专用工具来引爆启爆装置。

11）连接电器线束前，要认真检查线束是否处于断电状态。

12）如果引爆失败，在进行其他操作前先等待几分钟，然后使用新的引爆装置重新进行引爆。

3. 拆卸安全气囊应注意

1）在进行操作前，先接通点火开关，检查仪表板上安全气囊指示灯的运行情况，应该先亮6s后熄灭。

2）关闭点火开关，拔出钥匙。

3）断开蓄电池正极。

4）至少等待2min；如果安全气囊指示灯运行异常，应该等待10min再进行操作。

5）移动、抓握带启爆装置及带预张紧的卷绕器时，应抓住其本体。

6）拆下安全气囊后，放置安全气囊时，气囊（装饰盖面）向上，插接器向下，万一引爆时，危险会较小。

7）拆卸已经启爆过的安全气囊后，应洗手。

8）如果有灰尘、残渣进入眼睛里，应该立即用清水冲洗眼睛。

4. 安装注意事项

1）只能安装规定的零件，安全气囊气袋的牌号必须同传感器及中央控制器的牌号一致。

2）启爆装置元件是有失效期的，要遵守元件上注明的使用期限，初次装车后十年有效。

3）在安装前，应切断点火开关，并检查蓄电池是否已经断开。

4）接通蓄电池后，接通点火开关时，当安全带还固定在中柱上时，不要碰安全带；不要把头放在安全气囊打开的轨迹之内。

5）检查安全气囊指示灯运行情况。

任务实施

一、准备工作

1) 带有安全气囊整车一台,要求其性能良好。
2) 检测工具:解码器。
3) 内饰撬板,常用呆扳手、梅花扳手及套管扳手,一字、十字螺钉旋具等。
4) 熟悉维修手册、作业工单。

二、任务实施

1. 电控系统故障诊断

安全气囊的故障诊断需要使用专用的诊断仪,通过诊断仪可以识别安全气囊系统、读取系统故障信息、清除故障内存、对传感器及中央控制器进行初始化设置、模拟驱动安全气囊指示灯。

通过诊断仪删除故障内存后,若控制器运行正常,指示灯熄灭,控制器可继续进行诊断。如果故障原因没有排除,则又会检测到故障;若控制器运行异常,指示灯仍亮着,控制器不能继续诊断故障。如果故障原因没有被排除,需要关闭一次开点火开关后才能再次检测到故障。

临时性故障在起动/停机运行 40 次后,会自动被清除。

安全气囊的电器故障检修,与其他电路检修方法一样,参考电器电路对故障电路进行断路、短路及搭铁检测,排除电路故障。可找一与点火器电阻一致的替代电阻通过观察诊断仪数据流,来判断点火器是否有故障,在安全气囊系统检修时一定要遵守维修注意事项。

2. 驾驶侧前安全气囊的拆装(以奥迪 A6L 轿车为例)

(1) 预操作 进行下列预操作:接通点火开关;检查仪表盘上"安全气囊"指示灯("安全气囊"指示灯先亮再灭);拔出点火钥匙;拔掉蓄电池正极端子;至少等待 2min(如果"安全气囊"指示灯运行异常,要等待 10min)。

(2) 拆卸(图 4-27)

1) 尽可能地向上拔出转向盘。
2) 将转向盘旋转到 1 中间位置(车轮处于正前打直位置)。
3) 断开蓄电池接线。
4) 从中间位置向右旋转转向盘 1 约 80°,撬出封盖 3,松开星形螺栓 2。
5) 向左旋转转向盘 1 约 160°,撬出封盖 3,松开星形螺栓 2。
6) 说明:脱开插头连接之前,安装人员必须释放自身静电,为此短暂握住车门的张紧楔或车身。拔下卷簧的插头 8。对于多功能转向盘:从转向盘中的多功能耦合器 6 上拔下多功能转向盘的插头 10。
7) 放置安全气囊单元 5 时,应使缓冲垫朝上。

(3) 安装

将转向盘旋转到中间位置 1(转向盘辐必须保持水平),将安全气囊单元 5 固定在转向盘前。注意应能看到"AIRBAG(安全气囊)"字样(水平)。

1）对于多功能转向盘：将多功能转向盘的插头 10 连接到转向盘里的多功能耦合器 6 上。将多功能转向盘的导线敷设在规定的泡沫塑料槽里。

2）将卷簧的插头 8 连接在复位环及滑环 12 上的安全气囊单元耦合器 14 上。

3）将安全气囊单元 5 固定在转向盘里。

4）从中间位置向右旋出转向盘 1 约 80°，旋入星形螺栓 2 约两圈。

5）向左旋转转向盘 1 约 160°，旋入星形螺栓 2 约两圈。

6）按三次喇叭，以便校正间隙。现在不要再动安全气囊单元。用规定的拧紧力矩拧紧星形螺栓 2。

7）卡入封盖 3。注意封盖要正确卡住。

8）打开点火开关。

9）连接蓄电池接线，检查仪表指示灯。

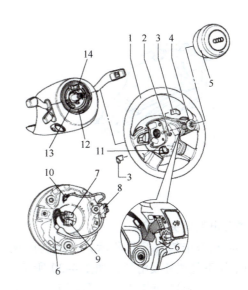

图 4-27　驾驶侧前安全气囊拆卸

1—转向盘　2—星形螺栓 T30（2 个）　3—封盖　4—圆头内梅花螺栓　5—安全气囊单元　6—多功能耦合器（多功能转向盘）　7—安全气囊单元插头　8—卷簧插头　9—安全气囊单元插头　10—多功能转向盘插头　11—转向盘加热插头　12—复位环及滑环　13—转向盘加热耦合器　14—安全气囊单元耦合器

3. 拆卸和安装转向盘

（1）拆卸

1）拆下安全气囊单元，将转向盘旋转到中间位置（车轮位于正前打直位置），旋出圆头内梅花螺栓 4。（如果有转向盘加热功能：拔下转向盘加热的插头 11）

2）标记转向盘相对于转向柱的位置。

3）拆下转向盘 1。

（2）安装

1）安装转向盘时车轮必须处于正前打直位置。

2）装上转向盘 1。安装已拆下的转向盘时：要注意对准转向柱和转向盘上的标记。安装新的转向盘时（没有标记）：转向盘必须装在中间位置（转向盘辐必须水平且车轮处于正前打直位置）。

3）旋入新的圆头内梅花螺栓 4 并用规定的拧紧力矩拧紧。

4. 拆卸和安装带复位环及滑环

（1）拆卸

1）将可调式转向柱调到最下方位置，直至拉出到极限位置。拆下转向盘。

2）拆下驾驶侧杂物箱。（带有机械可调式转向柱的车辆：松开螺栓 2，取下手柄 1 和转向柱饰板 3），如图 4-28 所示。

3）旋出螺栓 5（2 个），旋出螺栓 4，旋出星形螺栓（2 个）。

4）将转向柱开关模块上部饰板 2 与下部饰板 1 分开，如图 4-29 所示，并取下这两个部件。

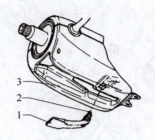

图 4-28 拆卸转向柱调整手柄
1—手柄 2—螺栓 3—转向柱饰板

图 4-29 拆卸转向柱饰板螺栓及饰板
1—下饰板 2—上饰板 3、4、5—螺栓

5) 脱开电气插头连接 1。

6) 小心松开卡钩（箭头所示）并从转向柱开关模块上拔下复位环及滑环，如图 4-30 所示。

(2) 安装　安装以倒序进行。同时要注意下列事项：

在安装前不要拔掉新的旋转插接器上的锁卡，不要乱转旋转插接器，以免内部导线紊乱。先将车轮转到正前方，然后对准旋转插接器上所示位置的箭头，然后与拆卸相反的顺序安装旋转插接器和安全气囊。

图 4-30 拆卸螺旋弹簧
1—电气插头

注意：检查仪表盘上"安全气囊"指示灯，接上开关时，"安全气囊"指示灯至少亮 6s。

转向柱开关模块的所有三个卡钩以及插头连接必须完全卡住。把上部饰板挂到下部饰板的钩子上，将两者压在一起并拧紧。对于在复位环及滑环中安装有转向角传感器的车辆，必须调准转向角传感器。

5. 安全气囊和预张紧器启爆元件的引爆

(1) 推荐工具（图 4-31、图 4-32）

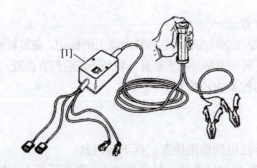

图 4-31 用于引爆安全气囊和安全带预张紧器的 4155-T 引爆工具

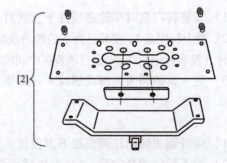

图 4-32 4180-T 安全气囊引爆固定板

(2) 安全操作

进行下列操作：接通点火开关；检查仪表盘上的"气囊"指示灯（"气囊"指示灯先亮

后灭）；关闭点火开关拔出钥匙；拔掉蓄电池负极端子；至少等待 2min（如果"气囊"指示灯运行异常，要等待 10min）。

连接工具［1］前，检查工具是否处于未通电状况下。如果引爆未成功的话，先等待片刻，然后用新的引爆装置再引爆。

(3) 引爆安全带预张紧装置或驾驶人安全气囊

> 注意：该项引爆只能在车内部进行。

进行下列操作：拆驾驶座安全气囊，连接 4155-T 引爆工具和引爆装置点火器，不要接通电源（预张紧安全带或安全气囊），紧固转向盘上的驾驶人安全气囊（2 个螺钉），关闭各车门；打开工具保证安全距离（10m）；将工具同蓄电池电源相连，按下启爆开关。引爆后，拆开工具，拆除引爆装置。

(4) 引爆乘客安全气囊

> 注意：在车内引爆乘客安全气囊会毁坏仪表板，因此不能在车内引爆乘客安全气囊。

> 注意：应该使用引爆工具和引爆固定板。

进行下列操作：拆卸乘客安全气囊，将乘客安全气囊固定在固定板上，用台虎钳夹住固定板，安装工具并保证安全距离（10m），将工具同蓄电池电源相连，按下启爆开关。引爆后，拆除工具和固定板上的乘客安全气囊。

备注：如果是毁坏报废车辆，可在车上摧毁乘客安全气囊。

(5) 引爆侧安全气囊

> 注意：侧安全气囊的打开，将会损坏座椅罩、座椅衬垫以及座椅支架，因此不能在内部引爆侧安全气囊。

> 注意：应该使用引爆工具［1］和固定板［2］。

进行下列操作：拆卸侧安全气囊，将侧安全气囊固定在固定板上，用台虎钳夹住固定板，安装工具，保持一定的安全距离（10m）；将工具同蓄电池电源相连，按下启爆开关。引爆后，拆卸工具和固定板上的侧安全气囊。

备注：如果是毁坏报废车辆，可在车上引爆侧安全气囊。

课后测评

1. 安全带张紧器有何作用？它有哪几种结构形式？
2. 安全气囊有何作用？简述其结构原理。
3. 加速度（碰撞）传感器有何作用？主要安装在车的什么位置？
4. 简述固体燃料发生器的基本结构和原理。
5. 简述驾驶人转向盘安全气囊的拆装方法。

项目五

汽车空调系统检修

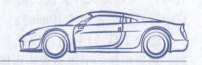

学习目标

知识目标：
1. 掌握汽车空调系统的作用及组成
2. 掌握汽车空调系统的结构和工作原理

技能目标：
1. 能正确使用常用拆卸工具和仪器仪表
2. 能正确进行汽车空调系统的解体和装配
3. 会进行汽车空调系统的检查及故障诊断与排除

情感目标：
1. 养成认真观察的能力和习惯
2. 培养安全与环保意识

项目描述

汽车空调系统用于调节车箱内的温度、湿度，并过滤空气中的杂质，另外还具有除雾等功能。驾乘人员在一定的环境温度和空气湿度条件下会感到舒适，这种舒适感有利于行车安全。空调系统检修是一项很重要的工作，维修人员既要按照空调制冷系统操作规程进行操作，又要遵守法律法规的相关要求。

任务一 汽车空调制冷系统检修

任务目标

知识目标：
1. 掌握空调制冷系统的作用及组成
2. 掌握空调制冷系统的基本工作原理

> 技能目标：
> 1. 能够进行空调制冷系统各项测试操作
> 2. 能够正确使用测试项目的各种仪器与设备
> 3. 能够掌握相关的安全生产知识

任务描述

汽车空调系统主要包括制冷系统、加热系统、空气供给系统及电控系统，其中制冷系统是最重要的系统，其结构复杂，工作方式特殊，故障现象多变，对维修人员的要求较高。维修人员需要掌握其结构原理，不断积累丰富的维修经验，才能胜任该项工作。

知识储备

一、空气调节概述

1. 空调的作用

空气调节（即空调）是指在给定的环境下，系统能够对空气的温度、湿度和空气量进行控制，其主要任务是：

1）在不同的外部温度下为所有乘员提供舒适的温度和湿度。
2）保证所有风窗玻璃的良好视野。
3）采用过滤器，清洁、调节空气。

2. 物质三态变化与热量的转移

环境温度的调节是热量变化的结果，热量的转移与物质的状态有关。空调的基本原理就是利用制冷介质的物态变化实现热量的转移，进而达到调节温度的效果，物质物态变化与热量转移关系如图 5-1 所示。

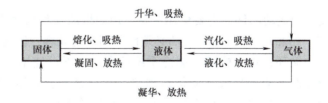

图 5-1　物质三态变化与热量变化关系图

3. 热量的传递

热量会从温度较高的物体向温度较低的物体传递。热可以以一种方式或三种方式同时传递，即辐射、导热和对流。

4. 温度

温度是物体冷暖程度的标志。温度越高，物体越热。温度单位主要三种分别为摄氏温度、华氏温度和绝对温度。

5. 压力

检修过程中遇到的压力是指液体或气体在系统内对系统内壁面的作用力，通常用每平方米壁面上作用力表示，常用单位为 kPa、MPa、bar。

压力表指示的压力是系统内的压力与外界大气压力的差值，称为工作压力或表压力（相对压力）。

6. 液体的压力和沸点的关系

如果液体上作用的压力改变，那么液体的沸点也随之改变。R134a 制冷剂沸点低，其沸点随压力变化的特点如图 5-2 所示。R134a 制冷剂又由于在大气中不会破坏臭气层，被作为理想的空调制冷剂。

从制冷剂 R134a 的蒸汽压力曲线可以看出：在压力保持不变的情况下，可以通过降低温度来实现从蒸汽到液体的转变（在空调装置中，这一步发生在冷凝器内），或通过降低压力使制冷剂从液态转化成气态（在空调装置中，这一步发生在蒸发器内）。

二、制冷剂及冷冻机油

1. 制冷剂

制冷剂是空调系统的"热载体"，俗称"冷媒"，它可根据空调系统的要求变化状态实现制冷循环。

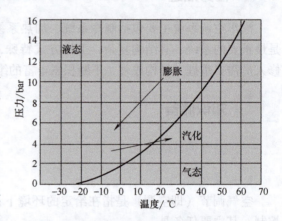

图 5-2 R134a 的蒸汽压力曲线

当前，汽车空调装置上所使用的 R134a（四氟乙烷，化学分子式 CH2F-CF3）是一种氟-碳-氢化合物（FKW），它不含有对臭氧层有破坏作用的氯离子，是对环境无害的易于沸腾的气体。这种气体是看不见的，变成蒸汽及液体时是无色的（与水一样）。R134a 安全性高、不易燃、不爆炸，现已取代 R12 制冷剂成为空调系统常用的制冷剂。R134a 制冷剂在正常大气压力下，蒸发温度为 -26.5℃，凝固温度为 -101℃。

2. 冷冻机油

为了润滑空调装置的运动部件，需要使用一种专用的机油（称为冷冻机油），这种机油内不能有杂质（如硫、蜡和水分）。冷冻机油必须能与制冷剂兼容，因为它要与制冷剂混合并一起在制冷剂管路中循环，且不能破坏制冷系统的密封。不可使用其他种类的机油，否则会导致镀铜、结胶以及残渣的生成，使得运动部件过早磨损及损坏。R134a 制冷剂循环管路中使用一种专用的合成机油，这种机油只能与这种制冷剂配合使用，不可与其他制冷剂混合。

我国冷冻机油的牌号有 4 个，即 13 号、18 号、25 号和 30 号，牌号越大，其黏度就越大。进口的冷冻机油一般有 SUNISO 3GS ~ SUNISO 5GS 牌号，牌号越大，黏度也越大。冷冻机油变质的主要原因是混入水分、氧化，以及不同牌号的冷冻机油混合使用。

选择冷冻机油时，要充分考虑空调压缩机内部冷冻机油的工作状态，如吸气、排气温度等。根据冷冻机油的特性，在实际选用时，应以低温性能为主进行选择，但也要适当考虑热稳定性。汽车空调制冷剂一般选择国产的 18 号、25 号冷冻机油或进口的 SUNISO 5GS 冷冻机油。

三、制冷系统

1. 组成

制冷系统主要由压缩机、冷凝器、蒸发器等组成,如图 5-3 所示。

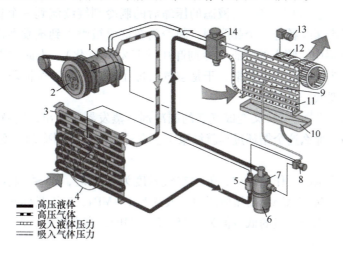

图 5-3　空调系统中的制冷介质循环

1—空压机　2—接通和关闭压缩机的电子离合器　3—冷凝器　4—辅助风扇　5—高压开关　6—有干燥剂的制冷液罐　7—低压开关　8—温度开关或控制压气机接通或关闭的双向开关　9—温度传感器　10—冷凝水槽　11—蒸发器　12—蒸发器风扇　13—风扇开关　14—膨胀阀

2. 制冷循环过程

制冷循环过程就是热量转移的过程,分为压缩过程、冷凝过程、节流膨胀过程和蒸发过程。

(1) 压缩过程(图 5-4a)　压缩机抽取凉的低压气态制冷剂,制冷剂在压缩机内被压缩,温度也就升高。这样的制冷剂被压入到循环管路中(高压侧)。在这个阶段,制冷剂是气态的,并处于高温、高压下。

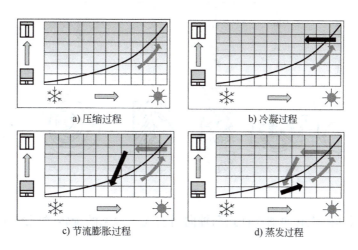

a) 压缩过程　　　　　　　　b) 冷凝过程

c) 节流膨胀过程　　　　　　d) 蒸发过程

图 5-4　制冷循环过程

(2) 冷凝过程（图 5-4b） 制冷剂经过很短的路程进入到冷凝器（液化器）内，冷凝器内已被压缩且变热的气体被流过的空气（迎风空气和风扇空气）带走了热量。在达到由压力决定的凝点时，制冷剂气体就开始冷凝，也就变成了液体。在这个阶段，制冷剂是液态的，压力高，温度为中等。

(3) 节流膨胀过程（图 5-4c） 液态的压缩后的制冷剂继续流到一个狭窄点处。这个狭窄点可能是一个节流阀或者是一个膨胀阀。制冷剂在这里被喷入到蒸发器内，于是压力降低（低压侧）。在蒸发器中，喷入的液态制冷剂卸压并蒸发（汽化）。为此所需要的汽化热量从流经蒸发器薄片的热新鲜空气中获取，于是空气就凉了下来。在这个阶段，制冷剂是蒸汽状态的，压力低且温度低。

(4) 蒸发过程（图 5-4d） 又变成气态的制冷剂从蒸发器中流出，它被压缩机再次抽取，重新在环路中运动。那么这个循环过程就结束了。在这个阶段，制冷剂又变成气态，压力低，温度也低。

在膨胀阀式制冷系统工作循环中，外面空气温度为 20℃ 时，R134a 制冷系统工作正常时低压侧压力一般约为 0.12MPa，高压侧压力一般约为 1.4MPa，对于具体车型应以维修手册要求为主。实践中低压侧压力表的低数值为 0.15~0.25MPa，高数值为 1.37~1.57MPa。

3. 制冷系统各部件

(1) 压缩机

1) 作用。空调压缩机的功能是借助外力（例如发动机动力）维持制冷剂在制冷系统内的循环，吸入来自蒸发器的低温、低压的制冷剂蒸气，压缩制冷剂蒸气使其温度和压力升高，并将制冷剂蒸气送往冷凝器，在热量吸收和释放的过程中，就实现了热交换。

2) 分类。

① 根据工作方式的不同，压缩机的分类如图 5-5 所示。

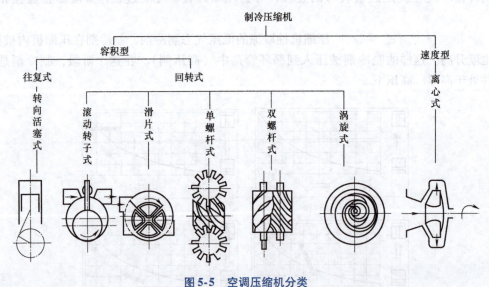

图 5-5 空调压缩机分类

常见的往复式压缩机有曲轴连杆式和轴向活塞式，常见的旋转式压缩机有旋转叶片式和涡旋式。

② 根据工作原理的不同，压缩机可以分为定排量压缩机和变排量压缩机。

a. 定排量压缩机。定排量压缩机的排气量是随着发动机转速的提高而呈线性的提高，它不能根据制冷的需求而自动改变功率输出，而且对发动机油耗的影响比较大。它的控制一般通过采集蒸发器出风口的温度信号，当温度达到设定的温度，压缩机电磁离合器松开，压缩机停止工作。当温度升高后，电磁离合器接合，压缩机开始工作。定排量压缩机也受空调系统压力的控制，当管路内压力过高时，压缩机停止工作。

b. 变排量压缩机。变排量压缩机可以根据设定的温度自动调节功率输出。空调控制系统不采集蒸发器出风口的温度信号，而是根据空调管路内压力的变化信号控制压缩机的压缩比来自动调节出风口的温度。在制冷的全过程中，压缩机始终是工作的，制冷强度的调节完全依赖装在压缩机内部的压力调节阀来控制。当空调管路内高压端的压力过高时，压力调节阀缩短压缩机内活塞行程以减小压缩比，这样就会降低制冷强度。当高压端压力下降到一定程度，低压端压力上升到一定程度时，压力调节阀则增大活塞行程以提高制冷强度。

3）变排量压缩机的结构及原理。现今，变排量压缩机应用比较普遍。

① 结构：变排量压缩机有摇板式和斜盘式两种，其结构分别如图 5-6、图 5-7 所示，变排量的调节方式有机械调节式和电控调节式。

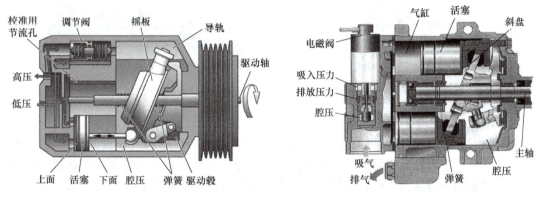

图 5-6　摇板式变排量压缩机　　　图 5-7　斜盘式变排量压缩机

② 工作原理：以摇板式和斜盘式压缩机为例说明其工作原理。

Ⅰ. 摇板式机械调节方式空调压缩机。

a）结构特点：摇板通过后中央弹簧压在驱动盘上。驱动盘有前中央弹簧支撑，驱动盘一侧与驱动轴铰接，另一侧为活动端。

b）基本原理：摇板的倾斜状态取决摇板活动端的腔压（即活塞上面和下面的压力比），腔压由作用在调节阀上的高压和低压以及校准用节流孔来确定。斜盘可在导轨内纵向滑动。斜盘的倾斜状态可变，活塞的行程也就可变，那么输出功率（制冷能力）也就可变了。

在调节过程中，压缩机一直处于工作状态。驱动轴的旋转运动被传到驱动毂，在空调装置关闭的情况下，高压、低压和腔压是相同的。斜盘的前、后弹簧将斜盘置于输出功率为40%的位置。功率可调带来了一个舒适功效：不会再出现接通空调压缩机时的耸车现象了。

c）工作过程：

制冷能力强时的高功率输出—腔压较低：如图 5-8 所示，高压和低压相对都较高时，波纹管 2 被高压压靠在一起，波纹管 1 也被相对较高的低压压靠在一起，调节阀打开。腔压通过低压侧来卸压，活塞上面的低压与弹簧 1 的力的合力大于活塞下面的腔压和弹簧 2 的力的合力。于是斜盘的倾斜度就变大了（活塞行程增大），输出功率提高。

制冷能力低时的低功率输出—腔压较高：如图 5-9 所示，高压和低压相对都较低时，波纹管 2 舒展开，相对较低的低压使得波纹管 1 也舒展开，调节阀关闭。低压侧因腔压而关闭，腔压经校准节流孔而增加，活塞上面的低压与弹簧 1 的力的合力小于活塞下面的腔压和弹簧 2 的力的合力。于是斜盘的倾斜度就变小了（活塞行程减小），输出功率降低。

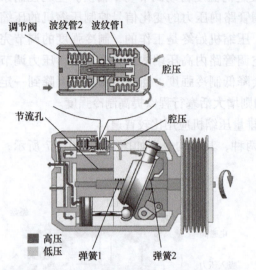
图 5-8　制冷能力强时的高功率输出

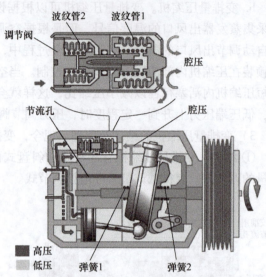
图 5-9　制冷能力低时的低功率输出

Ⅱ．斜盘式电控调节方式空调压缩机。

a）结构特点：空调压缩机为变排量斜盘式，其上装有一电磁阀（排量调节阀）。空调制冷系统工作时，空调控制单元根据车内外温度传感器、蒸发器温度传感器、车速传感器及驾乘人员控制意图等信息，进行综合分析之后给排量调节阀一个占空比信号控制其开度，改变曲轴箱压力，进而改变斜盘的倾角和活塞行程，使空调压缩机的排量能根据空调系统的控制目标实时进行调节。变排量空调压缩机外形及内部核心部件的结构如图 5-10 ～图 5-13 所示。

图 5-10　变排量空调压缩机
1—变量调节阀　2—带轮及过载保护装置

图 5-11　空调压缩机主轴、斜盘和活塞组件

b）工作原理：如图 5-14 所示，当车内热负荷达到最大值或驾乘人员要求快速制冷（表现为车内温度瞬间调到最低）时，排量调节阀的供电占空比为 100%，排量调节阀阀芯压缩弹簧外伸至行程最大处，此时曲轴箱与吸气腔相通，与排气腔隔绝，曲轴箱压力降到最小值，作用在活塞右侧的压力远高于作用于活塞左侧的压力（等于曲轴箱压力与弹簧力之和），这样弹簧被压缩，斜盘倾角变得最大，活塞行程最大，空调压缩机排量最大，以快速制冷。

图 5-12 空调压缩机主轴与斜盘组件
1—斜盘 2—主轴 3—弹簧

图 5-13 变量调节阀

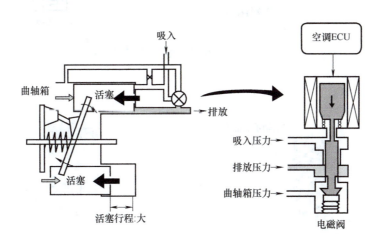

图 5-14 空调压缩机排量最大时的状态

当车速升高，车内热负荷减小，排量调节阀的供电占空比将减小，排量调节阀阀芯外伸行程减小，曲轴箱压力升高，作用在活塞左侧的压力升高，这样弹簧压缩量减小，斜盘倾斜角变小，活塞行程变小，空调压缩机排量降低，以节约燃油。

如图 5-15 所示，当车内热负荷降到最小值时，排量调节阀断电，此时占空比为 0，排量调节阀阀芯提升到最高处，此时曲轴箱与排气腔相通，压力升到最大值，作用在活塞左侧和右侧的压力相等，这样弹簧自动伸长，斜盘倾角最小，活塞行程最小，空调压缩机排量最小（接近 0）。

(2) 电磁离合器

1) 作用：在发动机运转时，电磁离合器在压缩机和发动机之间建立起驱动关系。

2) 组成：该离合器组由带有轴承的带轮、带有毂的弹簧片和电磁线圈等部件构成；弹簧片的毂固定在压缩机驱动轴上。带轮装在压缩机壳体上的轴输出端，并可转动。电磁线圈与压缩机壳体刚性连接在一起。弹簧片和带轮之间有一个间隙"A"，如图 5-16 所示。

3) 工作原理：

发动机通过多楔传动带来驱动带轮（箭头所示），在压缩机关闭时带轮在空转。如果接通了压缩机，电磁线圈中通有电流而产生了磁场。该磁场将弹簧片拉靠到旋转着的带轮上，使带轮带动压缩机的驱动轴转动，这时压缩机工作。只要电磁线圈中的电流不中断，压缩机就一直在工作。电磁线圈电流中断后，弹簧力就将弹簧片从带轮上拉开。这时带轮又开始自由

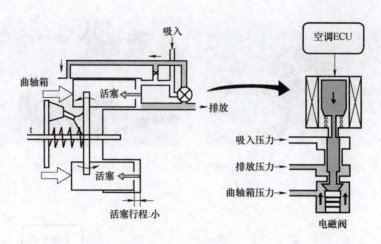

图 5-15 空调压缩机排量最小时的状态

转动,如图 5-17 所示。

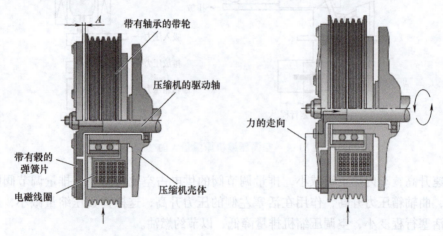

图 5-16 离合器关闭时　　　图 5-17 离合器接通时

(3) 冷凝器

1) 组成:冷凝器就是空调装置的"冷却器",冷凝器内的热交换通过空气冷却的方式来完成。冷凝器由迂回的蛇形管和其上的散热片构成,管内流有制冷剂,散热片用于增加散热面积提高热传递效果。冷凝器一般都安装在散热器的前方,这样可以提高冷凝器的效率,如图 5-18 所示。

2) 工作原理:来自压缩机的热的气态制冷剂(约 50~70℃)被压入到冷凝器的上部,冷凝器的蛇形管和金属散热片会吸收热量。凉的外部空气穿过冷凝器会吸收热量,于是制冷剂气体就冷却下来了。在一定温度和一定压力时,制冷剂在冷却过程中会冷凝,于是气态制冷剂就变成液态。液态制冷剂从冷凝器的下部流出。

(4) 制冷剂储液干燥器

储液干燥器用于有热力膨胀阀的制冷系统中。储液干燥器储存制冷剂并保证无气泡(气液分离)制冷剂液流流向膨胀阀,并能补偿制冷剂量的波动。它位于高压侧冷凝器的出口与节流装置的进口之间,主要由储液部分、干燥部分和滤网/过滤器组成,如图 5-19 所示。

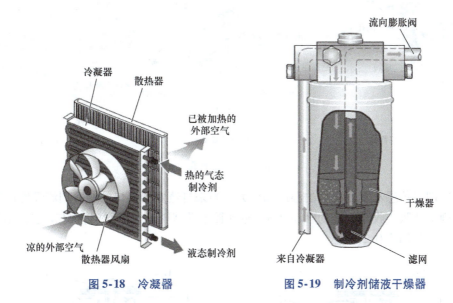

图 5-18　冷凝器　　　　图 5-19　制冷剂储液干燥器

1) 储液部分。储液干燥器的储液部分是一桶形存储容器,该部分内储存可保证空调系统在各种运行工况下正常运行所需的制冷剂,并且将它稳定地供给膨胀阀。

2) 干燥器部分。储液干燥器的干燥器部分仅是一包干燥剂,这是一种化学干燥剂,它能吸收留存的少量水汽。制冷剂储液罐在安装前应尽可能地保证封闭状态,这样就可使得干燥器从周围空气中所吸收的水汽尽可能少。只要打开了制冷剂环路,就必须要更换制冷剂储液罐。

干燥剂是一种对水有高度吸收力的物质,检修时应及时密封。

3) 滤网/过滤器。滤网/过滤器在储液干燥器内,该元件用于防止任何在检修过程中不注意而漏入系统内的碎屑或压缩机磨屑,如果发现堵塞应及时更换。如果储液干燥器进出口有温差则说明其已堵塞。

(5) 膨胀阀

1) 作用:膨胀阀及膨胀节流管安装在蒸发器入口,主要作用有两个:

① 节流作用:高温高压的液态制冷剂经过膨胀阀的节流孔节流后,成为低温低压的雾状的液压制冷剂,为制冷剂的蒸发创造条件。

② 控制制冷剂的流量:进入蒸发器的液态制冷剂,经过蒸发器后,制冷剂由液态蒸发为气态,吸收热量,降低车内的温度。膨胀阀控制制冷剂的流量,保证蒸发器的出口完全为气态制冷剂,若流量过大,出口含有液态制冷剂,可能进入压缩机产生液击;若制冷剂流量过小,提前蒸发完毕,造成制冷不足。

2) 膨胀阀的种类:膨胀阀按照平衡方式不同,分内平衡式和外平衡式;外平衡式热力膨胀阀分 F 型和 H 型两种结构形式,如图 5-20 所示。

3) 工作原理:以 H 型膨胀阀为例,如图 5-21 所示,膨胀阀位于蒸发器进口处,它是系统的节流装置。该阀将系统的高压侧与低压侧分开,阀内一小的可变化毛细管(阀口)只能允许很少量的制冷剂进入蒸发器,阀门的开闭由金属膜片 11 上方的制冷剂的膨胀或收缩控

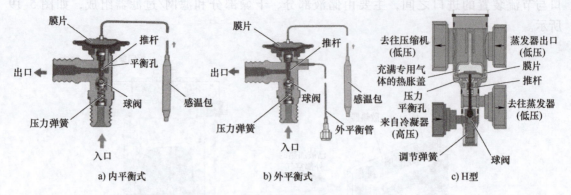

a) 内平衡式　　b) 外平衡式　　c) H型

图 5-20　膨胀阀

制,该制冷剂可传感蒸发器出口的温度和压力,当来自蒸发器出口的制冷剂流经感应单元 12,引起制冷剂 9 膨胀或收缩,推动触动针 8,触动针推动球阀 6 开闭阀门,调节制冷剂流量,当阀全开时,直径约为 0.2mm。

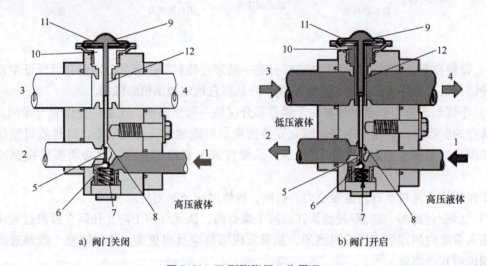

a) 阀门关闭　　b) 阀门开启

图 5-21　H 型膨胀阀工作原理

1—来自储液干燥器　2—进蒸发器入口　3—来自蒸发器　4—到压缩机　5—定量孔　6—球阀
7—弹簧　8—触动针　9—制冷剂　10—压力补偿室　11—金属膜片　12—感应单元

制冷剂刚通过膨胀前阀后的一刻尚是 100% 液态,只有极少量的液态制冷剂在这一刻因急剧的压降而蒸发,这称为闪气。随着压力下降,全部过该阀的制冷剂立即改变其状态,开始沸腾,在制冷剂达到蒸发器出口处时,所有的液体应该沸腾蒸发完毕。当制冷剂沸腾时,它必须从流过蒸发器翅片和盘管的空气中吸热,从而使空气降温。空气因热量被吸收而成冷气,空调系统并不会制造冷气。

在完全蒸发状态点,我们称制冷剂为饱和状态。饱和气继续在蒸发器和吸气管内吸热直至其到达压缩机,此时的蒸气是过热状态。

(6) 蒸发器　蒸发器如图 5-22 所示,它是空调系统中制冷剂蒸发吸收热量的一个部件,通过蒸发器翅片和盘管的空气中的热量,由于制冷剂沸腾而被吸收。

当制冷剂离开蒸发器时,应该是低压而稍有过热的气体,若节流进入蒸发器的制冷剂过多，制冷剂不能完全蒸发，不能使制冷器有效冷却，严重的会造成压缩机液击。经节流进入蒸发器的制冷剂量过少，使得制冷剂在进入蒸发器前就开始蒸发，同样也会造成蒸发器不能冷却，过热现象很严重。

在理想工况下，制冷剂在蒸发器内 2/3 或 3/4 处应蒸发完毕，此点制冷剂是饱和状态，它吸取了所有的潜热以使其从液态转变为气态而不发生温度变化。因此，制冷剂气体在离开蒸发器前还要吸收另外的热量，它也在吸气管中吸收少量的热，这些热量称过热热量。过热热量是产生温度变化的显热。空调系统理想的过热程度在 $-6.6 \sim -12$℃。

（7）**膨胀节流管（孔管）** 如图 5-23 所示，膨胀节流管是一种毛细管阻碍器，取代膨胀阀用于将液态制冷剂节流成气体，膨胀节流管安置于冷凝器出口和蒸发器进口间的液管上，其作用是将液态制冷剂节流成低压液体后进入蒸发器。

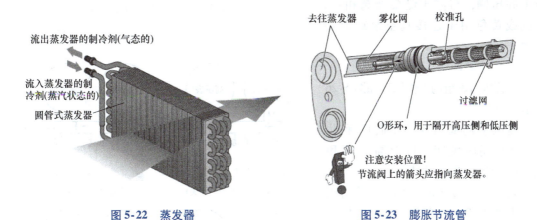

图 5-22　蒸发器　　　　　　　图 5-23　膨胀节流管

在膨胀节流管系统中进入蒸发器的制冷剂量是由节流管的尺寸、制冷剂的过冷度及膨胀节流管的进出口间的压差确定的。因为此部件的孔和管形是固定的，故常称其为固定膨胀节流管。膨胀节流管尺寸有 1.19 ~ 1.83mm 等各种规格，取决于应用场合。

（8）**集液器** 如图 5-24 所示，集液器是桶状容器，安装在蒸发器出口。该部件是膨胀节流管空调系统的基本件，在某些工况下膨胀节流管可能让比蒸发器量更多的制冷剂进入蒸发器，若没有集液器，过多量的液态制冷剂会进入压缩机而造成压缩机毁坏。

（9）**维修阀** 维修阀分为气门阀和手动阀，平时气门阀为关闭，手动阀开启状态，气门阀用于连接压力表组，手动阀安在压缩机连接的高低压管路接口处，用于检修时隔离压缩机。

四、汽车空调歧管压力表组

歧管压力表组是维修汽车空调制冷系统必不可少的重要工具，它与制冷系统相接可进行抽真空、加制冷剂和诊断制冷系统故障。

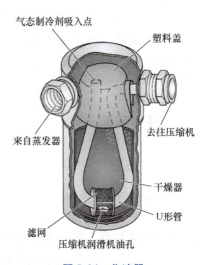

图 5-24　集液器

1. 歧管压力表组结构

其结构组成主要由两个压力表（低压表和高压表）、两个手动阀（低压手动阀和高压手动阀）、三根软管接头组成。压力表安装在一个表座上，下部有三个通路接口，通过两个手动阀使压力表与系统建立连接和分离，如图 5-25 所示。

通常低压侧使用的是蓝色软管，与系统低压侧维修阀相连；红色软管用于高压侧，与高压侧维修阀相连，绿色或黄色用于连接真空泵或制冷剂罐。

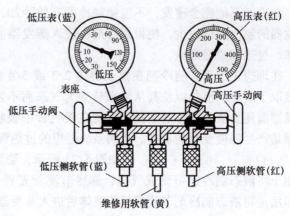

图 5-25 空调歧管压力表组

2. 工作原理

歧管压力表组的工作原理如图 5-26 所示。

高压手动阀（B）和低压手动阀（A）同时关闭，可对高压侧和低压侧的压力进行检查；

高压手动阀（B）和低压手动阀（A）同时打开，全部管路连通，接上真空泵可对系统抽真空；

高压手动阀（B）关闭、低压手动阀（A）打开，可从低压侧充注气态制冷剂；

高压手动阀（B）打开、低压手动阀（A）关闭，可从高压侧充注液态制冷剂，也可使系统放空，排出制冷剂。

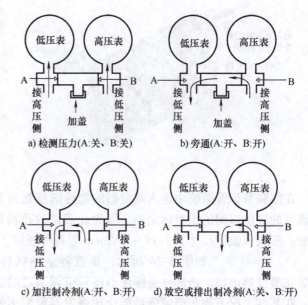

图 5-26 歧管压力表工作原理

任务实施

一、准备工作

1）带有空调系统的整车一台，要求其性能良好；

2）检测工具：空调压力表，空调制冷剂回收加注机、制冷剂鉴别仪、制冷检漏仪、空调制冷系统诊断仪等，环境温度湿度检测仪，出风口温度检测仪等；

3）内饰撬板，空调管路专用拆装扳手，常用呆扳手、梅花扳手及套管扳手，一字、十字螺钉旋具等。

4）熟悉维修手册、作业工单。

二、任务实施

1. 故障现象及原因

空调制冷系统的故障现象及原因见表 5-1 和表 5-2。

表 5-1 空调制冷系统的故障现象及原因

常见故障	表压力 低压侧	表压力 高压侧	故障原因	诊断思路
制冷不足	低	正常	① 恒温器调节不合适，偏离调节范围或失效，使蒸发器结冰阻挡空气流过 ② 制冷系统低压侧堵塞 ③ 系统内有水汽	原因是在高压检修阀后高压管路及低压检修阀前的某处堵塞节流使制冷剂流通不畅，最可能的是在节流装置进口处的过滤网可能被堵塞，或系统内有过多的水汽，在此处结冰 可通过细致的触摸来检查，有温差处为此处管路有节流堵塞 区分节流装置滤网是杂物堵塞或是冰塞的方法：可将空调关闭 10~15min，然后再开启，如果压力表读数立即指向不正常工况则说明可能是杂物堵塞，如果压力表读数正常只有几分钟，然后进入不正常值，则很可能是系统内有过多的水分，需更换储液干燥器或集液器
	高	正常	由于远程感温包与蒸发器之间接触不良而造成的膨胀阀处于开位或没有关闭或膨胀阀故障	确定远程感温包和蒸发器出口管表面清洁无污，并且两接触表面接触良好，把远程感温包和出口管用一小条木（干的）带条包起来，如果远程感温很好地贴在出口管上但控制信号不对，则说明膨胀阀可能有故障
制冷不足或无制冷	很低到低	低	① 低压表数值为中等低值：制冷剂不足 ② 低压表数值非常低，几近真空，则有三种可能： a）进口滤网堵塞 b）膨胀阀或节流管失效 c）系统内有水分	可从视镜观察是否有气泡来判断制冷剂是否不足 判断堵塞方法同上 膨胀阀可能失效和完全关阀，通过检查感温包的状况来确定
	低	高到极高	系统高压侧内流通不畅，可能是高压管路任何部位	中等高的高侧压力可能表明储液干燥器或制冷液管的堵塞，极高的压力则可能是表明如靠近压缩机通向冷凝器处的弯管部有扁塌现象
	高	低	① 离合器故障 ② 压缩机故障	观察电磁离合器压缩机轴，如果压缩机运转正常，则故障在压缩机；如果压缩机运转不正常，故障有可能在电磁离合器
	高	高到极高	① 系统内有空气 ② 过量的制冷剂 ③ 过量的冷冻机油 ④ 冷凝器气道堵塞 ⑤ 冷却风扇故障 ⑥ 发动机过热	打开发动机机舱盖观察可确定故障是由发动机过热或是冷凝器气道堵塞造成的，冷凝器气道被树叶、灰尘堵塞会造成中等的高压和制冷不足 系统内有空气或冷冻机油过量可通过观察窗看到；没有观察窗或看不到只能释放一部分制冷剂再观察，不能好转只能抽真空，检漏后重新加注

表 5-2 空调制冷系统观察窗中制冷剂状态现象及原因

故障项目	故障现象	检修方法	观察窗制冷剂状态
制冷剂不足	视液镜下有少量气泡或者每隔 1~2s 就可以看到气泡，此时高压表压力低，低压表压力低，空调出风不冷	检漏并补充制冷剂至适量	
制冷剂严重不足	视液镜下看到很多泡沫，高压表与低压表压力过低，空调出风不冷	检漏，修理泄漏部位，重新充灌制冷剂至适量	
制冷剂过多	视液镜下一片清晰，并有冷气输出，关闭空调后 15s 内不起泡，或停机 1min 后仍有气泡流动，高低压两侧压力均过高，出风口不够凉	释放一些制冷剂	
干燥剂已分散	干燥剂已分散，并随制冷剂流动，视液镜下为六锥状	更换干燥瓶，重新抽真空并加制冷剂	
机油变质	有长串油纹，机油过多，有油污且呈黑色污浊	拆卸系统各部件，清理各部件机油重新抽真空，加冷冻油制冷剂	

2. 空调制冷系统检查方法

一看：在空调运行后，看玻璃观察窗制冷剂的流动情况，均匀透明的液体为正常；看低压回路的结霜情况，表面结霜为正常；看制冷系统各个接头处的渗漏情况，干燥无油渍为正常；看压缩机磁力线圈工作情况，能将压缩机吸合后转动且无异常响声为正常；看蒸发器淌水情况，一般空调运行 8min 左右，水从蒸发器接水盘淌出为正常；看冷凝器电子扇运行是否正常。

二听：空调运行后，听压缩机运转时有无杂音、撞击声，有则为不正常；听蒸发器鼓风机、冷凝器电子扇、电机等运转是否有杂音，有则为不正常。

三摸：空调运行后，摸制冷系统的高低压管路，高压管路烫手、低压管路冰手为正常；冷凝器热为正常；且冷凝器从下至上有温差为正常；干燥过滤器温热，且进口与出口无明显温差为正常；膨胀阀前后应有明显温差为正常；车内送风口吹出的风应有冰凉的感觉为正常。

四测：在空调运行后，进行以下检测。

1) 用检漏仪器检漏 用检漏仪检查整个系统各接头处是否有泄漏。

2) 用万用表检查 用万用表检查空调电路，判断空调系统电路是否有短路或断路故障。

3) 用温度计检查 用温度计可以判断出冷凝器、蒸发器、储液器是否有故障；蒸发器正常工作时，蒸发器表面温度在不结霜的前提下越低越好；冷凝器正常工作时，冷凝器入口管温度为 70℃，出口管温度为 50℃ 左右；储液器正常工作时，储液器温度应为 50℃ 左右，若储液筒上下温度不一致，说明储液器有堵塞。

4) 用压力表检查 将歧管压力计的高、低压表分别接在压缩机的排气、吸气口的维修阀上。在空气温度为 30~50℃，发动机转速为 2000r/min 时检查，风机风速调至高档，温度调至最冷档,其正常状况是:高压端压力应为 1.421～1.470MPa,低压端压力应为 0.147～0.196MPa,否则说明空调制冷系统有故障。

3. 膨胀阀、孔管检修

压缩机工作正常时,可对膨胀阀、孔管进行就车检测。

(1) 内平衡感温膨胀阀车上检验

1) 歧管压力表组安装到汽车空调系统上。

2) 起动发动机,并将发动机转速调到 1000～1200r/min。

3) 将所有的空调控制开关调到最冷(MAX)位置,让空调系统运转 10～15min。观察低压侧压力表读数。如果此表读数过低,应将一块温热(约52℃)的抹布放在恒温膨胀阀壳体的周围,观察低压侧压力表读数。如果此表压力读数上升到正常值,或接近正常值,那么,表明系统内有水分,应更换储液干燥器。

4) 对空调系统进行抽真空、充注制冷剂和重新检查。从蒸发器出口上拆下平衡感温膨胀阀的感温包,并用手或者用一块温暖(约52℃)的抹布包住感温包,观察低压力表读数。如果此表压力读数上升,表明感温包可能安装不正确。为了纠正压力上升问题,应重新安装感温包,并对系统进行隔热和重新试验。如果低压侧压力表读数过高,应从蒸发器出口上拆下感温包,并将其放入0℃冰水容器中。如果压力下降到正常值,或者接近正常值,故障原因可能如下:

① 感温包绝热不良。应对此区域进行绝热,并对系统进行重新检查。

② 感温包安装不正确。应重新安装感温包,并对系统进行重新检查。

(2) 膨胀阀车下性能试验

1) 使用两个扳手拆卸膨胀阀。

2) 将膨胀阀装在歧管压力表上,并注入制冷剂,如图 5-27 所示。将膨胀阀的毛细管放入散热器中,打开高压手动阀门,使高压表指针达到 490kPa,制冷剂通过膨胀阀以气体排出。

3) 观察散热器中水温的变化(横坐标)与高压表的读数(纵坐标),两数值的交点应落在图 5-28 中的两曲线之间,否则应更换膨胀阀。

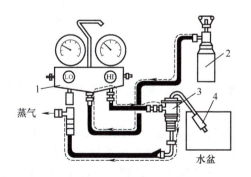

图 5-27 压力表组、制冷剂罐与膨胀阀连接示意图
1—压力表组 2—制冷剂罐 3—膨胀阀 4—毛细管

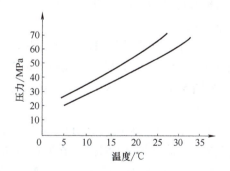

图 5-28 水温与高压表压力的关系

(3) 孔管检修

1) 将歧管压力表组安装到汽车空调系统上。

2) 起动发动机,并将发动机转速调到 1000～1200r/min。

3) 将所有的空调控制开关调到最冷(MAX)位置。

让空调系统运转 10～15min，观察低压侧压力表。低压侧压力表读数不正常，则表明孔管不能让足够数量的制冷剂进入蒸发器。确定问题是由系统进水引起还是由系统堵塞所引起。将一块温热（约 52℃）的布放在固定孔管的周围，观察低压侧压力表，如果压力读数上升到正常值或者接近正常值，表明系统内有水分。如果系统中有水分，必须更换储液器。如果无变化则可能是孔管堵塞，必须更换孔管。更换孔管时将孔管拆卸工具安装到孔管上，顺时针转动 T 形手柄，使工具与孔管的舌片刚好啮合，握住 T 形手柄，并顺时针转动孔管拆卸工具的外套壳拆下孔管，如图 5-29 所示。

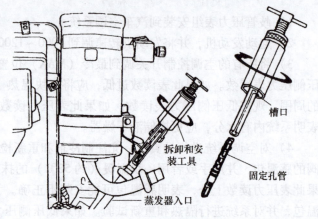

图 5-29 拆卸孔管

4. 压缩机的拆装

以奥迪轿车空调压缩机为例，介绍压缩机的拆装步骤。奥迪链条式发动机空调压缩机是由发动机后部齿轮驱动的，如图 5-30 所示。拆装较困难，其拆装方法如下：

（1）拆卸

1) 将制冷剂循环回路排空。

2) 拆下前保险杠，松开前端模块，并将前端模块尽量向前拉。

3) 松开并拆下气缸盖上的油尺导向管并将其向上拔出。

4) 拆下左发动机支撑。

5) 从压缩机上拆下两个制冷剂管路固定螺钉及管路。用合适的封盖封住开启的管路和冷凝器上的接口（防止污物和水雾进入）。

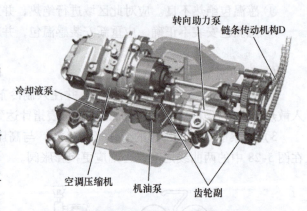

图 5-30 奥迪链条式发动机空调压缩机的传动

6) 用一把呆扳手固定住压缩机驱动轴 A 并沿箭头方向 C 转动压缩机驱动单元 B，如图 5-31 所示。不允许转动驱动轴 A。驱动轴 A 在松开螺栓连接后可以通过套管 E 推入驱动轮中。

7) 将空调压缩机调节阀 N280 的 2 芯插头连接做好记号（与发动机支座的插头连接有混淆危险）。脱开空调压缩机调节阀 N280 的 2 芯插头连接（安装在压缩机上方发动机上前部）。

8) 旋出螺栓 D（拧紧力矩 25N·m）向前拆下压缩机。必要时从压缩机中拆下轴套 F，如图 5-32 所示。

9) 拆下套管 A，将驱动轴 B 从驱动轮 C 的轮齿中拉出，如图 5-33 所示。

（2）压缩机的安装

1) 检查并加注一定量的、规定型号的冷冻油。

2) 安装压缩机驱动轴 A（装入发动机的驱动轮中）并检查位置以及相应的套管 E，如图 5-34 所示。

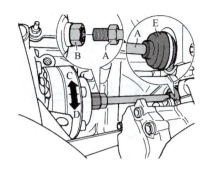

图 5-31 从压缩机侧拆卸压缩机驱动轴

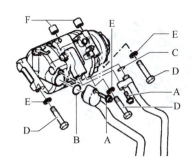

图 5-32 拆卸压缩机

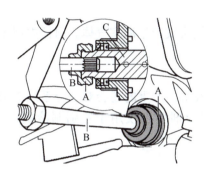

图 5-33 拆卸压缩机驱动轴

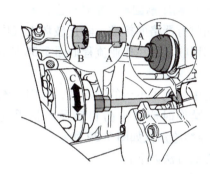

图 5-34 将压缩机驱动轴装在驱动齿轮中

检查驱动轴 A,轮齿允许显示任何磨损痕迹,驱动轴必须无间隙安装在驱动轮的轮齿中。安装前用离合器齿轮润滑脂 G000100 涂抹驱动 A 的轮齿。安装压缩机前装入驱动轮中直到极限位置。安装压缩机后检查套管 E 的安装位置。

3)必要时从压缩机支架中拆下轴套 C,彻底清洁支架上的接触面 A 和 B(与压缩机上的接触面),将轴套 C 装入压缩机支架中,如图 5-35 所示。

接触面有异物会造成压缩机和发动机驱动机构不同心而损坏压缩机。

4)检查压缩机和制冷剂管路的接口有无损坏或污物。

5)用螺栓 D(和垫圈 E)将压缩机安装到支架上(拧紧力矩 25N·m),注意 O 形密封环 B 和 C 的尺寸,如图 5-36 所示。

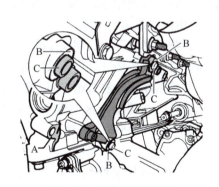

图 5-35 安装压缩机支架

6)在拧紧驱动轴前,通过压缩机驱动单元 B,将压缩机沿箭头方向 C 手动旋转 10 圈(这样可以避免压缩机有首次接通时损坏,因为压缩机压缩室中可能有冷冻油),如图 5-37 所示。

7)拧紧驱动轴,用一把呆扳手固定住压缩机驱动轴 A,并沿箭头方向 D 转动压缩机驱动单元 B(拧紧力矩 60N·m)。

不允许转动驱动轴 A,安装驱动轴 A 后检查套管 E 的安装位置。

8)重新安装其余已拆下部件。

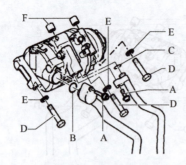
图 5-36 安装压缩机

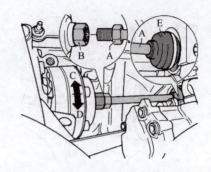
图 5-37 安装压缩机驱动轴于压缩机上

5. 空调系统制冷剂回收、加注作业流程

制冷剂回收有严格的标准，防止破坏大气中的臭气层或产生温室气体。国标中规定的空调系统制冷剂回收、加注作业流程如图 5-38 所示。

6. 制冷剂成分鉴别

制冷系统中使用了不当的制冷剂，轻则影响制冷效果，严重的还会对制冷系统造成损伤（对制冷系统操作时应戴上防目镜及防护手套）。制冷剂鉴别仪用于鉴别制冷剂的成分，SPX16910 制冷剂鉴别仪如图 5-39 所示。

其操作方法方法如下：

（1）操作前的程序

1）检查采样过滤器滤芯白色外径上任何地方是否有红斑或变色的迹象。如果发现红斑或变色，使用仪器前应更换过滤器。

2）根据应用状况，选择使用 R-12 或 R-134a 采样软管。检查软管是否有磨损痕迹，确认软管未堵塞，软管内无油液。如果软管出现磨损、堵塞或管内有油的迹象，在使用仪器前必须予以更换（或清洁干净）。

3）把采样软管安装到仪器的入口上。用手拧紧软管接头。

4）检查仪器的进气口、采样排放口和采样软管接口，确保通畅，未阻塞。

5）确认净化排放口帽牢固安装在净化排放口上。

6）检查待测制冷剂储液干燥器或车辆空调系统的采样口。确认采样口处于 LOWSIDE（低压侧）或 VAPOR（蒸汽）。

（2）制冷剂鉴定操作程序

1）将仪器的电源线插入合适的电源插座。仪器的各项参数出现在显示屏上，并开始预热。

2）预热过程持续 90s。显示屏显示"SYSTEM WARMING-CHECK FILTER"（系统预热-检查过滤器），提醒用户检查仪器的采样过滤器。

3）在预热期间，设定当地的海拔。将海拔值输入仪器内存时，根据仪器显示屏提示的步骤进行。

① 在预热期间，同时按住"A"和"B"按钮，直到显示屏显示"USAGE ELEVATION, 400FEET"［使用海拔高度，400 英尺（122m）］的信息，这是出厂设置值。

② 使用"A"和"B"按钮以 100 英尺（30m）为单位增量调整海拔高度。按"A"按钮将以 100 英尺为单位增加海拔高度设定值。按"B"按钮将以 100 英尺为单位减少海拔高度设

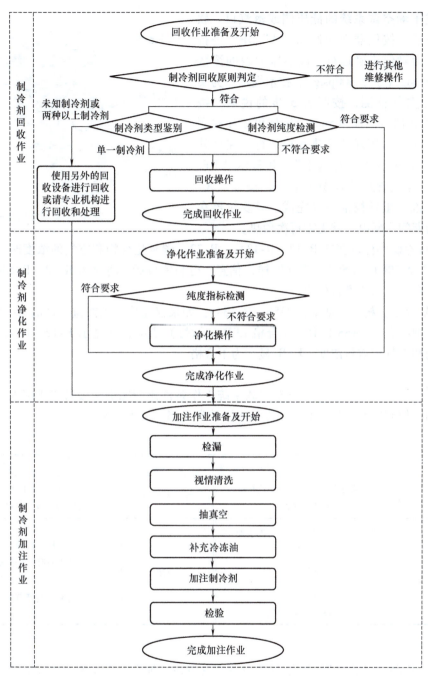

图 5-38 制冷剂回收、净化、加注作业工艺流程

定值。

③ 正确完成当海拔高度的设定后，静置仪器 20s 不要按任何按钮。仪器自动回到预热阶段，海拔的设定保存在内存中。

4）预热过程完成后，仪器进行自校准。环境空气通过进气口被吸入，然后被送到检测装置进行校准。校准时间大约为 20s。

5）校准完成后，仪器显示"READY：CON. HOSE, PRESS A TO STAR"（准备就绪：连接软管，按 A 开始）的信息，绿色 LED 指示灯闪烁。将采样软管的使用端连接到待测制冷剂储存容器或车辆空调系统的低压侧或蒸汽口。软管固定到位后，按仪器上的按钮"A"开始进行处理。注：为确保正确运行，仪器压力表的读数至少应为10psig（小于300psig）。技术提示：为实现最精确的空气检测，按照第5步的说明，按"A"按钮前让仪器再预热5min。这样可以使检测装置在抽样前获得额外的预热和稳定性。在额外预热期间，仪器会"超时退出"，并显示"RE-CAL"。将采样软管从冷媒源上断开，按下"A"按钮重新校准。重新校准一旦完成，只要仪器在两次试运行期间未断电，就无需再次预热。

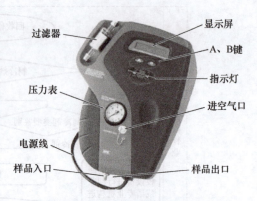

图5-39 SPX16910制冷剂鉴别仪

6）分析冷媒小样以测定R-12、R-134a、R-22、碳氢化合物和空气的浓度时，仪器显示"SAMPLING IN PROGRESS"（正在取样）信息。分析完成后，将显示R-12、R-134a、R-22、碳氢化合物和空气的浓度百分比。

7）仪器显示分析结果如下：PASS R-134a：如果仪器检测到按重量计的R-134a浓度为98%以上，则绿色"PASS LED"（合格LED指示灯）点亮，并显示R-12、R-134a、R-22、碳氢化合物和空气的重量浓度。FAIL显示为不合格。

7. 制冷系统检漏

（1）常见易发生泄漏部位 汽车空调系统工作条件比较恶劣，极易造成部件、管道损坏和接头松动，使制冷剂发生泄漏，制冷剂泄漏的常发部位见表5-3。

表5-3 汽车空调制冷系统常发生泄漏的部位

部件	泄漏常发生的部位	部件	泄漏常发生的部位
冷凝器	冷凝器进气管和出液管的连接处 冷凝器盘管	制冷剂管道	高、低压软管 高、低压软管各接头处
蒸发器	蒸发器进口管和出口管的连接处 蒸发器盘管 膨胀阀	压缩机	压缩机轴封 压缩机吸、排气阀处 前、后盖密封处 与制冷剂管道接头处
储液干燥器	易熔塞 管道接头喇叭口处		

（2）检漏操作

1）真空检漏。启动回收/净化/加注设备的真空泵，抽真空至系统真空度低于-90kPa。关闭歧管表阀门，停止抽真空，并保持真空度至少15min，检查压力表示值变化：

① 如压力未回升，仍需进行微小泄漏量的检查；

② 如压力回升，则继续抽真空，如累计抽真空时间超过30min，压力仍回升，则可以判定制冷装置有泄漏，应检修制冷装置，并重复进行检漏的操作。

2）微小泄漏量检漏。选择以下适宜的方法进行微小泄漏量的检漏：

① 电子检漏：制冷装置中充入0.5~1.5MPa的氮气或0.35~0.5MPa的制冷剂（以检漏设备要求的介质压力为准），采用相应的制冷剂检漏设备进行检漏，应反复检查2~3次。

② 加压检漏：用加压设备在制冷装置中充入1.5MPa的氮气，保持压力1h，如压力表示

值下降，则制冷装置存在泄漏，应在各接头处和可疑位置涂抹肥皂水作进一步检查，如图5-40所示。

③ 荧光检漏：制冷装置中充入含有荧光剂的制冷剂，运行 10～15min 后，用紫外线灯照射各接头处和可疑位置，如有黄绿色或蓝色荧光，证明该处存在泄漏。

检漏前，应清洗检测部位的污物和结霜，防止阻塞制冷剂检漏设备探头。使用制冷剂检漏设备进行检漏时，其探头不应直接接触元器件或接头，并置于检测部位的下部，应定期检查检漏设备的灵敏性。

8. 抽真空

抽真空前，检查压力表示值，制冷装置中的压力应低于 70kPa，如超过该压力，应重新进行回收操作，直到压力达到要求。

抽真空至系统真空度低于 -90kPa。在达到要求的真空度时，应继续抽真空操作，持续时间应不少于 15min，以充分排除制冷装置中的水分。大型车辆及空调管路较长的车辆，抽真空时间可适当延长。

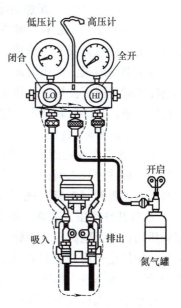

图 5-40 压力检测时管道连接

9. 冷冻机油及制冷剂的加注

在对空调制冷系统的作业中可用空调回收/净化/加注设备进行作业，该设备自动化程度高，操作方便且符合环保要求，其使用方法按设备使用说明书进行。有些维修厂没有该设备，使用空调压力表组加注冷冻机油及制冷剂方法如下。

（1）冷冻机油加注　补充冷冻机油量为：排出量 +20ml，按压缩机要求的型号的冷冻机油添加；

冷冻机油不可随意补充或过量加注。对于制冷装置，冷冻机油过量所造成的危害要大于冷冻机油不足。这是因为过多的冷冻机油一方面会导致系统空间减小，制冷剂无法进行正常的热交换，影响制冷效果；另一方面会产生液击，损坏空调压缩机。

无论是使用空调压力表还是使用制冷剂回收加注机补充冷冻机油，都应从高压阀处注入。若从低压阀处注入，有可能出现液击现象，损坏空调压缩机。

1）直接加入法：

将冷冻机油装入干净的量瓶里，从压缩机的旋塞口直接倒入即可，这种方法适合于更换蒸发器、冷凝器和储液干燥器时采用。

2）真空吸入法：

① 首先将系统抽真空到 -90kPa。

② 准备一带刻度的量杯并装入稍多于所添加量的冷冻机油。

③ 关闭高压手动阀及辅助阀门，将高压软管一端从歧管压力表组上卸下，并插入量杯中。

④ 打开辅助阀门，油从量杯内被吸入系统。

⑤ 当油面到达规定刻度时，立即关闭辅助阀门。

⑥ 将软管与歧管压力表组连接，打开高压手动阀，启动真空泵，先对高压软管抽真空，然后打开辅助阀门对系统抽真空。

（2）制冷剂加注　新加制冷剂量按照散热器支架上的空调标牌说明量为准。

制冷剂的加注一般有两种方法：高压端加注和低压端加注。高压端加注时，充入的是液态制冷剂，特点是安全、快速，适用于检漏、抽真空后的加注，但用该方法时必须注意，不得开启空调压缩机。低压端加注时，充入的是气态制冷剂，特点是充注速度慢，可在系统补充制冷剂的情况下使用，从作业的安全角度考虑，低压端加注制冷剂的流量不好控制，容易损伤压缩机，故国家新标准不建议采用该方法。

1）静态高压加注法：

① 抽真空作业完成后，将中间注入软管从真空泵上拆下，改接到制冷剂注入阀接口上，装好制冷罐并用注入阀打开制冷剂罐，然后将与歧管压力计相连接的中间软管接头稍微松开一些，直到听到"嘶嘶"的声音后再拧紧，排出中间注入软管中的空气。

② 打开歧管压力表高压侧手动阀，制冷剂便从高压侧注入软管进入系统高压侧。这时观察低压指针是否随高压表指针一起升高，若低压表指针不回升或回升很慢，说明系统内部有堵塞，应停止充注并进行检修；若低压表指针随高压表一起正常回升，可将制冷剂罐倒立，使制冷剂呈液态进入系统。注入定量的制冷剂后，关闭高压侧手阀后，即可进行检漏或试运行。在整个注入过程中发动机一直处于关闭状态，如图5-41所示。

2）动态低压加注法：

用于给系统补充制冷剂，如图5-42所示。

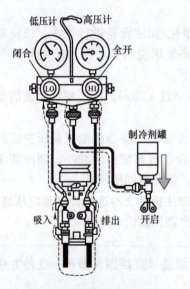
图5-41　静态高压加注法

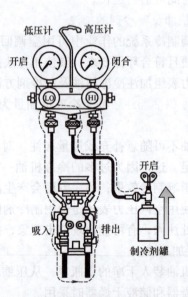
图5-42　动态低压加注法

① 将歧管压力表连接于制冷系统检修阀上，中间注入软管与制冷剂注入阀和制冷剂罐连接好。

② 起动发动机并使之保持在1500～2000r/min转速下运转，接通空调A/C开关使压缩机工作，鼓风机以高速运转，温度调节推杆或旋钮调至最大冷却位置。

③ 用注入阀打开制冷剂罐并保持罐体直立，缓慢打开歧管、低压检修阀被压缩机吸入制冷系统低压侧。同时调节低压手动阀开度，使低压表读数不超过411.6kPa并加快充注速度，可将制冷剂罐直立放在温度为40℃左右的温水中，以保证制冷剂罐内的液态制冷剂有一定的蒸发速度。

④ 充注完毕后，关闭歧管压力表低压侧手动阀，关闭注入阀，关闭空调A/C开关和鼓风机开关，让发动机熄火，卸下歧管压力表即可。

10. 空调制冷系统性能检验

完成制冷剂加注作业后,应进行检验。在制冷装置工作状态下,用检漏设备检测加注阀处有无泄漏。制冷装置高、低压侧压力及空调出风口温度检测应根据汽车制造厂商的要求进行。可参照以下方法:

1) 车辆停放在阴凉处,将干湿球温度计放置在空调进风口位置。
2) 打开车窗、车门。
3) 打开发动机盖。
4) 打开所有空调出风口,调节到全开。
5) 设置空调控制器:外循环位置,强冷,A/C 开,风机转速最高(HI),若是自动空调应设为手动并将温度设定为最低值。
6) 将温度计探头放置在空调出风口内 50mm 处。
7) 起动发动机,将发动机转速控制在 1500~2000r/min,使压力表指针稳定。
8) 待温度计显示数值趋于稳定后,读取压力表和温度计的显示值,将所测得的高、低侧压力、相对湿度、空调进风温度、出风温度与汽车制造商提供的空调性能参数或图表上的参数比较,如图 5-43、图 5-44 所示。如压力表、温度计显示的高、低侧压力和空调出风温度不在规定的范围内,应对制冷装置做进一步的诊断和检修。

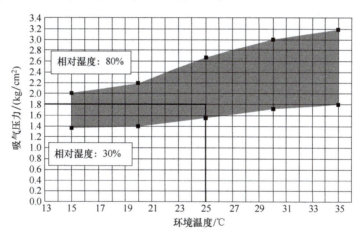

图 5-43 吸气压力与环境温度

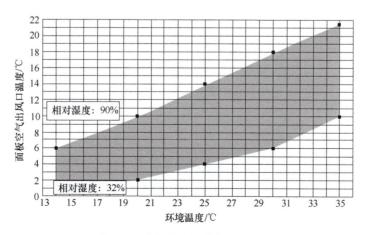

图 5-44 空调出风温度与环境温度

课后测评

1. 空调制冷系统由哪些部件组成？简述制冷循环的压缩过程、冷凝过程、节流膨胀过程和蒸发过程。
2. 简述摇板式定排量压缩机的工作原理。
3. 简述摇板式电控调节方式空调压缩机工作原理。
4. 简述膨胀阀作用和原理。
5. 简述空调制冷系统故障现象及原因。
6. 简述空调系统制冷剂回收、加注作业流程。

项目五 汽车空调系统检修

任务二　汽车空调送风单元及电控系统检修

任务目标

知识目标：
1. 掌握空调通风及控制系统的作用及组成
2. 掌握空调通风及控制系统的基本工作原理

技能目标：
1. 能够进行空调通风及控制系统各项测试的操作
2. 能够正确使用测试项目的各种仪器与设备
3. 能够掌握相关的安全生产知识

任务描述

空气在汽车空调箱体与管路内进行量和温度的调节，然后被分送到车内的各出风口。空调系统的通风操控功能可由驾乘人员手动完成或根据驾乘人员的要求由电控系统自动完成。各风门操纵机构或电控系统产生故障会使空气量、温度及空气分配方式出现故障，本任务主要学习通风及控制系统的基础知识，通过本任务的学习，学生能够诊断与排除通风及控制系统的相关故障。

知识储备

一、空调单元（箱体与管路）

1. 概述

汽车空调箱体与管路内主要由空气道和风门组成，内部安装过滤、加热、制冷和送风装置，可对车箱内空气的温度、分配方式及风量进行调整，使车箱内的空气达到适宜的状态，如图 5-45 所示。

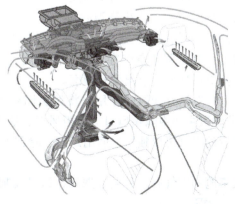

图 5-45　空调单元（即空调箱体与管路）

2. 作用

空调单元主要用于安放加热芯和空调蒸发器芯，并能给车内引入新鲜的以及再循环的空气，通过选定的部件由既定的供风出口，如仪表板、地面出风口和除霜出风口等送给乘客舱。空调单元一般安装在仪表板下方右侧位置。

3. 内部结构

空调箱体与管路内部的配气系统如图 5-46 所示。汽车空调将进入的新鲜空气、冷气、热风、有机地进行配合调节，形成冷暖适宜的气流吹出。

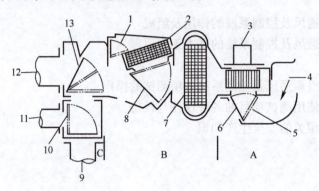

图 5-46 典型配气系统

1—限流风门 2—加热器芯 3—风机电机 4—新鲜空气入口 5—新鲜/再循环空气风门
6—再循环空气风门 7—蒸发器芯 8—混合风门 9—面板风口 10—A/C 除霜风门
11—除霜器风口 12—地板出口 13—加热除霜口

箱体管道系统由三段组成，即箱体吸气段（A 段）、系统中心段（B 段）和空气分配段（C 段）。

（1）箱体吸气段（A 段） 如图 5-47 所示，箱体吸气段由新鲜空气入口、再循环空气风口、新鲜/再循环空气风门，空调滤清器（图中未画出）及风机组成。风机旋转时，根据新鲜/再循环空气风门位置的不同，实现全部外部新鲜空气、全部车内循环空气或两者不同的比例空气的过滤与吸进，最后经风机的排风口排入箱体系统中心段（B 段）。通过调节风机转速可调节送风量。

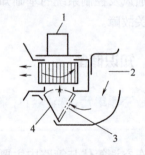

图 5-47 箱体吸气段（A 段）

1—风机电机 2—新鲜空气入口 3—新鲜/再循环空气风门 4—再循环空气风口

（2）系统中心段（B 段） 系统中心段也称为混合段，主要用于调节通过加热器的空气量，发生降温除湿变化。如图 5-48 所示，系统中心段包括加热器芯，空调蒸发器以及混合门。所有空气均通过蒸发器，通过对混合门位置的控制，调节空气穿过加热器的流量，完成空调系统的制冷、加热及温度调节功能，保证车内舒适性所要求温度和湿度。

（3）空气分配段（C 段） 空气分配段的作用是将调温调湿后的空气分配给车内特定区域。如图 5-49 所示，空气分配段主要由除霜风口、面板风口、地板出口及其各自的风道风门等组成。空气分配段将调节后的空气可单独从地面出风口、除霜出风口、仪表板出风口排出。

4. 空气输送过程

除关闭外，送到车内乘客舱的空气有六种调节选择，即最大制冷、仪表板、仪表板/地面（双级）、地面、地面/除霜、除霜。

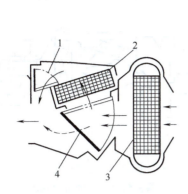
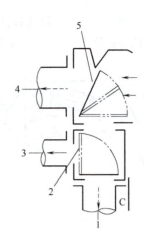

图 5-48 箱体系统中心段（B 段）
1—限流风门　2—加热器芯　3—蒸发器芯　4—混合风门

图 5-49 空气分配段（C 段）
1—面板风口　2—除霜风口　3—除霜器风口
4—地板出口　5—加热除霜口

（1）最大制冷　在选择最大制冷工况时如图 5-50 所示，压缩机工作，外界回流空气门对外面空气关闭。空气流向是：车内空气通过蒸发器从仪表板面流出，选择双级时，可从地面出风口提供部分调节空气，如图 5-51 所示。在最大制冷状况，加热器冷却介质阀关闭。

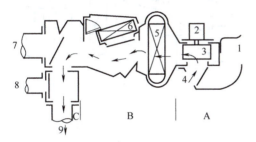
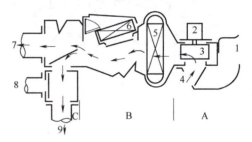

图 5-50 选择最大制冷
1—新鲜空气入口　2—风机电机　3—风扇
4—再循环空气风门　5—蒸发器芯　6—加热器芯
7—地板出口　8—除霜器风口　9—面板风口

图 5-51 双级选择最大制冷

若选择最大加热状态，如图 5-52 所示，压缩机不工作，加热器冷却介质阀打开，空气由车内流经蒸发器、加热器芯然后从地面出风口排出。若选择双级，如图 5-53 所示，一部分空气分流到仪表板，小部分空气在任一状态下均流向风窗玻璃以防止结雾。

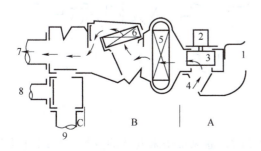
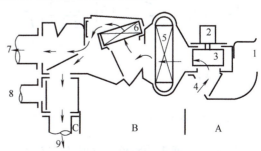

图 5-52 选择最大加热状态时空气流动

图 5-53 选择双级时最大加热状态

(2) 仪表板（标准） 若选择仪表板（标准）制冷，空调器压缩机运转，空气从车外流经蒸发器后从仪表板流出，如图5-54所示。一部分空气流向加热器芯作为湿度调控，如图5-55所示。

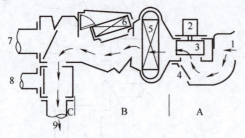

图5-54 选择仪表板制冷（空气调节）

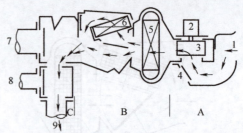

图5-55 标准制冷工况下当空气的湿度需控制时空气的流动状况

仪表板通风装置在仪表板组件上可见到。若选择标准加热，空调器压缩机不工作，冷却介质阀打开，空气从车外流经加热器芯并从地面出风口流出，如图5-56所示。

在制冷或加热的任一状态中，小部分调节空气流向除霜出风口以防止风窗玻璃结雾，如图5-57所示。

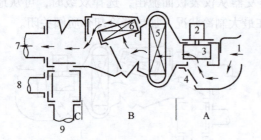

图5-56 选择标准加热时空气流动

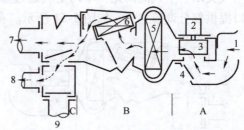

图5-57 小部分调节空气流向除霜出风口以防止风窗玻璃结雾

(3) 仪表板/地面（双级） 所谓双级状态，简单地表示为调节后的空气可以从两个出风口供应，即仪表面板和地板，以满足车上乘客舱的需要。选择制冷模式下的双向空气出风以便从地面出风口供给调节后的空气，如图5-58所示。在加热状态时，也可选择双向排风使空气由仪表面板出风口排出，如图5-59所示。地面出风口从座下的位置一般看不到。

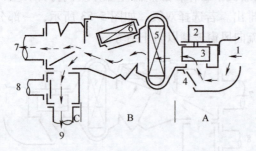

图5-58 制冷模式下选择双级时空气流动

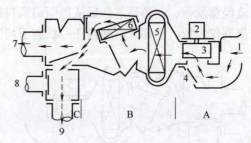

图5-59 加热状态下选择双级时空气流动

(4) 通风 所需的室外空气既不加热也不制冷时，通风带来未调节的空气。压缩机没有运转，冷却介质阀没有打开。空气路径、从室外穿过加热器芯达到选定的出风口——地面出风口或仪表板出风口或两者兼有之，如图5-60所示。

（5）除霜 在除霜位置，如图5-61所示，外界空气流经加热器芯后从除霜出风口流出。微量的受热空气流向地面出风口，如图5-62所示。如果外界空气温度低于10℃，压缩机起动以调节受热空气的湿度。

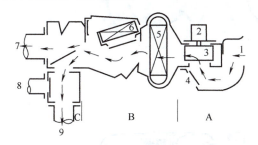

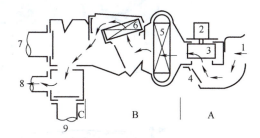

图5-60 在选择通风模式双级状态下空气流动状况　　图5-61 选择"除霜"时空气流动状况

（6）混合（MIX） 在有些功能中可选定MIX。通常情况下，具有MIX的系统没有HI—LO选择。当处于MIX位置时，地面/除霜器门开启一半，如图5-63所示。在这种选择中，调节的空气输送到地板和除霜出风口。车内温度通过调整温度控制手柄来调节。如果车内温度状况达不到要求，压缩机将工作。如果室外温度低于10℃，压缩机也将工作以协助车内湿度控制。

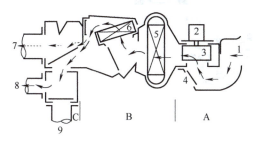

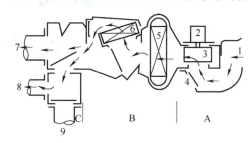

图5-62 选择"除霜"一部分空气送往地面出风口　　图5-63 当选择MIX或HI—LO时空气流动状况

二、电控系统

1. 概述

空调中的电控系统主要是控制空调压缩机、冷凝器风扇、空调箱体风门和箱体内鼓风机的工作。通过综合控制使车箱内的温度、湿度及空气的质量达到适宜的条件，同时还能在冷天除去风窗玻璃冰霜，保证行车视线良好，提高行驶的安全性。

汽车空调的控制有两种，即手动控制和自动控制。

2. 手动空调控制系统

手动空调的车内温度、风量及出风模式是由手动完成的。手动空调只能手动对冷/热风的温度和风量进行粗略的分级调节，不能设定车内空调的具体温度，如图5-64所示。

（1）手动空调面板 人工控制面板的四大功能。

功能选择键：用于空调系统取暖、制冷、冷暖风和除霜控制，功能键位置对应的出风口如图5-65所示。

温度键：用于控制调温门的位置（调温门在拉索作用下关闭或打开经过加热器的空调门）。

风速调节键：控制空调器鼓风机的转速（4个档位）。

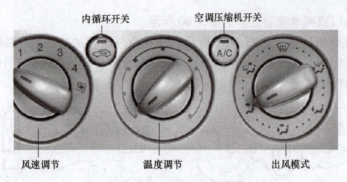

图 5-64 典型的手动空调面板

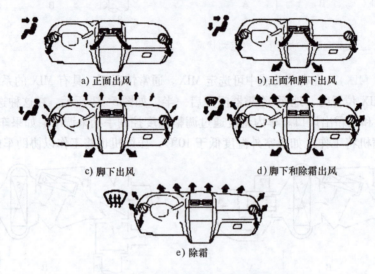

图 5-65 典型的出风模式对应的出风状态

循环风门键：控制车内空气的内外循环。

（2）手动空调电控系统 手动空调电控系统主要包括压缩机控制、蒸发器鼓风机控制和冷凝器风扇控制，现今一些车辆的出风口风门出是由步进电机控制的，典型的手动空调电控系统如图 5-66 所示。

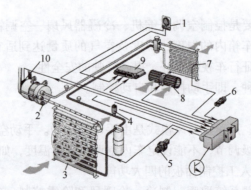

图 5-66 简单的手动空调电控系统的组成

1—空调开关 2—压缩机上的过压安全阀 3—散热风扇 4—空调压力开关 5—冷却液温度传感器
6—散热风扇热敏开关 7—蒸发器温度传感器 8—新鲜空气鼓风机 9—发动机控制单元
10—电磁离合器 Ⓚ空调装置控制单元

3. 自动空调系统

（1）自动空调面板　自动空调可以根据已设定的温度自动调节从而保持车内温度的恒定。另外，自动空调有自检装置，可以及早发现故障隐患。典型的自动空调面板如图 5-67 所示。

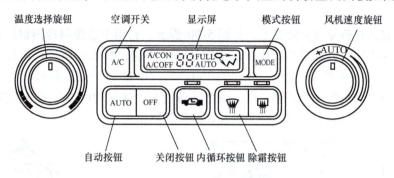

图 5-67　典型的自动空调面板

自动空调的功能包括车内温度和湿度自动调节、回风和送风模式自动控制以及运转方式和换气量控制等。电控单元按照驾驶人或乘客通过空调显示控制面板上的按钮进行的设定，使空调系统自动运行，并根据各种传感器输入的信号，对送风温度和送风速度及时地进行调整，使车内的空气环境保持最佳状态。

（2）自动空调电控系统　自动空调电控系统主要由传感器、控制单元和执行元件三大部分组成，如图 5-68 所示。

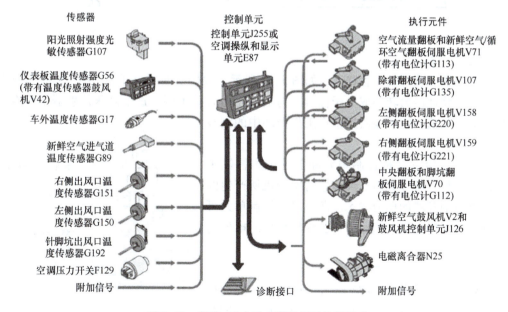

图 5-68　奥迪 A6 自动空调控制系统的组成

三、系统各部件

（一）制冷循环系统控制及安全部件

1. 空调开关（A/C）

A/C 是压缩机开关，也就是空调制冷开关，如图 5-69 所示。在 A/C 模式下，车载空调压缩机在制冷条件许可时始终处于工作状态，早期的压缩机电磁离合器控制电路中常串有外部温度开关、空调压力开关和冷却液温度开关，用来保护压缩机的工作，如今这些开关由相应的传感器取代，由控制单元综合所有可能信号控制压缩机工作。

2. 压力开关

压力开关安装在管路或储液罐上，如图 5-70 所示。它用于监控制冷剂封闭环路中的压力状况以及限制这个压力，如果系统内的压力超过了允许值，那么就通过空调控制单元来关闭电磁离合器及控制冷凝器风扇速度。该开关在有些系统中被压力传感器取代。

对于带有节流阀的制冷剂环路来说，通常是通过两个独立的压力开关来监控低压和高压。低压开关安装在低压管路上，高压开关安装在高压管路上。

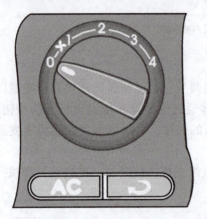

图 5-69　空调开关

图 5-70　压力开关

3. 高压传感器

高压传感器安装在高压管路上，如图 5-71 所示，取代空调压力开关，用于监控制冷剂环路的压力，并将此压力转换成电子信号。与空调压力开关不同，这个高压传感器不但会感知预定的压力极限值，它还能监控整个工作循环中的制冷剂压力。

该信号传送给发动机控制单元和散热风扇控制单元，通过这些信号可计算出空调装置对发动机所产生的负荷以及制冷剂环路的压力状态。散热风扇控制单元可以接通和关闭风扇的高一级运行档位和压缩机的电磁离合器。

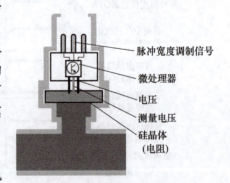

图 5-71　高压传感器

4. 冷却液温度控制开关

冷却液温度开关如图 5-72 所示，它安装在发动机的出水口，用于监控发动机的热负荷，当发动机温度高于一定值时，压缩机（在约 119℃ 时被断开，在约 112℃ 时又接通，这些值取决于具体的空调装置）断开以免发动机负荷过大。车型不同，使用不同的冷却液温度控制开关。

5. 蒸发器温度传感器

蒸发器温度传感器安装在空调总成中的蒸发器金属翅片上，它的作用是检测蒸发器表面的温度，将检测结果输入给自动空调控制单元，如图 5-73 所示。

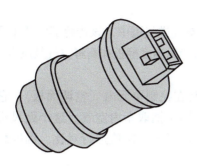

图 5-72　冷却液温度控制开关

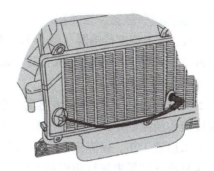

图 5-73　蒸发器温度传感器

蒸发器温度传感器是一个负温度系数传感器，其阻值随着温度的升高而变小，随温度降低而增大。空调压缩机在约 -1~0℃时关闭，在约3℃时接通，这样可防止冷凝水结冰。

(1) 散热器风扇控制部件　风扇是空调装置（制冷剂环路）和发动机（冷却液环路）正常工作的基本条件。为了将制冷剂、冷却液吸收的热量不断快速传递给空气，在空调上经常还有第二个或第三个风扇。散热器风扇控制单元（图5-74）用于控制这些风扇，是根据冷却液温度（散热器热敏开关）和制冷剂环路内的压力（制冷系统高压传感器）来实现的。具体的控制值取决于车型，车型不同，这个值也不一样。

(2) 室内温度调节部件　电控单元根据输入的温度值与室内温度检测结果进行比较，计算出输出信号，再根据各传感器的输出信号进行修正，然后驱动各风门电机工作，最后调节室内温度达到设定值。

图 5-74　散热器风扇控制单元

室内温度调节所需要的主要传感器及其在车上的位置，如图 5-75 所示，不同车型略有不同。

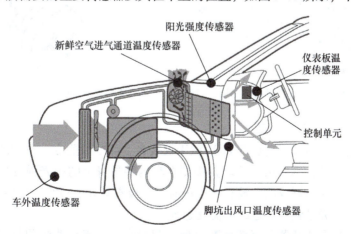

图 5-75　奥迪 A6 轿车空调用温度传感器在车上的位置

6. 车外温度传感器

车外温度传感器（图5-76）位于车身前部，它用于判断实际的外部温度。控制单元按照这个温度信号来操纵温度翻板和新鲜空气鼓风机工作。外部温度低于1℃，切断压缩机。

7. 新鲜空气进气道温度传感器

新鲜空气进气道温度传感器（图5-77）位于新鲜空气进气道中，该传感器实质上是外部实际温度的第二个测量点。控制单元按照这个温度信号来操纵温度翻板和新鲜空气鼓风机工作。

8. 仪表板温度传感器

如图5-78所示，仪表板温度传感器一般都直接装在控制单元内（空调面板），它将车内的实际温度值传给控制单元。气流中有一个鼓风机，用于抽取车内空气。这个鼓风机由操纵和显示单元来启动工作。仪表板温度传感器的测量值用于与规定值进行对比，温度翻板和新鲜空气鼓风机按此结果来进行相应的工作。

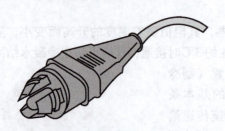

图5-76 车外温度传感器

图5-77 新鲜空气进气道温度传感器

9. 脚坑出风口温度传感器

如图5-79所示，脚坑出风口传感器测量的是从暖风/空调中出来的空气（进入车内的空气）温度。这个温度值是通过一个根据温度来变化的电阻表示的。若温度下降，电阻值则升高。控制单元对这个信号进行处理后，将其用于控制除霜/脚坑的空气分配以及控制新鲜空气鼓风机的工作强度。

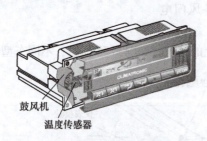

图5-78 仪表板温度传感器

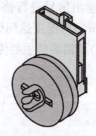

图5-79 脚坑出风口温度传感器

10. 阳光照射强度光敏传感器

阳光照射强度光敏传感器（图5-80）位于仪表台上部中央前方，空调的温度调节过程受光敏传感器的影响。该传感器用于获取直接照在车内乘员身上的阳光强度信息。光敏二极管是采用对光敏感的半导体制成的。没有光作用时，二极管只能流过很小的电流；有光作用时，流过的电流就增大。光越强，流过的电流就越大。

空调控制单元根据传感器电流就推断出现在阳光强弱，于是就会调节车内的温度。温度翻板和新鲜空气鼓风机会相应地工作。

11. 空气质量传感器

空气质量传感器（5-81），安装于舒适型自动空调器上，在空调箱体上位于新鲜空气入口处（图5-82），识别大气中的有害物质（大多数时汽油和/柴油废气），并命令操作与显示单元将空调器切换到车内空气循环运行模式。空气质量传感器是一个高灵敏度的电子部件，它会因直接接触溶剂、燃油和某些化学合物而损坏。

空调控制单元对空气质量传感器的信号进行分析，根据环境空气的污染强度和形式来控制空调循环模式。在车外温度高于2℃时，当有害物质浓度略微上升就立即切换到循环空气运行模式。

当车外温度大约在 –5 ~ +2℃ 之间时，只有在有害物质浓度较剧烈升高时，才切换为循环空气运行模式，同时接通空调压缩机。

当车外温度低于约 –5℃ 时，同样将在有害物质的浓度大幅升高时才进行切换，并且仅运行约15s（空调压缩机不接通）。如果有害物质的浓度降低，则空调会重新切换到新鲜空气运行模式。

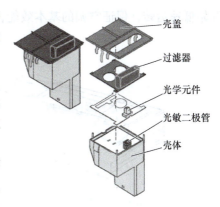

图 5-80　阳光照射强度光敏传感器

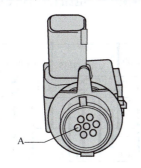

图 5-81　空气质量传感器
A—进气口

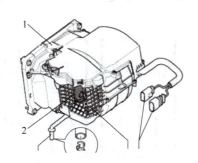

图 5-82　空气质量传感器安装位置
1—A6L 空调器进气单元总成　2—空气质量传感器

12. 操纵和显示控制单元

(1) 结构　控制单元与操纵和显示控制单元有的结合在一起、有的是分开式的。这个操纵和显示单元是与相应的车辆相匹配的。操纵面板主要有以下各部分组成：空调开关、内循环开关、温度调节旋钮、风速调节旋钮、模式调节旋钮、自动开关等，不同车型有所不同。控制单元是一个小型专用空调控制功能微机，如图 5-83 所示。

(2) 功能　该控制单元接收来自电气和电子部件（传感器）的信息。控制单元按照内部已存储的规定值来处理这些信息。控制单元的输出信号就用来操纵电气执行元件工作。控制单元配备了一个故障存储器，具有自诊断功能，能在应急工况维持已设定的工作模式。

13. 伺服电机

空调中的循环风门、温度风门、各模式出风口风门，现代车型手动空调和自动空调都采用伺服电机进行调节，如图 5-84 所示。

所有这些伺服电机都接收来自空调控制单元的相应控制信号。每个占空比控制直流电机都配有一个电位计（自动空调）。这个电位计通过一个反馈值来将翻板的位置告知空调控制单元。伺服电机（执行元件）就将电气输出信号转化成一个机械量，控制风门动作。

14. 冷凝器风扇

冷凝器风扇电机受散热器温度和空调系统压力控制。当空调开关接通时，冷凝器风扇就开始低速运转，保证空调的基本效能，当空调压力高于设定值，冷凝器风扇高速转动。

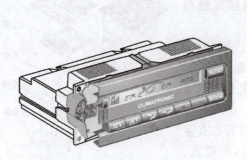

图 5-83 空调操纵和显示控制单元

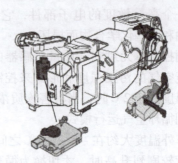

图 5-84 空调风门伺服电机

四、系统电路

图 5-85、图 5-86 为奥迪 A6L（2010 年前款）全自动空调电路图，电路各部件代号及名称见表 5-4。

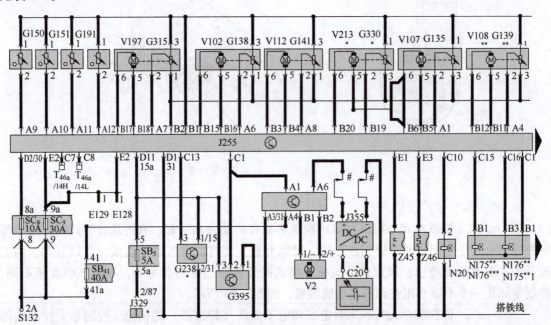

图 5-85 奥迪 A6L 空调电路图（1）

表 5-4 奥迪 A6L 电路图各部件名称列表

序号	零件代号	零件名称	序号	零件代号	零件名称
1	C20	太阳能电池	8	G138	中部出风口伺服电机的电位计
2	E128	左侧可加热式后座椅调节开关	9	G139	左侧脚部空间风门伺服电机的电位计
3	E129	右侧可加热式后座椅调节开关	10	G140	右侧脚部空间风门伺服电机的电位计
4	E149	后窗遮阳卷帘开关	11	G141	后座区出风口伺服电机内的电位计
5	G107	阳光射入光电传感器	12	G143	空气内循环风门伺服电机的电位计
6	G113	速滞压力风门伺服电机的电位计	13	G150	左侧出风口温度传感器
7	G135	除霜风门伺服电机的电位计	14	G151	右侧出风口温度传感器

（续）

序号	零件代号	零件名称	序号	零件代号	零件名称
15	G191	中部出风口温度传感器	40	N176	右侧暖风调节阀
16	G238	空气质量传感器	41	N280	空调压缩机调节阀
17	G263	蒸发器出风口温度传感器	42	S132	熔断式熔丝2
18	G315	前部冷风风门伺服电机的电位计	43	SB31	熔丝架上的熔丝31
19	G330	间接通风风门伺服电机的电位计	44	SB38	熔丝架上的熔丝38
20	G344	左前座椅温度传感器	45	SB41	熔丝架上的熔丝41
21	G345	右前座椅温度传感器	46	SB5	熔丝架上的熔丝5
22	G347	左中出风口传感器	47	SC8	熔丝架上的熔丝8
23	G348	右中出风口传感器	48	SC9	熔丝架上的熔丝9
24	G387	左前仪表板出风口电位计	49	T46a	46芯插头连接，左CAN分离插头
25	G338	右前仪表板出风口电位计	50	V102	中部出风伺服电机
26	G395	制冷剂压力和制冷剂温度传感器	51	V107	除霜风门伺服电机
27	G89	新鲜空气风道温度传感器	52	V108	左侧脚部空间风门伺服电机
28	J126	新鲜空气鼓风机控制单元	53	V109	右侧脚部空间风门伺服电机
29	J255	Climatronic自动空调控制单元	54	V112	后座区出风口伺服电机
30	J285	组合仪表中的控制单元和显示单元	55	V113	空气内循环风门伺服电机
31	J329	总线端15供电继电器	56	V197	前部冷风风门伺服电机
32	J355	太阳能模式控制单元	57	V2	新鲜空气鼓风机
33	L67	左侧仪表板出风口的照明灯泡	58	V213	间接通风风门的伺服电机
34	L68	仪表板中部出风口的照明灯泡	59	V237	左前仪表板出风口伺服电机
35	L69	右侧仪表板出风口的照明灯泡	60	V238	右前仪表板出风口伺服电机
36	L87	后座区中部出风口的照明灯泡	61	V50	冷却液循环泵
37	L88	后座区左侧出风口的照明灯泡	62	V71	速滞压力风门伺服电机
38	L89	后座区右侧出风口的照明灯泡	63	Z45	左前可加热式座椅
39	N175	左侧暖风调节阀	64	Z46	右前可加热式座椅

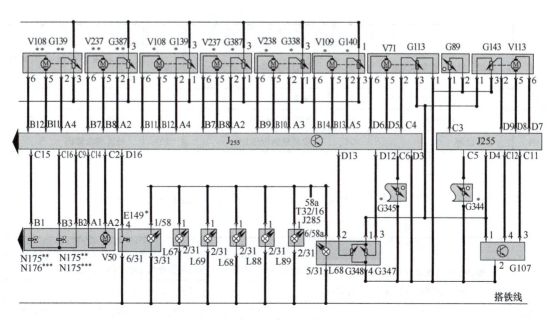

图5-86 奥迪A6L空调电路图（2）

对于电控系统的故障诊断，主要用解码器读取故障码、读取数据流及执行原件测试的方式，确定故障范围和故障点，然后用试灯、万用表等测量工具对元件及线路进行检测与排除。大众及奥迪车系用解码器诊断故障时需要知道系统的地址码、功能码及组号。

1. 地址码

地址码及对应的地址系统见表 5-5。

表 5-5 地址码及对应的地址系统

地址码	地址系统	地址码	地址系统	地址码	地址系统
00	自动连续测试	22	四轮驱动电控系统	47	声控系统或装置
01	发动机电控系统	24	驱动防滑电控系统	49	灯光自动转换装置系统
02	变速器电控系统	25	防盗控制系统	51	电子驱动机构、电动驾驶
03	制动电控系统	26	电动车顶控制系统	54	尾部扰流器
08	空调/暖风电控系统	29	左灯光控制	55	前照灯视野控制系统
09	电子控制装置	33	OBD-2 系统诊断	56	音响系统
11	发动机电控系统 2	34	自动水平悬架系统	61	蓄电池控制
12	离合器电控系统	35	中央门锁系统	65	轮胎气压检测
13	距离控制单元	36	驾驶座椅调整系统	66	座椅/后视镜调整
14	车轮减振电控系统	37	巡航系统	67	语言控制
15	安全气囊	39	右灯光控制	71	蓄电池充电系统
16	动力转向电控系统	41	柴油泵电控系统	75	紧急呼叫系统
17	仪表板输入仪表防盗系统	44	转向辅助系统	76	辅助停车系统、倒车报警系统
18	停车辅助加热	45	内部扫描系统		
19	总线、资料库、诊断界面	46	中央集中控制模块系统		

2. 功能码

功能码及对应的功能见表 5-6。

表 5-6 功能码及对应的功能

功能码	功能	功能码	功能	功能码	功能
01	查询、显示、控制单元版本	05	清除故障码、记录	09	读取通道数据（单个测量值）
02	查询、显示、故障码、记录	06	结束输出	10	匹配、自适应学习
03	执行元件的诊断	07	控制单元编码	11	注册、登录/输入密码
04	基本设定	08	读测量数据组块	15	传递底盘号码

3. A6L 空调组号

奥迪 A6L 轿车空调控制系统测试数据流分组号对应的信息内容见表 5-7。

表 5-7 奥迪 A6L 轿车空调控制系统测试数据流分组号对应的信息内容

显示分组	包含信息内容	显示分组	包含信息内容
001	空调压缩机调节阀 N280 的控制；来自制冷剂压力和制冷剂温度传感器 G395 的信号	002～003	不同伺服电机中电位器的反馈值
		013，014	这些显示分组目前未占用
002	压缩机断开条件	015	间接通风风门伺服电机 V213 中电位器的反馈值

(续)

显示分组	包含信息内容	显示分组	包含信息内容
016	仪表板中部出风口风门中电位器的位置电位器（在伺服电机中）、温度传感器和传感器的供电电压；总线端15的电压	040	泵阀单元部件的控制：①冷却液循环泵V50；②左侧暖风调节阀门N175和右侧暖风调节阀门N176
		041	显示分组目前未占用（显示="未占用"或"显示分组不存在"）
017~019	不同温度传感器的测量值；温度传感器鼓风机V42的转速；怠速转速提高要求	042~044	新鲜空气鼓风机控制单元J126的测量值；新鲜空气鼓风机V2的控制
020	发动机转速；车速；计算出的压缩机转矩	045，046	可加热式风窗玻璃控制单元J505的测量值；可加热式风窗玻璃Z2的控制
021	座椅通风控制（未使用）；照明的状态显示（总线端58d和58s）		
022	冷却液风扇V7的控制状态；空气质量传感器G238的信号；车内空气循环运行模式的状态	047	新鲜空气鼓风机控制单元J126和可加热式风窗玻璃控制单元J505的软件和硬件号码
023	后窗玻璃加热的状态显示；后窗遮阳卷帘按钮E385的开关状态	048，049	显示分组目前未占用（显示="未占用"或"显示分组不存在"）
024	日照光电传感器G107的信号	050	操作与显示单元、Climatronic控制单元J255的设码
025	操作与显示单元、Climatronic控制单元J255的供电；总线端15、75和30；一个后来安装的驻车暖风信号	051，052	空气电离模块J707（未使用）的状态显示
		053，054	冷却液循环泵V50转速的状态显示；制冷剂压力和制冷剂温度传感器G395信号的状态显示
026	汽车的停车时间；车窗玻璃刮水器的开关状态；可加热座椅的控制	055~068	显示分组目前未占用（显示="未占用"或"显示分组不存在"）
027，028	座椅加热装置的状态显示	069，070	显示分组目前未占用（显示="未占用"或"显示分组不存在"）；为没有诊断测试仪时操作与显示单元、Climatronic控制单元J255的自诊断预留；为操作与显示单元、Climatronic控制单元J255的设计数据预留
029~031	驻车暖风和辅助加热装置的状态显示		
032	点火钥匙分配；通过指纹的驾驶人分配（指纹，"指纹记忆功能"）		
033，035	电源管理系统控制单元J644的状态显示；用电器由于车载电网过载关闭		
036，037	舒适/便利功能数据总线系统的状态显示	071~077	"标准型"操作与显示单元、Climatronic控制单元J255的测量值和设定值；在"舒适型"操作与显示单元、Climatronic控制单元J255上未占用（显示="未占用"或"显示分组不存在"）；标准温度和实际温度（取决于两个旋转调节器的设定）；气流分配（取决于旋转调节器的设定）；新鲜空气鼓风机标准转速（取决于旋转调节器的设定）；安装的光照传感器和温度传感器的测量值
038，039	空气湿度传感器的信号（安装在操作与显示单元、Climatronic控制单元J255中）；该显示仅在装备"舒适型"操作与显示单元、Climatronic控制单元J255的汽车上（需注意）；倒车灯控制的信号		
		078	温度调节的调节参数

（续）

显示分组	包含信息内容	显示分组	包含信息内容
079	显示分组目前未占用（显示＝"未占用"或"显示分组不存在"）	080～082	操作与显示单元、Climatronic 控制单元 J255 目前不能用于售后服务的显示分组号；操作与显示单元制造商的数字代码；硬件和软件号码、底盘编号等

任务实施

一、准备工作

1）带有手动或自动空调系统车辆一台，要求其性能良好；
2）检测工具：万用表、解码器、试灯及带保险的跨接线等；
3）常用拆装工具：套筒扳手、呆扳手、饰板撬板及螺钉旋具等；
4）熟悉维修手册、作业工单。

二、任务实施（以奥迪 A6L 轿车为例）

1. 部分电气部件功能检测

（1）传感器检查
空气质量传感器检查。

> **注意事项：**
> ① 车辆停在空气洁净的区域中（不要靠近运转的发动机、排气装置的出气口等）。
> ② 发动机舱和排水槽是洁净的（未被机油或燃油污染）。
> ③ 发动机舱和排水未用含溶剂的清洁剂和防腐剂喷洗过。

检查步骤：

如图 5-87 所示，连接诊断仪，起动发动机调节空气至"自动"模式，等待 30s（传感器预热），操作诊断仪进入 08-08-022，读取显示区"3"（空气质量传感器信号）和"4"（空气循环风门的运行状态："0"为外循环，"60"部分循环）。用测试气体及香烟气体向传感器头附近喷散，空气循环风门会动作（诊断仪数据变化）。

对于电阻型的温度传感器，检测方法是检测其在不同温度下的电阻值与标准值比较，来判断其性能的好坏。

非电阻型的温度传感器可用示波器检查传感器的信号波形，来判断传感器的性能；也可用诊断仪读取数据与实测温度数值进行比较的方法，来确定传感器的性能。

（2）电机检查 各风门翻板电机可用带有保险的导线将电机两接线端分别接在 12V 电源上，观察电机在正反接时都能运动，则电机功能正常，否则电机有故障。

（3）压缩机调节阀信号检查
1）关闭点火开关。

2）拆下隔音垫。

3）标记好插头 A。

4）将插头 A 从空调压缩机调节阀 N2890 的对应插头 B 上拔下，如图 5-88 所示。在插头 A 和 B 间接上适配电缆，如图 5-89 所示。将示波器 VAS5051/8 的测头连接到适配导线上，将测量导线（信号线）连接到插头 A 的触点上，将测量导线（屏蔽、接地）连接到插头 A 的触点 1 上。

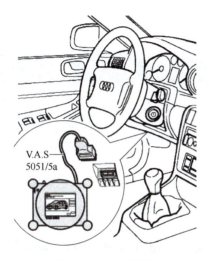

图 5-87　连接诊断仪

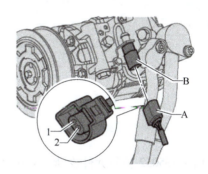

图 5-88　拔下空调压缩机插头

5）设置示波器：5V/Div = 0.5m/Div（每段刻度代表 5V 直流电压和 0.5ms）。

6）起动发动机，在操作与显示单元上将驾驶侧和副驾驶侧的温度预选设置为最大制冷功率。

7）分别在操作和显示单元上操作 Auto 和 Off/On 或 Econ 接通和关闭空调压缩机调节阀 N280 的控制。观察示波器波形，如图 5-90 所示。

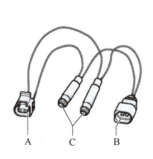

图 5-89　适配电缆

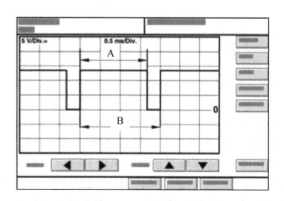

图 5-90　显示单元的控制阀 N280 波形

2. 故障案例

一辆 2012 年奥迪 A6L C6 2.0T 轿车，搭载 BPJ 型发动机，自动空调，车主反映开空调时中央出风口不出风，仪表台两侧出风口正常。

其故障诊断与排除过程如下：

1）验证故障，打开中央出风口风门，设置自动模式或手动模式，中央出风口均不出风。由于中央出风口不出风，两侧出风口正常，所以故障可能原因有：中央风板卡滞、中央风板伺服电机 V102 或电位计 G138 故障、空调控制单元 J255 故障、相关线路故障。

2）用 VAS5052 检测 08 空调控制单元 J255 没有故障码存储，重点检查中央风板伺服电机 V102 和中央风板，读取显示组 10（图 5-91），显示 V102 数据。各区含义及数据（图 5-92），数据表明风板在关闭位置。

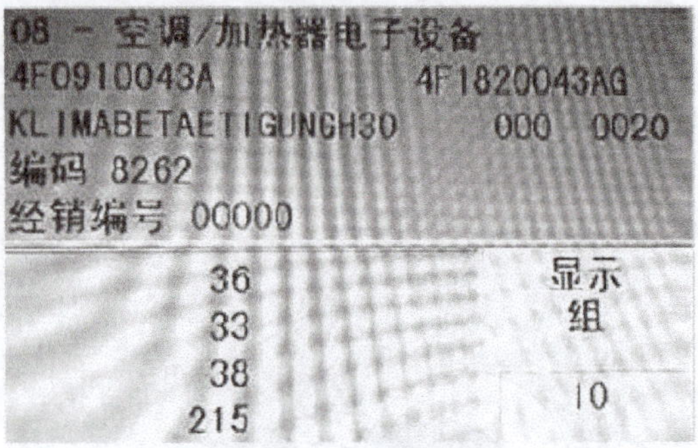

图 5-91 显示组 10

显示组	测试状态	显示区	含义	数据
10	静态	1	G318 实际反馈值	36
		2	G318 规定反馈值	33
		3	G318 在下限获取的反馈值	38
		4	G318 在上限获取的反馈值	215

图 5-92 显示组 10 各区含义

3）用 VAS5052 执行元件诊断，V102 转动，读取显示组 10（图 5-93），显示 V102 数据。各区含义及数据如图 5-94 所示，数据表明风板在打开位置。

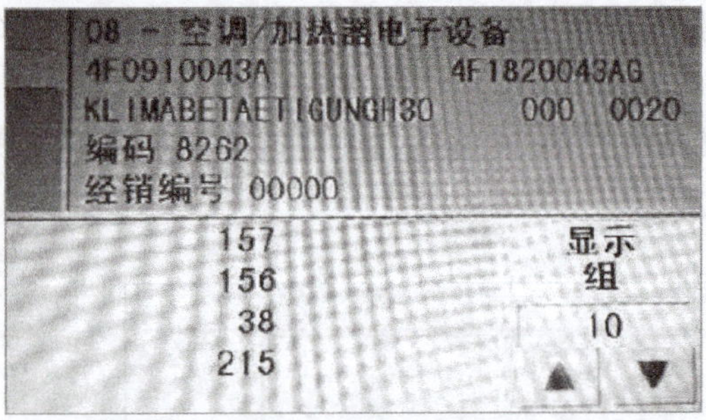

图 5-93 执行元件诊断时的显示组 10

显示组	测试状态	显示区	含义	数值
10	执行元件诊断时	1	G318 实际反馈值	157
		2	G318 规定反馈值	156
		3	G318 在下限获取的反馈值	38
		4	G318 在上限获取的反馈值	215

图 5-94 执行元件诊断时的显示组 10 各区含义

4）通过以上检测，怀疑是中央风板偶发卡滞，但是检查风板并没有卡滞。安装好 V102，首先驱动使之位于打开位置，然后打开空调，中央出风口短暂出风后又很快不出风，从数据流分析电位计 G138 实际反馈值与风板实际位置相符。

5）根据电路图（图 5-86），拔下 J255 插头，在线束侧对 B15、B16 两针施加临时电压，V102 转动正常，将电压极性倒换，V102 则反向转动，说明 V102 无异常。

6）经检测确认 V102、G138 及线路都正常，可能 J255 存在故障，需要进一步确定。仔细读取 VAS5052 上功能检查说明（图 5-95），读取显示组 16（图 5-96），显示 V102 风板位置电压信号，两种试验均为关闭位置。

7）通过上面数据分析，判断 G138 向 J255 发出了错误信号，决定拆下中央出风口检查电

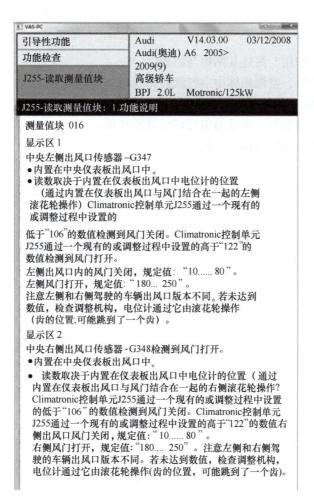

图 5-95　功能检查说明

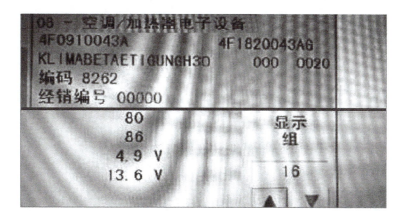

图 5-96　显示组 16

位计 G138，发现中央风板漏装了驱动轴，使 G138 不被促动。因驱动轴是中央出风口的配件，更换中央出风口，试验出风正常，故障排除。

课后测评

1. 空调箱体有何作用?简述其结构与组成。
2. 简述最大制冷时,空调箱体中空气流经路线。
3. 简述手动空调控制面板各功能键的作用。
4. 简述空调压力传感器、蒸发器温度传感器的作用。
5. 简述压缩机调节阀信号检查方法。

项目六

汽车电动车窗、电动座椅和电动后视镜检修

知识目标：
    1. 掌握电动车窗、电动座椅和电动后视镜的组成
    2. 掌握电动车窗、电动座椅和电动后视镜的结构和工作原理
技能目标：
    1. 能正确进行电动车窗、电动座椅和电动后视镜的拆装
    2. 能对电动车窗、电动座椅和电动后视镜进行检修
情感目标：
    1. 养成认真观察的能力和习惯
    2. 培养安全与环保意识

 项目描述

    汽车电动窗、电动座椅和电动后视镜操作方便，因能提高汽车驾乘的舒适性而得到了广泛应用。三者作用、结构有所不同，但作用机理相似，都是利用电机驱动相应的机械机构实现相应的功能。本项目通过对汽车电动窗、电动座椅和电动后视镜相关结构与工作原理的介绍，使学生能够完成相关的检修工作。

 知识储备

一、电动车窗

    电动车窗是指用伺服电机驱动玻璃升降的车窗，如图6-1所示，它取代了传统的转动摇柄升降玻璃，使得玻璃的升降轻便化、舒适化、自动化。

1. 电动车窗功能

    电动车窗的功能包括手动升/降、自动升/降、后窗锁止、防夹保护功能、延时操作升/降、

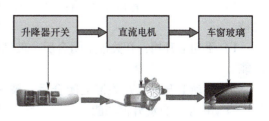

图6-1 电动车窗

门锁联动关闭。

2. 电动车窗组成

电动车窗系统由车窗、车窗玻璃升降器、电机、继电器、开关和 ECU 等装置组成,如图 6-2 所示。

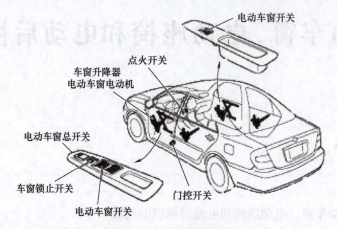

图 6-2　电动车窗组成

3. 分类

(1) 按玻璃升降器类型分类　可分为叉臂式、绳轮式和软轴式三种形式,如图 6-3 所示。

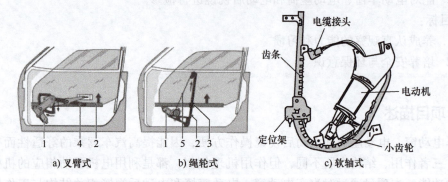

a) 叉臂式　　　　　b) 绳轮式　　　　　c) 软轴式

图 6-3　玻璃升降器

1—驱动电机　2—导轨　3—夹子　4—铰节式连杆传动机构　5—拉索

(2) 按电机的搭铁形式分类　分成直接搭铁式和控制搭铁式两种,如图 6-4 所示。

4. 电动车窗控制方式

目前,电动车窗开关主要有 5 档式和 3 档式,均能够实现自动升降和手动升降,如图 6-5 所示。

(1) 5 档开关　有以下 5 档:自动上升档、手动上升档、空档、手动下降档和自动下降档。

1) 手动上升档:开关推上闭合后,玻璃上升;松开开关,玻璃立即停止上升。手动升窗功能。

2) 自动上升档:开关推上闭合后,玻璃上升;松开开关,玻璃继续上升,直到上升到顶,自动停止。自动升窗功能。

3) 空档:原始位置,车窗不工作。

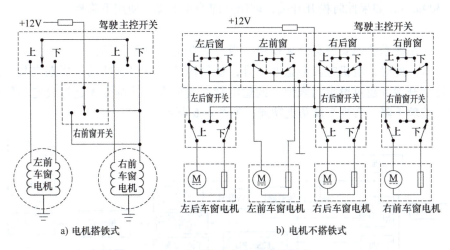

a) 电机搭铁式　　　　　　　　b) 电机不搭铁式

图 6-4　电动车窗电机的搭铁形式

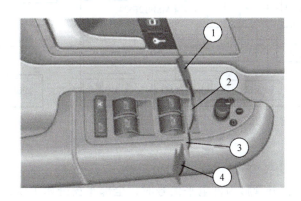

图 6-5　5 档电动车窗开关

1—自动上升档　2—手动上升档　3—手动下降档　4—自动下降档

4）自动下降档：开关按下闭合后，玻璃下降；松开开关，玻璃继续下降，直到下降到底，自动停止。自动降窗功能。

5）手动下降档：开关按下闭合后，玻璃下降；松开开关，玻璃立即停止下降。手动降窗功能。

(2) 3 档开关　有以下 3 档：升窗档、空档和降窗档。

1）手动升窗功能：开关推上闭合后，玻璃上升，当开关推上闭合时间大于某一个设定时间（比如 300ms 后），如果松开开关，玻璃立即停止上升。使用上升档。

2）自动升窗功能：开关推上闭合后，玻璃上升，当开关推上闭合时间小于某一个设定时间（比如 300ms），如果此时松开开关，玻璃继续上升，直到上升到顶，自动停止。使用上升档。

3）空档：原始位置，车窗不工作。

4）自动降窗功能：开关按下闭合后，玻璃下降，当开关按下闭合时间小于某一个设定时间（比如 300ms），如果此时松开开关，玻璃继续下降，直到下降到底，自动停止。使用下降档。

5）手动降窗功能：开关按下闭合后，玻璃下降，当开关按下闭合时间大于某一个设定时间（比如300ms），如果此时松开开关，玻璃立即停止下降。使用下降档。

5. 防夹功能

防夹功能是在系统内安装有防夹模块，当玻璃在上升过程如遇到一定阻力时，电机速度会变慢或阻转。此时，电机电流会急剧上升，霍尔传感器输出脉冲信号周期变长，如防夹模块检测电流上升斜率超过设定门限值，或输出脉冲周期宽度连续变大超过设定门限值，切换电机转向，玻璃下降，实现车窗防夹功能，如图6-6所示。

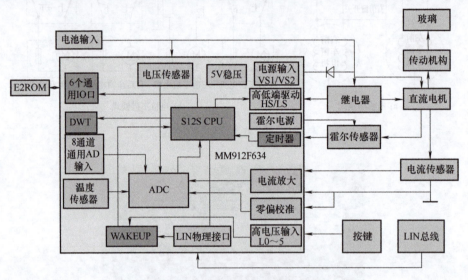

图6-6 电动车窗防夹逻辑示意图

6. 门锁联动关闭（集控提升功能）

电子控制单元集控提升管脚为低电平信号时，全部车窗开始关闭，并直到车窗完全关闭为止。集控提升信号来自中控门锁系统，在点火开关断开、中控门锁电子控制单元得到来自遥控器或门锁关闭信号的同时，中控门锁电子控制单元输出低电平信号给电动车窗控制单元集控提升管脚，控制全部车窗完全关闭。

7. 电动车窗各部件

（1）车窗开关　一般的电动车窗系统都装有两套控制开关，一套装在仪表板或驾驶侧车门扶手上，为主开关，由驾驶人控制每个车窗的升降；另一套分别装在每一个乘客门上，为分开关，可由乘客进行操纵。主开关上一般还装有断路开关，如果它断开，分开关就不起作用。主开关、分开关可各自独立地对各个车窗进行升降控制。

① 普通电动车窗的主、分开关的接线方式如图6-7所示。主开关一般有五根接线，一根接电源、两根接地、两根接分开关；如果是四根接线的，则两根接地线在开关内合成一根。开关盒内有两个开关用于控制通往分开关的，两根接线是通向接地或是通向电源的，在空位时两开关都通向接地，工作状态是将一个开关通向电源，另一个开关仍处

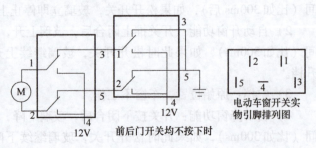

图6-7 电动车窗控制电路图及开关引脚排列图

于接地位置。分开关有五根接线,一根接电源、两根接主开关(通过主开关接地),两根接电机,在空位时两开关都通向主开关(接地),工作状态是将一个开关通向电源,另一个开关仍处于主开关(接地)位置。由微机控制的电动车窗,一般主开关采用 LIN 线控制各车的工作,接线与此不同。

② 带有车窗电控单元系统的车窗开关。该类电动车窗控制开关可分为 1 档车窗开关和 2 档车窗开关。

1 档车窗开关有 3 个连接外部的引脚,分别与 UP、DOWN 和电源(+BAT)相接,如图 6-8(上)所示。其中 UP 为上升端子,DOWN 为下降端子,+BAT 为电源正极。当开关向 UP 方向按下时,UP 端子输入为高电平,当开关脱离 UP 端子时,UP 端子变为低电平。同样,当开关向 DOWN 方向按下时,DOWN 端子输入为高电平,当开关脱离 DOWN 端子时,DOWN 端子变为低电平,如图 6-8(下)所示为 1 档开关信号图。

当开关向 UP 方向按下,$t>300\text{ms}$ 时,车窗手动上升;$t<300\text{ms}$ 时,车窗自动上升。自动上升过程中,如果按下电动车窗上升开关或下降开关,车窗将停止自动上升。

当开关向 DOWN 方向按下,$t>300\text{ms}$ 时,车窗手动下降;$t<300\text{ms}$ 时,车窗自动下降。自动下降过程中,如果按下电动车窗上升开关或下降开关,车窗将停止自动下降。

2 档开关如图 6-9 所示,无论向 UP 或 DOWN 方向,都有 2 个档位。例如,当开关向着 UP 方向按下时,首先 +BAT 接触 UP 触点,如果继续向着 UP 方向按下,则 +BAT 接触 UP 和 DOWN 这 2 个触点。

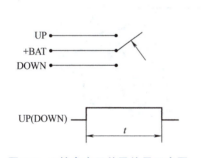

图 6-8 1 档车窗开关及信号示意图

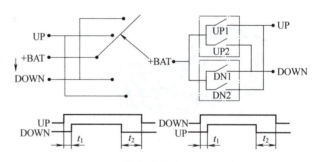

图 6-9 2 档车窗开关及信号示意图

上升:开关向着 UP 方向按下时,UP 触点首先触发为高电平,如果继续按键至第 2 档位,则 DOWN 触点也触发成高电平。这里 t_1 为 2 档触点间的机械延时,t_1 取决于开关的机械结构,通常最小为 5ms。t_2 为手松开按键,第 2 档和第 1 档之间的延时。

手动上升:如图 6-9 所示,当 UP 为高电平时,即为手动提升。当松开开关时,如果 $t_2>150\text{ms}$,则电机停止,车窗停止上升。

自动上升:将电动车窗开关按至第 2 档。则 UP 和 DOWN 都为高电平,在松开按键时,如果 $t_2<150\text{ms}$,玻璃自动上升;在自动上升过程中,如果按下电动车窗上升键或下降键,则玻璃停止上升。

下降(车窗开启):开关向着 DOWN 方向按下,DOWN 触点首先触发为高电平,如果继续按键至第 2 档位,则 UP 触点也触发成高电平,这里 t_1 为 2 档触点间的机械延时,t_1 取决于开关的机械结构,通常最少为 5ms,t_2 为松开按键,第 2 档和第 1 档之间的延时。

手动下降:当 DOWN 为高电平时,即为手动下降,当松开开关时,如果 $t_2>150\text{ms}$ 时,电机停止,车窗停止下降。

自动下降:将电动车窗开关按至第2档,则DOWN和UP都为高电平,在松开按键时,如果$t_2<150ms$,玻璃自动下降;在自动下降过程中,如果按下电动车窗上升键或下降键,则玻璃停止下降。

可见1档开关和2档开关都能实现电动车窗玻璃的升降功能,1档开关升降和停止响应时间比2档开关的长,1档开关的电机电子控制单元控制软件也较2档开关的复杂。

(2) 车窗电机 车窗一般使用双向永磁或串励直流电机,如图6-10所示。每个车窗安装有一只电机,通过开关控制其电流方向,从而实现车窗的升降。另外,为了防止电机过载,在电路或电机内装有一个或多个热敏电路开关,用来控制电流。当车窗玻璃上升到极限位置或由于结冰而使车窗玻璃不能自由移动时,即使操纵控制开关,热敏开关也会自动断路,避免电机通电时间过长而烧坏。带有防夹功能的电机一般内部有传感器感知电机的运动状态(阻转和转向)。

(3) 车窗电机传感器 车窗电机传感器有电阻型和霍尔型,电阻型串接到电机电路中,用于检测电机工作电流的变化,通过电流变化确定电机的工作状态;霍尔型安装在电机轴附近,可检测电机的转向和快慢,如图6-11所示。

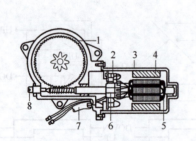

图6-10 普通车窗电机
1—涡轮 2—电刷 3—电机壳 4—磁铁
5—电枢 6—换向器 7—接线柱 8—调整螺钉

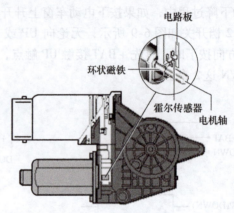

图6-11 车窗电机传感器

(4) 玻璃升降器 车窗玻璃升降器的功用是减速增扭、实现运动形式转换、传递动力。

① 绳轮式玻璃升降器。它由滑轮、钢丝绳、张力器和张力滑轮等组成,它通过驱动电机拉动钢丝绳来控制门窗玻璃的升降,可用于各种圆弧玻璃的车型中,但由于安装空间要求较大,主要用于玻璃圆弧较小的中高档轿车和高档面包车中。

② 叉臂式玻璃升降器。它主要由扇形齿板、玻璃导轨和调节器等组成,扇形齿板利用驱动电机的棘轮进行转动,使玻璃沿导轨作上下移动,主要用于玻璃圆弧较大的载货汽车、面包车及中低档轿车中。

③ 软轴式电动玻璃升降器。它可用于各种玻璃圆弧的车型中,但运行噪声较大,主要用于玻璃圆弧适中的面包车和中低档轿车中。

最常用的玻璃升降器是绳轮式和交叉臂式两种,设计中采用哪种机构是由玻璃曲率、升降空间、制造精度及成本等因素决定的。

(5) 车窗控制器 如图6-12所示,电动车窗控制器是一个智能模块,能根据开关及传感器的输入状态对车窗进行各种功能控制。电动车窗电机电流的方向或电流的停止是通过单片机的指令控制继电器的动作达到的,单片机指令是按控制开关指令或车窗玻璃防夹力的大小或者是中控门锁系统发出的自动关闭所有车窗的信号发出的。电压调节器是将汽车 12V 系统电压调节到单片机所需要的 5V 工作电压,电子控制单元与电机集成在一起,每个车窗电机带一个电子控制器,其各端子定义见表 6-1。

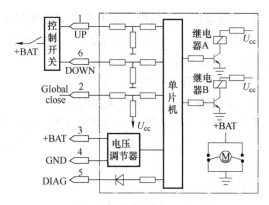

图 6-12　车窗控制器原理框图

表 6-1　电子控制单元引脚定义

引　脚	描　述	有效工作电平	有效电压范围
1	车窗上升信号	高电平触发	10~16V
2	集控上升信号	低电平触发	500mv 以下
3	电源正	—	10~16V
4	电源搭铁	—	—
5	在线诊断	—	—
6	车窗下降信号	高电平触发	10~16V

8. 电动车窗工作原理

(1) 普通车窗控制电路

1) 电路组成如图 6-13 所示。

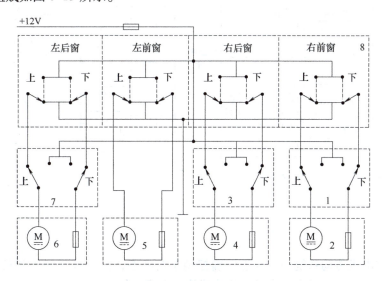

图 6-13　电动车窗控制电路

1—右前车窗开关　2—右前车窗电机　3—右后车窗开关　4—右后车窗电机　5—左前车窗电机
6—左后车窗电机　7—右前车窗开关　8—驾驶主控开关组件

2）电路原理：电动门窗上升和下降是通过控制电机正反转来实现的，若门窗上升对应电机正转，则门窗下降对应电机的反转。根据电机的理论可知，对永磁电机而言，改变电机转向的方法，就是改变电枢电流的方向。

① 驾驶主控开关控制左后车窗上升。合上主控开关 8 的左后车窗上升开关，则控制电路闭合，形成回路电流，具体电路路径为：

蓄电池正极→熔断器→主控开关 8 的左后车窗上升开关→左后车窗开关 7 "上"（原始位置）→左后车窗电机→左后车窗开关 7 "下"（原始位置）→主控开关 8 的左后车窗 "下"（原始位置）→搭铁。

② 独立操作分开关控制左后车窗下降。合上左后车窗开关 7 的下降开关，则控制电路闭合，形成回路电流，具体电路路径为：

蓄电池正极→熔断器→左后车窗开关 7 "下"→左后车窗电机→左后车窗开关 7 "上"（原始位置）→主控开关 8 的左后车窗 "上"（原始位置）→主控开关 8 的左后车窗 "下"（原始位置）→搭铁。

从左后车窗上升、下降的电路路径分析可知，两种情况下流经电机的电流方向相反。

(2) 带防夹功能的车窗控制电路

1）典型的带防夹功能车窗控制系统组成：驾驶侧车窗带防夹功能，点火开关位于 RUN 或 START 位置时，电压通过集成控制器通往电动车窗继电器线圈，电动窗继电器触点关闭，电压通往驾驶人电动车窗开关将驾驶人旁开关调向 Auto Down 位置时，电压通过驾驶人窗开关通往电动窗电机，电机运转时，控制器会从脉冲器输入信号中收到脉冲，当车窗完全降下时，电机停止，脉冲器不再发生脉冲信号，脉冲器输入端的控制器感测到之后，电压就不再送往电动车窗电机，如图 6-14 所示。

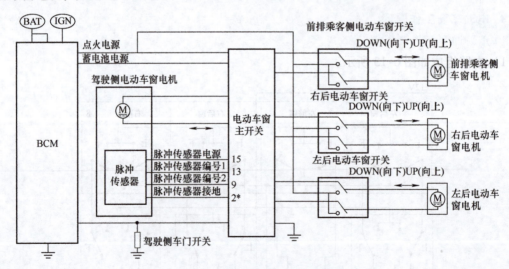

图 6-14 电动车窗控制系统原理图

2）工作原理：

在电动车窗电机传动系统中，要想精确控制车窗状态，需要玻璃位置和玻璃运动方向的信息，玻璃的位置和方向是由两个脉冲传感器信号来确定的，如图 6-15 所示。

电动车窗开关通过计算电机转轴每转一圈时，脉冲传感器 1 发出的脉冲数来检测玻璃的运动。随后，它检测脉冲传感器 2 脉冲信号的差别，来确定玻璃的运动方向。电动车窗主开

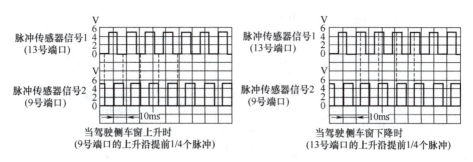

图 6-15 检测脉冲传感器 2 脉冲信号的差别来确定玻璃的位置和运动方向

关读取脉冲传感器信号 1 和 2，来确定车门玻璃的状态并执行控制操作。在通过自动控制使电动车窗上升时或者当点火开关处于 ON 之外的其他位置（当定时器接通时）时，如果夹住了一个障碍物而且一个固定载荷或更大的力作用在驾驶侧车门玻璃上，脉冲信号传感器 1 的信号改变。电动车窗开关读取该信号的变化，使电动车窗电机的向上运动停止，传送下降信号使驾驶侧车门玻璃下降固定量。电动车窗防夹功能启动时的波形信号如图 6-16 所示。

（3）由微机控制的车窗电路

1）系统组成。电动车窗系统包括以下部件：驾驶侧车窗开关、乘客侧车窗开关、左后车窗开关、右后车窗开关、各车门的车窗电机、F24UA30 熔丝、F55UA7.5 熔丝、F21UA7.5 熔丝、车身控制模块（BCM）。驾驶侧快速上升和快速下降电动车窗电机，乘客、左后和右后仅快速下降车窗电机，所有车门带仅快速下降车窗电机。

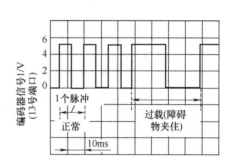

图 6-16 电动车窗防夹功能启动时的波形信号

2）工作原理：

① 驾驶侧车窗快速上升和快速下降的工作原理：

在执行快速上升功能时，驾驶侧车门包含的智能车窗电机将检测是否有电阻过大并自动反转方向以避免乘客夹在正在关闭的车窗和门框之间。通过拉起和按住车窗开关可以操控自动反向安全功能。

如图 6-17 所示，车窗电机内的逻辑电路通常等于 B+电压的上升、下降和快速信号电路。使用驾驶侧车窗开关的一个开关时，触点闭合导致相应信号电路内的电压下降。驾驶侧车窗电机将检测该电压降并指令车窗玻璃按要求的方向移动。

② 所有车门快速下降的工作原理：

对于驾驶侧、乘客侧、右后和左后车门，当它们的车窗开关按至下降位置时，蓄电池正极电压施加至各自的车窗电机控制电路，搭铁则施加至其他车窗电机控制电路使得车窗打开。单个车窗开关拉至上升位置时，相反方向的电压和搭铁提供至车窗电机，使得该车窗关闭。搭铁的返回路径通过未激活的控制电路提供，该控制电路通过车窗开关正常搭铁。

各车窗开关通过串行数据电路与车身控制模块通信。当驾驶人想要控制乘客侧、左后或右后车窗时，驾驶人将使用驾驶侧车窗开关的相应开关。使用此开关后，请求车窗电机指令的串行数据信息将发送至车身控制模块，随后车身控制模块将向相应车窗开关发送串行数据信息，指令车窗按要求的方向移动。

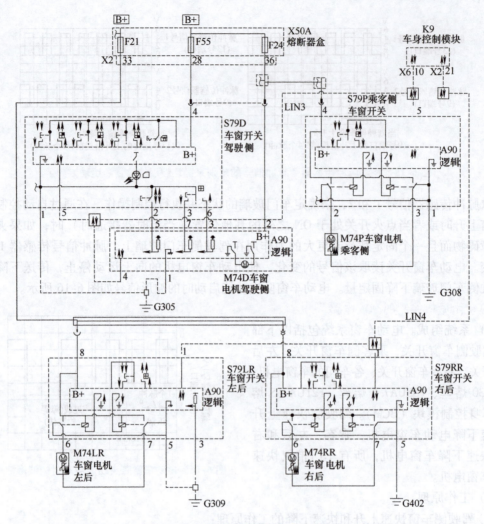

图 6-17 通用科鲁兹轿车电动车窗电路

③ 锁止开关功能：

驾驶侧电动车窗开关包含一个车窗锁止开关，当驾驶人按下车窗锁止开关时，向车身控制模块发送串行数据信息，该模块将向后窗开关发送停用指令，将开关停用。

二、电动座椅

在一些中高级轿车中，乘客的电动座椅控制系统依靠电力可以实现座椅滑行、倾斜的调整；驾驶人的电动座椅控制系统不仅可以实现座椅滑行、倾斜的调整，而且还可以实现前垂直、后垂直、头枕和腰垫位置的调整，有的还带有位置存储功能。

1. 电动座椅的类型

电动座椅的类型根据分类方式的不同，可分为以下几种：

(1) 根据使用电机的数量分类　根据使用电机的数量，电动座椅可分为单电机式、双电机式、三电机式和四电机式等。

1) 单电机式：单电机式只能对电动座椅的前后两个方向进行调整。

2) 双电机式：双电机式可以对电动座椅的四个方向进行调整，即不仅前后两个方向的位置可以移动,其高低也可以进行自动调整。

3)三电机式:三电机式可以对电动座椅的六个方向进行调整,即不仅能向前后两个方向移动,还可分别对座椅的前部和后部的高低进行调整。

4)四电机式:四电机式的调整功能除了具有以上三电机式的调整功能以外,还可对靠背的倾斜度进行调整。

电动座椅装用的电机最多可达八个,除了保证上述基本运动外,还可对头枕高度、座椅长度和扶手的位置进行调整。

(2) 根据有无加热器分类　根据有无加热器,电动座椅可分为无加热器式与有加热器式两种。有加热器式电动座椅可以在冬季寒冷的时候对座椅的坐垫进行加热,以使驾驶人或乘客乘坐更舒适。

(3) 根据有无存储功能分类　根据有无存储功能,电动座椅可分为无存储功能与有存储功能两种。有存储功能的电动座椅,可以将每次驾驶人或乘客调整电动座椅后的数据存储下来,作为以后重新调整座椅位置时的基准。

此外,在座椅中还附加了一些特种功能的装置,如在气垫座椅上使用电动气泵,对各个专用气囊(腰椎支撑气囊、侧背支撑气囊、座位前部的大腿支撑气囊)进行充气,起到调节支撑腰椎、侧背、大腿的作用。具有八种功能的电动座椅如图6-18所示,具有全方位可调节功能的电动座椅如图6-19所示。

图 6-18　具有八种功能的电动座椅
1—座椅前后调节　2—靠背倾斜调节　3—座椅上下调节
4—靠枕上下、前后调节　5—座椅前部支撑调节
6—侧背支撑调节　7—腰椎支撑气垫调节

图 6-19　具有全方位可调节功能的电动座椅
1—座椅前后移动调节　2—靠背倾斜度调节　3—靠背上部调节
4—靠枕前后调节　5—靠枕上下调节　6—侧背支撑调节
7—腰椎支撑气垫调节　8—座椅前部支撑调节　9—座椅高度调节

2. 电动座椅的组成

为了实现座椅位置的调节,普通电动座椅包括若干个双向电机、传动装置、座椅开关和控制电路(包括控制开关),如图6-20所示。

带有高级记忆功能的电动座椅还有位置传感器、电子控制器 ECU 等装置。开关和位置传感器包括座椅各位置(头枕、靠背、腰部、滑动、前垂直、后垂直)的电动开关、座椅各位置传感器、安全带扣环传感器及转向盘倾斜传感器等;ECU 包括转向柱倾斜与伸缩 ECU 和电动座椅 ECU;电机主要包括座椅调整、安全带扣环及转向盘倾斜调整的驱动电机等。

(1) 系统各部件

1) 手动调节开关。它主要是用来调整座椅的各种位置。当按下此开关后，电控单元就会控制相应电机运转，按照驾驶人的要求调整座椅的位置，如图6-21所示。

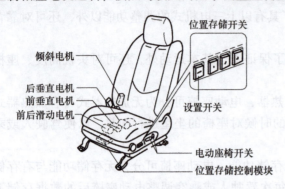

图6-20　电动座椅的组成　　　　图6-21　手动调节开关与存储和复位开关

2) 存储和复位开关。它主要是用来存储或恢复驾驶人已经调整好的座椅位置，只要按下此按钮，就能按存储的各个座椅位置的要求调整座椅的位置。

3) 位置传感器。传感器有电阻器式和霍尔式两种，位置传感器主要是用来检测座椅的各种位置，电控单元根据传感器电信号决定座椅的位置。座椅位置调定后，驾驶人按下存储和复位开关，电控单元就把这些电压信号存储起来，作为重新调整位置时的基准。

4) ECU及其控制。ECU主要用来控制靠手动调节开关的座椅调节装置，也能根据从转向柱倾斜与伸缩ECU、位置传感器等送来的信号存储座椅位置。考虑到驾驶人的不同体型和喜好的驾驶姿势，自动调节系统能在该ECU中存储两种不同的座椅位置（供选择），靠一"单独"开关的点动，ECU即可将座椅调整到驾驶人所期望的位置。

座椅进行调整时，由手动调节开关通过电控单元控制调整量，然后利用存储和复位开关控制某一位置的数据存储；座椅位置信号取自变阻器上的电压降。根据每个自由度上的电机驱动座椅，从而使变阻器滑动。根据变阻器的电压降，控制单元识别座椅的运动机构是否到达"死点"，如果到达"死点"位置时，电控单元及时切断供电电源，保护电机和座椅驱动机构。

5) 电机。电动座椅电机如图6-22和图6-23所示。电动座椅大多采用永磁直流电机驱动，并通过装在座位侧板上或门扶手上的肘节式控制开关来控制电路通断和电流方向，使某一电机按所需的方向运转，以达到调整座椅的目的。

为了防止电机过载，大多数永磁式电机内装有热过载保护断路器。有些电动座椅采用串激电机来驱动，并装有两个磁场线圈，使其可作双向运转。这种电机多使用继电器控制电流方向，当开关换向时，可听到继电器动作的"咔嗒"声。

6) 传动装置。电动座椅的传动装置主要包括变速器、联轴节、软轴及齿轮传动机构等。变速器的作用是降速增扭。电机轴分别与软轴相连，软轴再和变速器的输入轴相连，动力经过变速器的降速增扭以后，从变速器的输出轴输出，变速器的输出轴与蜗杆轴或齿轮轴相连，最终蜗轮蜗杆或齿轮齿条带动座椅支架产生位移。

(2) 电动座椅的控制电路

1) 无存储功能的电动座椅。无存储功能的电动座椅主要由座椅本体、座椅调节器开关、座椅调节器和调节器电机等组成,其控制电路如图 6-24 所示。

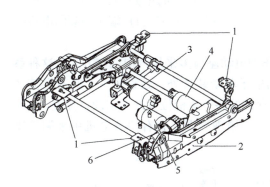

图 6-22　座椅电机与蜗杆式传动机构
1—座椅安装支座　2—水平滑道　3—前部升高电机
4—前后滑动电机　5—后部升高电机
6—蜗轮蜗杆传动机构

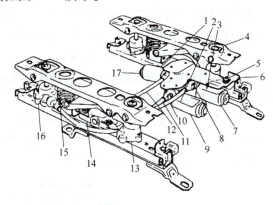

图 6-23　座椅电机与钢索传动机构
1、2、3—电机电气插接器　4—调节器　5—螺母　6—电机支架
7、9、17—电机　8—驱动钢索插接器　10—驱动钢索
11、12—钢索　13—前部垂直调节机构　14—水平调节执行器
15—垂直辅助弹簧　16—后部垂直调节机构

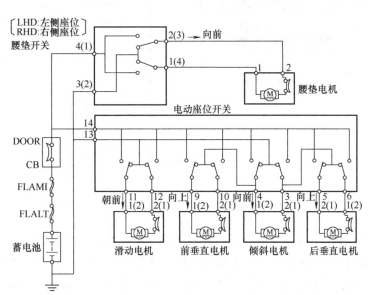

图 6-24　电动座椅控制电路（不带储存功能）

该电动座椅包括滑动电机、前垂直电机、倾斜电机、后垂直电机和腰椎电机,可以实现座椅的前后移动、前部高度调节、靠背倾斜程度调节、后部高度调节及腰椎前后调节。

电路中有五个开关,分别控制五个电机。开关有一个共同特点:均为常搭铁型结构,即电机没有动作时,电机两端通过开关搭铁;当开关打向其一侧时,动作侧开关接通电源。每个电机中均设有断路器,当座椅位置调整到极限时,流过电机的电流增加,断路器断开,切断电机电流,保护电机不被烧损;松开调整开关,冷却后,断路器又重新复位。下面以座椅靠背的倾斜调节为例,介绍电路的控制过程。

当电动座椅的开关处于倾斜位置时,如果要调整靠背向前倾斜,则闭合倾斜电机的前进方向开关,即端子4置于左位时,电路为:蓄电池正极→FLALT→FLAM1→DOOR CB→端子14→(倾斜开关"前")→端子4→1（2）端子→倾斜电机→2（1）端子→端子3→端子13→搭

181

铁。此时，座椅靠背前移。

当端子3置于右位时，倾斜电机反转，座椅靠背后移。此时的电路为：蓄电池正极→FLALT→FLAM1→DOOR CB→端子14→（倾斜开关"后"）→端子3→2（1）端子→倾斜电机→1（2）端子→端子4→端子13→搭铁。

2）有存储功能的自动电动座椅。现代高级轿车的电动座椅多采用六向调整方式，这种系统除配有改变座椅的前后、高低、靠背斜度位置的电子驱动装置外，还设了一个具有存储功能的电子控制装置，该装置只要一按按钮，就能按存储的各个座椅位置的要求调整位置。

图6-25所示是一种典型的电子控制可调座椅结构原理框图，它有四个电机用来调整座椅，还有一个单独的存储器存储四个座椅的位置。

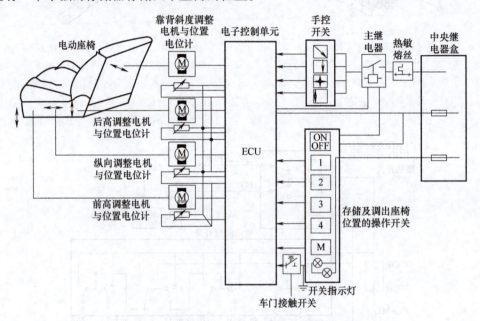

图6-25　典型的电子控制可调座椅结构原理框图

① 自动座椅的基本组成。自动座椅的基本结构及驱动方式与普通电动座椅相似，不同之处是附加了一套电子控制系统。电子控制系统有两套控制装置，一套是主动的，它包括电动座椅开关、腰垫开关、腰垫电机以及一组座椅位置调整电机等，根据需要通过相应的座椅开关和腰垫开关来调整，此套控制方式与普通电动座椅完全相同；另一套是自动的，它包括一组位置传感器、储存和复位开关、ECU及与手动系统共用的一组座椅位置调整电机。

此套装置可以根据位置传感器的信号将座椅位置存储起来，以备下次恢复座椅位置时使用。两套装置驾驶人可以根据不同需要，通过操纵存储与复位开关选择使用。

② 自动座椅的基本工作原理。自动座椅的控制电路如图6-26所示，其动作方式有座椅前后滑动调节、座椅前部的上下调节、座椅后部的上下调节、靠背的倾斜调节、头枕的上下调节及腰垫的前后调节等。其中腰垫的前后调节是通过腰垫开关和腰垫电机直接控制的，并无存储功能。驾驶人通过操纵电动座椅开关可以控制其余的五种调整。当座椅位置调好后，按下储存和复位开关，电控装置就把各位置传感器的信号储存起来，以备下次恢复座椅位置时再用。当下次使用时，只要一按位置储存和复位开关，座位ECU便驱动座椅电机，将座椅调整到原来位置。控制系统中各装置的功能见表6-2。

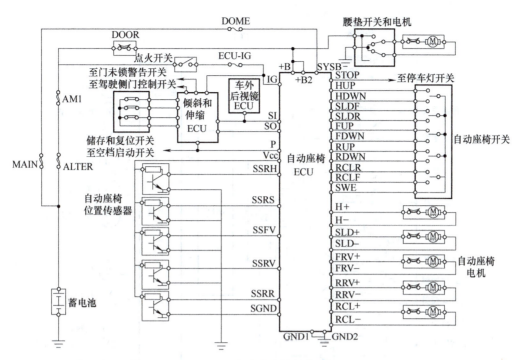

图 6-26 自动座椅控制电路图

表 6-2 自动座椅控制装置及功能

装置名称	功能
ECU	座椅 ECU 控制自动座椅的电流通断、存储执行和复位动作。当收到来自自动座椅开关的输入信号后，在 ECU 内部的继电器动作，控制自动座椅运动。座椅的存储和复位由倾斜和伸缩 ECU 和座椅 ECU 之间的相互联系进行控制
自动座椅开关	该开关接通时向 ECU 输入滑动、前垂直、后垂直、倾斜或头枕位置信号
位置存储和复位开关	通过倾斜和伸缩 ECU 将存储和复位信号输送给座椅 ECU
腰垫开关	该开关接收来自 DOOR CB 的电源。直接控制腰垫电机的转向和电流的接通与关断。该开关不接至 ECU，而且调整位置不能存储在复位用的存储器中
位置传感器	该传感器将每个电机（滑动、前垂直、后垂直、倾斜和头枕）位置信号送至 ECU，用做存储和复位
电机	这些电机由来自自动座椅 ECU 或腰垫开关的电流驱动，用来直接驱动座椅的各部分。每个电机具有内设电路断路器

　　自动座椅电子控制系统电路原理图如图 6-27 所示，它由座椅位置传感器、电子控制器 ECU 和执行机构的驱动电机三大部分组成。传感器包括位置传感器、后视镜位置传感器、安全带扣环传感器以及转向盘倾斜传感器等；ECU 包括输入接口、微机 CPU 和输出处理电路等；执行机构主要包括执行座椅调整、后视镜调整、安全带扣环以及转向盘倾斜调整等微电机，而且这些电机均可灵活地进行正、反转，以执行各种装置的调整功能。另外，该系统还备有手动开关，当手动操作此开关时，各驱动电机电路也可接通，输出转矩而进行各种调整。

　　③ 自动座椅的位置存储与恢复

　　要实现座椅位置的存储与恢复，则必须有座椅位置传感器，它主要有两种形式，一种是滑动电位器式，如图 6-28 所示；另一种是霍尔式，如图 6-29 所示。滑动电位器式位置传感器

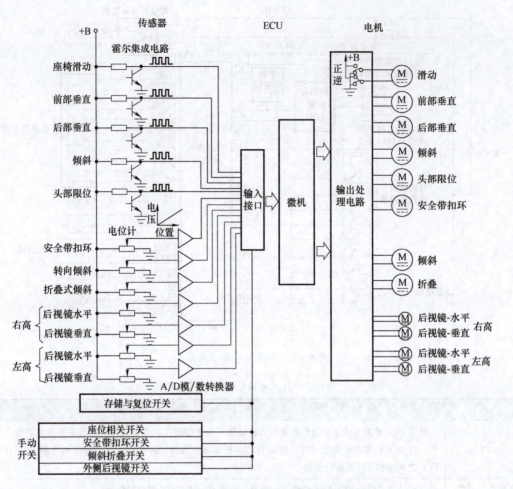

图 6-27 自动座椅电子控制系统电路原理图

主要由座椅电机驱动的齿轮、电阻丝以及在其上滑动的滑块组成。它的工作原理是,当电机驱动座椅的同时,也驱动齿轮2带动螺杆,驱动滑块1在电阻丝3上滑动,从而将座椅位置信号转变成电压信号输入给ECU。

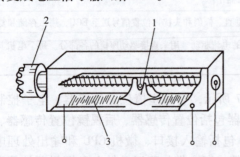

图 6-28 滑动电位器式自动座椅位置传感器的结构图
1—滑块 2—齿轮（电机驱动） 3—电阻丝

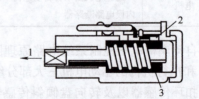

图 6-29 霍尔式自动座椅位置传感器的结构图
1—电机输出轴 2—霍尔集成电路 3—磁铁

霍尔式位置传感器主要由永久磁铁、霍尔集成电路等组成。永久磁铁安装在由电机驱动的转轴上,由于转轴的旋转而引起通过霍尔元件磁通量的变化,从而霍尔元件产生霍尔电压,再经霍尔集成电路进行放大并处理,然后取出旋转的脉冲信号输入ECU。

自动座椅位置存储与复位的简单工作原理：图 6-30 所示为自动座椅位置的存储与复位控制流程图。当座椅滑板的滑动量约为 240mm，位置传感器的霍尔集成电路对应于约 0.6mm 滑动量时，输出 1 个脉冲。利用存储与复位开关进行存储操作，若座椅位置调整好后，按下此开关，ECU 内存的脉冲计数器便调置为零，以此存储座椅状态，并作为座椅和传感器位置信号计数的基准，即座椅位置在此前，脉冲数大于 0，在此后，脉冲数小于 0。随后若未采用复位功能自动调节，而是从手动开关输入，电机正转或反转，座椅在此基准位置上向前或向后移动，ECU 对位置传感器输出的脉冲进行计数。对于输出脉冲，当给电机提供正转信号时脉冲加法计数，座椅前移；而反转时脉冲做减法计数，座椅后移。这样，就可以获知当前传感器滑动的位置和调置时座椅的相对位置，但只要不按下存储与复位开关，ECU 便将此位置脉冲数进行存储（若按下，调置为零。若下次仍是手动开关输入，ECU 便将内存的脉冲数进行加减计数运算，随后存储一个新的脉冲数作为当前内存）。

利用存储器与复位开关进行重复操作时，若 ECU 内存的脉冲数大于 0，则当前位置位于存储位置的前侧，所以电机反转，座椅向后方移动，这一动作一直持续到 ECU 计数脉冲数为零时，即一直到达存储位置为止；若 ECU 内存的脉冲数小于 0，则座椅向前侧移动，直到 ECU 计数脉冲数为零，到达存储位置为止。

位置传感器采用电位计方式时，输出模拟电压，利用模/数转换器，进行数据变换处理。利用电位计可以检测实际移动的位置，所以，该计数器的比较电路与前述不同，但其控制流程相同。

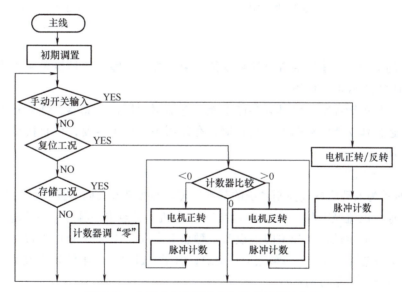

图 6-30　自动座椅位置存储与复位控制流程图

三、电动后视镜

1. 电动后视镜的功能

电动后视镜具有存储、加热除霜、自动折叠、刮水洗涤、测距测速等功能。

2. 电动后视镜的类型

（1）按安装位置分类　电动后视镜分为内后视镜、外后视镜和下视镜三种。

（2）按后视镜的镜面形状分类　电动后视镜分为平面镜、球面镜以及曲率镜三种。

（3）按反射膜材料分类　电动后视镜分为铝镜、铬镜、银镜以及蓝镜四种。

（4）按调节方式分类　电动后视镜分为手动调节式（钢丝索传动调节或手柄调节）和电动调节式两种。电动调节式后视镜是目前中、高档轿车普遍采用的标准装备。

3. 电动后视镜的组成

电动后视镜主要由永磁电机、传动机构和控制开关等组成。每个后视镜都有两套驱动装置，由电动后视镜开关进行操纵，其中一个电机和传动机构用于后视镜水平方向的转动，另一个电机和传动机构则用于后视镜垂直方向的转动。

后视镜的结构和典型开关分别如图 6-31a 和 b 所示，它主要以枢轴为中心，由使后视镜能上下、左右方向灵活变换位置的两个独立的微电机、永久磁铁和霍尔集成电路等构成。根据霍尔集成电路产生的信号电压，可对后视镜的所在位置进行检测。

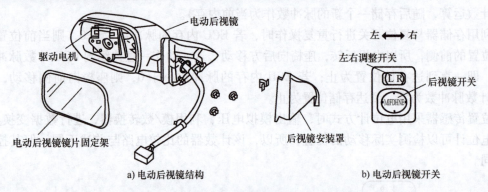

图 6-31　电动后视镜的结构和控制开关示意图

有的汽车的电动后视镜还带有可伸缩功能，由后视镜伸缩开关控制电机工作，驱动伸缩传动装置带动后视镜收回和伸出。

有的汽车的后视镜控制电路具有存储功能，它由驱动位置存储器、恢复开关和位置传感器等组成。上述操作功能的数据可自动存储在存储器中，如果需要，可直接将存储器中存储的数据调出使用。

4. 电动后视镜的工作原理

图 6-32 所示为电动后视镜控制系统的基本原理。当控制开关向下扳时，触点 B 与触点 D、C 及 E 分别相通，电流经电源→触点 E→触点 C→电机→触点 B→触点 D→接地，电机即转动使后视镜作垂直方向运动；当开关向上扳时，触点 B 与 E、C 与 D 分别接触，电流经电源→触点 E→触点 B→电机→触点 C→触点 D→接地，由于流过电机的电流发生改变，因此电机反方向转动，后视镜作水平方向运动。

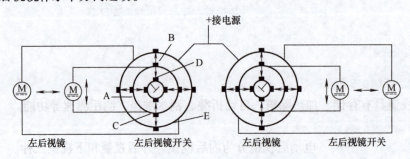

图 6-32　电动后视镜控制系统的基本原理图

一、准备工作

1）带有电动窗、电动座椅及电动后视镜的车辆一台，要求其性能良好；
2）检测工具：万用表、解码器、试灯及带熔断器的跨接线等；
3）常用拆装工具：套筒扳手、呆扳手、饰板撬板及螺钉旋具等；
4）准备维修手册、作业工单。

二、任务实施

1. 电动车窗系统检修

（1）电动车窗故障诊断 电动车窗常见故障、故障原因及诊断思路见表6-3。

表6-3 电动车窗常见故障、故障原因及诊断思路

常见故障	故障原因	诊断思路
某个车窗只能向一个方向运动	分开关故障或分开关至主开关可能出现断路	检查分开关导通情况及分开关至主开关控制导线导通情况
某个车窗两个方向都不能运动	传动机构卡住、车窗电机损坏、分开关至电机断路	检查传动机构是否卡住；测试电机工作情况，包括断路、短路及搭铁情况检查；检查分开关至电机电路导通情况
所有车窗均不能升降或偶尔不能升降	熔断丝被烧断搭铁不实	检查熔丝、清洁、紧固搭铁
两个后车窗分开关不起作用	总开关出现故障	检查总开关导通情况

（2）线路及部件检测

1）线路检测。线路检测内容主要有导通性、断路及短路检测，检查方法对于电源电路的导通性及可能与电源电路短路的线路的检查可用带电电压法检查；线路短路、接地、断路及导通性都可采用断开线路各端的电器连接，用万用表检查被检线路的阻值，根据阻值的结果来判断。

> 注意：断开用电器连线时一定先断开系统的电源！

2）车窗开关检测。
① 普通触点式开关检查：
a. 电动车窗总开关的检修。从驾驶侧装饰板上拆下电动车窗主控开关，查找维修手册主控开关插接器的端子图。
用万用表的欧姆档检查总开关在车窗处于上升、下降和关闭状态时各个端子的导通情况。若测得结果与手册不相符，说明车窗主开关损坏，要进行更换。
b. 电动车窗闭锁开关检查。按车窗控制开关中的"LOCK"和"UNLOCK"开关，当开关位于LOCK位置时，端子之间断路；当开关位于UNLOCK位置时，端子之间导通。
② 集成有电子电路的开关检查。该类型开关不可拆开，故障可能是开关触点，也可能是

电子电路，只能对其功能进行检查：将该开关的电源按电路图接好，操作开关用万用表直流电压档检查相应的输出端电压，可判断开关是否有故障。

3）电机检测。车窗电机检查的基本思路：把蓄电池的正、负极分别接在车窗电机的两个端子上并互换一次，电机应能正转、反转，且转速平稳。否则，说明电机有故障，应进行更换。

注意：在进行车窗电机的测试时，若电机停止转动，要立刻断开端子引线，否则会烧坏电机。

4）传感器检测。霍尔式传感器的检查方法：按动车窗开关使电机运转，用示波器读取霍尔传感器信号线的输出波形，根据波形状态判断传感器是否有故障。

注意：传感器故障可造成车窗自动和防夹功能失效。

5）控制器检测。汽车的电控单元一般很少出现故障。如果怀疑其有故障，通常采用测量其线束插接器相关端子间的电压或电阻，再与标准值进行比较的方法来进行确认。其值应符合标准值，否则应进一步检查电路。但测量之前，应首先检查电控单元外观有无明显的损坏，外围元件是否脱焊或变质。若一切完好，可对电控单元ECU进行检测。

(3) 电动车窗与天窗需要进行初始化的情况　在断开再连接蓄电池后，电动车窗升降器的自动上升、自动下降和防夹功能将会失灵，这可能会造成严重的挤伤。因此，必须重新设定车窗升降器，即对电动车窗进行初始化。车窗自动升降和防夹功能在重设车窗记忆（初始化）后才可被恢复。

如果进行了以下任何操作，则需要进行车窗系统初始化。
1）电动车窗开关或电机的电力供应由于熔丝烧断或者断开蓄电池而中断；
2）拆卸和安装了车窗的机械和电气部件；
3）车窗工作异常。

车窗需要进行初始化才能恢复自动升降和防夹功能。需要注意的是，车窗初始化期间并无防夹功能。因此，进行初始化时应小心操作，不要夹伤身体部位。

(4) 滑动天窗初始化
1）打开点火开关。
2）确保滑动天窗完全关闭，滑动天窗调节开关必须处于"滑动天窗已关闭"的位置。
3）图6-33所示为奥迪Q5天窗调节开关，将滑动天窗调节开关1往下按，并在整个初始化（约20s）过程中固定在该位置（即保持按下）。
4）在标准化时，玻璃盖首先关闭，接着向后移动约200mm。
5）玻璃盖再次闭合后，初始化程序结束，松开滑动天窗调节开关。

2. 电动座椅检修

(1) 电动座椅故障诊断　通过操作判断故障产生的可能原因：
1）如果一个座椅调节器比另一个座椅调节器先到达最大水平位置或最大垂直位置，则可能为两座椅调节器不

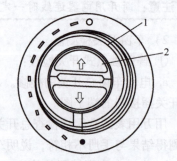

图6-33　奥迪Q5天窗调节开关及遮阳板开关

同相，应对其进行适当的调整。

2）如果电动座椅不能水平或垂直移动，或水平和垂直两个方向均不能移动，则可能为座椅调节器电机损坏，或控制电路有故障。

3）如果电动座椅垂直移动迟缓或卡滞，则可能为垂直执行器与齿条之间配合不良或污垢过多，也可能为顶板总成有松动现象。

4）如果一个座椅调节器不能垂直移动，则可能为垂直驱动钢丝脱开或折断，也可能是垂直执行器未工作所致。

5）如果电动座椅水平移动迟缓或卡滞，则可能为水平执行器与齿条间配合不良或污垢过多，也可能是顶板总成有松动现象。

6）如果一个座椅调节器不能水平移动，则可能为水平驱动钢丝脱开或折断，也可能是水平执行器未工作。

7）如果电动座椅水平移动不平稳，则可能为水平执行器工作不良。

(2) **电动座椅的调整方法**　电动座椅的调整主要是对其水平行程或垂直行程的调整，以使两座椅调节器同相。

1）垂直行程的调整。先垂直移动座椅，当一个座椅调节器在其前后垂直行程极限上均到达最靠上的位置时，从该座椅调节器上脱开其前后垂直驱动钢丝。

然后又垂直移动座椅，直到另一个座椅调节器也到达最靠上的位置后，再接上脱开的前后垂直驱动钢丝，并使两座椅调节器同相即可。

2）水平行程的调整。先水平移动座椅，当一个座椅调节器在其水平行程极限上到达最靠前的位置时，从该座椅调节器上脱开水平驱动钢丝。

然后水平移动座椅，直到另一个座椅调节器也到达最靠前的位置后，再接上脱开的水平驱动钢丝，并使两座椅调节器同相即可。

(3) **主要部件检修**

1）电机的检测。对电动座椅调节电机的检测应先将其从座椅上拆下来才能进行，其检测方法如下：

① 当将电动座椅调节电机处于某一种调节状态时，检测各端子与电源之间的连接情况，应符合要求。

分别用导线将电机插接器的相应两个端子与蓄电池的正、负极相连接，检查电机工作情况。必须注意的是，当电机通电后不转，或有异常响声，均应立即停止检测。

② 如检测到某个调节电机不运转或运转不平稳，则拔下该电机上的两芯插接器，直接将蓄电池正、负极用导线与该电机连接，进行通电检测。如此时电机运转无问题，则为调节电机两芯插座之间的导线可能有断路、接地或接触不良现象。

③ 如单独对电机通电后，仍不运转或运转不正常，说明该电机有故障，则应更换新件。

2）调节开关的检测。对电机调节开关的检测，也应将其从驾驶人座椅处拆下。

① 利用维修手册上的电动座椅连通性图表，来检测开关的连通性。

② 如果开关损坏，则应更换同型号的电动座椅开关。

3）位置传感器的检测。检查方法同车窗传感器的检查方法。

4）ECU的检测。方法同车窗电机检查。

3. 电动后视镜检修

可参考电动车窗、电动座椅的检修。

课后测评

1. 电动车窗的功能有哪些？电动车窗由哪些部件组成？
2. 简述 1 档车窗开关和 2 档车窗开关的结构与原理。
3. 简述带防夹功能的车窗控制电路的组成及原理。
4. 电动座椅的组成有哪些？简述无存储功能的电动座椅系统的工作原理。
5. 简述自动座椅系统各装置的作用。
6. 电动窗系统常见故障现象及原因有哪些？
7. 简述电动天窗初始化的方法。
8. 简述电动座椅的调整方法。

参 考 文 献

[1] 赵宇. 汽车安全与舒适系统检修 [M]. 北京：人民邮电出版社，2013.
[2] 王征. 汽车舒适与安全系统检修 [M]. 北京：机械工业出版社，2015.

汽车安全与舒适系统检修
工作页

班级_____

姓名_____

学号_____

机械工业出版社

目 录

工作页一　　中控门锁的故障诊断 …………………………………………… 1
工作页二　　中控门锁系统各部件的检修 …………………………………… 3
工作页三　　大众第四代防盗系统的在线匹配 ……………………………… 5
工作页四　　迈腾轿车第四代防盗系统的故障检修 ………………………… 7
工作页五　　ABS 系统的故障诊断与检查 …………………………………… 9
工作页六　　ABS 制动压力调节器的更换 …………………………………… 11
工作页七　　ASR 系统的诊断 ………………………………………………… 13
工作页八　　ESP 系统传感器的校正 ………………………………………… 15
工作页九　　ACC 系统的校正 ………………………………………………… 17
工作页十　　ACC 传感器及控制单元的拆装 ………………………………… 19
工作页十一　　SRS 系统的故障诊断 ………………………………………… 21
工作页十二　　驾驶人前安全气囊及复位弹簧的拆装 ……………………… 23
工作页十三　　空调制冷系统的基本检查 …………………………………… 25
工作页十四　　膨胀阀、孔管及储液干燥器的检修 ………………………… 27
工作页十五　　蒸发器、冷凝器的拆装 ……………………………………… 29
工作页十六　　压缩机的拆装 ………………………………………………… 31
工作页十七　　空调系统制冷剂的回收、加注 ……………………………… 33
工作页十八　　空调制冷系统的性能检验 …………………………………… 36
工作页十九　　空调系统送风单元的拆装 …………………………………… 38
工作页二十　　空调电控系统的故障诊断 …………………………………… 40
工作页二十一　　空调电控系统的检修 ……………………………………… 42
工作页二十二　　电动车窗系统的检修 ……………………………………… 44
工作页二十三　　电动座椅的检修 …………………………………………… 46
工作页二十四　　电动后视镜的检修 ………………………………………… 48

工作页一 中控门锁的故障诊断

任 务 名 称		中控门锁的故障诊断	
班级		姓名	
地点		日期	
第___小组成员			

一、收集信息

[引导问题]

1. 汽车门锁系统的分类_____。
2. 机械式门锁锁体的组成_____。
3. 线控式门锁锁体的组成_____。
4. 电动式门锁体的组成_____。
5. 车门锁的基本功能_____
_____。
6. 汽车中控门锁的功能_____
_____。
7. 汽车中控门锁的常见故障现象有_____
_____。

[查阅资料]

1. 汽车故障诊断仪的类型有_____。
2. V. A. G1551 诊断仪的使用方法_____。

二、计划组织

小组组别	
设备工具	V. A. G1551 诊断仪_____
组织安排	一组五人：A. 练习 V. A. G1551 诊断仪的使用；B. 练习门锁遥控器的使用；C. 练习门锁开关的使用；D. 协调与记录。各任务间轮换角色
准备工作	检查安全环保措施、熟悉布置工作场景

三、任务实施

作业内容	质量要求	完成情况	
练习 V.A.G1551 诊断仪的使用		□完成	□未完成
练习门锁遥控器的使用		□完成	□未完成
练习门锁开关的使用		□完成	□未完成
诊断仪读取中控门锁故障码及数据流		□完成	□未完成

四、评价反思

在教师的指导下,反思自己的工作方式和工作质量。

评价表

项目	评价指标	自评		互评	
专业技能	汽车故障诊断仪的使用	□合格	□不合格	□合格	□不合格
	按照质量要求完成作业内容	□合格	□不合格	□合格	□不合格
	完整填写工作页	□合格	□不合格	□合格	□不合格
工作态度	着装规范,符合职业要求	□合格	□不合格	□合格	□不合格
	正确查阅维修资料和学习材料	□合格	□不合格	□合格	□不合格
	分工明确,配合默契	□合格	□不合格	□合格	□不合格
个人反思		完成任务的安全、质量、时间和6S要求,是否达到最佳程度,请提出个人改进建议			
教师评价	教师签字 年 月 日	成绩			
		□合格	□不合格		

工作页二　中控门锁系统各部件的检修

任务名称	中控门锁系统各部件的检修		
班级		姓名	
地点		日期	
第___小组成员			

一、收集信息

[引导问题]

1. 汽车普通中控门锁的元件有_____。
2. 汽车普通中控门锁的元件安装位置_____。
3. 普通中控门锁控制器的类型有_____。
4. 遥控式中控门锁系统包括_____。
5. 无钥匙进入系统包括_____。
6. 无钥匙进入门锁系统相关元件的安装位置_____。
7. 简述锁体的拆装步骤_____
_____
_____。

[查阅资料]

1. 被检车辆中控门锁的功能及控制方法。
2. 企业 6S 管理的内容是什么？

二、计划组织

小组组别	
设备工具	轿车、
组织安排	一组四人：A. 门锁资料查寻；B. 在车上查找门锁各部件位置；C. 使用万用表对门锁电路进行检测；D. 协调与记录。各任务间轮换角色
准备工作	检查安全环保措施、熟悉布置工作场景

三、任务实施

作业内容	质量要求	完成情况	
门锁资料查寻		□完成	□未完成
在车上查找门锁各部件位置		□完成	□未完成

(续)

作业内容	质量要求	完成情况
使用万用表对门锁电路进行检测		□完成　□未完成
锁体功能测试		□完成　□未完成
锁体的拆装		□完成　□未完成

四、评价反思

在教师的指导下,反思自己的工作方式和工作质量。

评 价 表

项　目	评价指标	自　评	互　评
专业技能	中控门锁系统检修	□合格　□不合格	□合格　□不合格
	按照质量要求完成作业内容	□合格　□不合格	□合格　□不合格
	完整填写工作页	□合格　□不合格	□合格　□不合格
工作态度	着装规范,符合职业要求	□合格　□不合格	□合格　□不合格
	正确查阅维修资料和学习材料	□合格　□不合格	□合格　□不合格
	分工明确,配合默契	□合格　□不合格	□合格　□不合格
个人反思		完成任务的安全、质量、时间和6S要求,是否达到最佳程度,请提出个人改进建议	
教师评价	教师签字　　年　月　日	成绩 □合格　□不合格	

工作页三 大众第四代防盗系统的在线匹配

任 务 名 称	大众第四代防盗系统的在线匹配		
班级		姓名	
地点		日期	
第___小组成员			

一、收集信息

［引导问题］
1. 按防盗装置结构分类，汽车防盗系统可分为_____。
2. 大众汽车防盗器安装位置有_____。
3. 大众第四代防盗止动器工作原理包括三个过程，即_____
_____。

［查阅资料］
1. 汽车防盗系统各组成部件的功能。
2. V.A.G1551 诊断仪在线匹配方法及要求。

二、计划组织

小组组别	
设备工具	汽车、_____
组织安排	一组三人：A. 防盗资料查寻；B. V.A.G1551 诊断仪在线匹配；C. 协调与记录。各任务间轮换角色
准备工作	检查安全环保措施、熟悉布置工作场景

三、任务实施

作业内容	质量要求	完成情况	
防盗控制器匹配		□完成	□未完成
钥匙匹配		□完成	□未完成
遥控器匹配		□完成	□未完成
更改控制单元编码		□完成	□未完成

四、评价反思

在教师的指导下，反思自己的工作方式和工作质量。

评 价 表

项 目	评价指标	自 评		互 评	
专业技能	大众第四代防盗系统的在线匹配	□合格	□不合格	□合格	□不合格
	按照质量要求完成作业内容	□合格	□不合格	□合格	□不合格
	完整填写工作页	□合格	□不合格	□合格	□不合格
工作态度	着装规范，符合职业要求	□合格	□不合格	□合格	□不合格
	正确查阅维修资料和学习材料	□合格	□不合格	□合格	□不合格
	分工明确，配合默契	□合格	□不合格	□合格	□不合格
个人反思		完成任务的安全、质量、时间和6S要求，是否达到最佳程度，请提出个人改进建议			
教师评价	教师签字 年 月 日	成绩			
		□合格		□不合格	

工作页四　迈腾轿车第四代防盗系统的故障检修

任 务 名 称	迈腾轿车第四代防盗系统的故障检修		
班级		姓名	
地点		日期	
第___小组成员			

一、收集信息

[引导问题]

1. 迈腾轿车第四代防盗系统主要部件有_____。
2. 迈腾轿车第四代防盗系统解锁过程中信号的走向_____
_____。
3. 迈腾轿车第四代防盗系统锁止过程中信号的走向_____
_____。

[查阅资料]

迈腾轿车第四代防盗系统维修手册及电路图。

二、计划组织

小组组别	
设备工具	汽车、_____
组织安排	一组三人：A. 转向柱控制单元、转向柱锁止控制单元拆装；B. 舒适系统控制单元；C. 万用表电路的检测；D. 协调与记录。各任务间轮换角色
准备工作	检查安全环保措施、熟悉布置工作场景

三、任务实施

作业内容	质量要求	完成情况	
转向柱锁止控制单元拆装		□完成	□未完成
转向柱控制单元		□完成	□未完成

（续）

作业内容	质量要求	完成情况
舒适系统控制单元		□完成　□未完成
万用表电路的检测		□完成　□未完成

四、评价反思

在教师的指导下，反思自己的工作方式和工作质量。

评 价 表

项　目	评价指标	自　评	互　评
专业技能	迈腾轿车第四代防盗系统的故障检修	□合格　□不合格	□合格　□不合格
	按照质量要求完成作业内容	□合格　□不合格	□合格　□不合格
	完整填写工作页	□合格　□不合格	□合格　□不合格
工作态度	着装规范，符合职业要求	□合格　□不合格	□合格　□不合格
	正确查阅维修资料和学习材料	□合格　□不合格	□合格　□不合格
	分工明确，配合默契	□合格　□不合格	□合格　□不合格
个人反思		完成任务的安全、质量、时间和6S要求，是否达到最佳程度，请提出个人改进建议	
教师评价	教师签字　　年　月　日	成绩	
		□合格　□不合格	

工作页五　ABS 系统的故障诊断与检查

任 务 名 称	ABS 系统的故障诊断与检查		
班级		姓名	
地点		日期	
第___小组成员			

一、收集信息

[引导问题]

1. 地面作用于车轮的制动力_____。
2. 地面制动力、制动器制动力和附着力的关系应是_____。
3. 滑移率_____，最佳滑移率为_____。
4. ABS 系统包括_____。
5. ABS 电子控制系统包括_____。
6. 无源（电磁感应式）车轮转速传感器空气间隙为_____。
7. 有源车轮转速传感器（磁敏式或霍尔式）空气间隙为_____。
8. ABS 故障警告灯指示系统正常的状态应是_____
_____
_____。

[查阅资料]

1. 检修车型 ABS 检修注意事项。
2. 被检车型 ABS 电路图。

二、计划组织

小组组别	
设备工具	轿车、_____
组织安排	一组四人：A. 查阅维修手册；B. 故障诊断仪检查 ABS 系统故障码、数据流；C. 使用万用表对 ABS 系统电路进行检测；D. 观察及记录。各任务间轮换角色
准备工作	检查安全环保措施、熟悉布置工作场景

三、任务实施

作业内容	质量要求	完成情况	
查阅维修手册		□完成	□未完成
检查 ABS 指示灯		□完成	□未完成
诊断仪检查 ABS 系统故障码、数据流		□完成	□未完成
使用万用表对 ABS 系统电路进行检测		□完成	□未完成
轮速传感器的模拟测试与拆装		□完成	□未完成

四、评价反思

在教师的指导下,反思自己的工作方式和工作质量。

评价表

项目	评价指标	自评		互评	
专业技能	ABS 系统的故障诊断与检查	□合格	□不合格	□合格	□不合格
	按照质量要求完成作业内容	□合格	□不合格	□合格	□不合格
	完整填写工作页	□合格	□不合格	□合格	□不合格
工作态度	着装规范,符合职业要求	□合格	□不合格	□合格	□不合格
	正确查阅维修资料和学习材料	□合格	□不合格	□合格	□不合格
	分工明确,配合默契	□合格	□不合格	□合格	□不合格
个人反思		完成任务的安全、质量、时间和 6S 要求,是否达到最佳程度,请提出个人改进建议			
教师评价	教师签字　年　月　日	成绩 □合格　□不合格			

工作页六　ABS 制动压力调节器的更换

任 务 名 称	ABS 制动压力调节器的更换		
班级		姓名	
地点		日期	
第___小组成员			

一、收集信息

[引导问题]

1. ABS 压力调节器的类型主要有_____。
2. ABS 液压系统的组成有_____。
3. ABS 液压系统的结构形式有_____。
4. ABS 电磁阀的类型主要有_____。
5. ABS 电磁阀用于_____。
6. ABS 液压泵的类型有_____。
7. ABS 储液器的类型有_____。
8. 典型的 ABS 制动回路有_____。

[查阅资料]

被检车型 ABS 维修手册。

二、计划组织

小组组别	
设备工具	轿车、_____
组织安排	一组四人：A. 查阅维修资料；B. 制动液的检查与排放；C. ABS 制动压力调节器的更换；D. 观察及记录。各任务间轮换角色
准备工作	检查安全环保措施、熟悉布置工作场景

三、任务实施

作业内容	质量要求	完成情况
查阅维修资料		□完成　□未完成
制动液的检查与排放		□完成　□未完成
ABS制动压力调节器的更换		□完成　□未完成
制动液的加注与排气		□完成　□未完成

四、评价反思

在教师的指导下,反思自己的工作方式和工作质量。

<table>
<tr><td colspan="5" align="center">评价表</td></tr>
<tr><td>项　目</td><td>评价指标</td colspan="2"><td colspan="2">自　评</td><td colspan="2">互　评</td></tr>
<tr><td rowspan="3">专业技能</td><td>ABS制动压力调节器的更换</td><td colspan="2">□合格　□不合格</td><td colspan="2">□合格　□不合格</td></tr>
<tr><td>按照质量要求完成作业内容</td><td colspan="2">□合格　□不合格</td><td colspan="2">□合格　□不合格</td></tr>
<tr><td>完整填写工作页</td><td colspan="2">□合格　□不合格</td><td colspan="2">□合格　□不合格</td></tr>
<tr><td rowspan="3">工作态度</td><td>着装规范,符合职业要求</td><td colspan="2">□合格　□不合格</td><td colspan="2">□合格　□不合格</td></tr>
<tr><td>正确查阅维修资料和学习材料</td><td colspan="2">□合格　□不合格</td><td colspan="2">□合格　□不合格</td></tr>
<tr><td>分工明确,配合默契</td><td colspan="2">□合格　□不合格</td><td colspan="2">□合格　□不合格</td></tr>
<tr><td>个人反思</td><td colspan="2"></td><td colspan="2">完成任务的安全、质量、时间和6S要求,是否达到最佳程度,请提出个人改进建议</td></tr>
<tr><td>教师评价</td><td colspan="2">教师签字
年　月　日</td><td colspan="2">成绩
□合格　□不合格</td></tr>
</table>

工作页七　ASR 系统的诊断

任 务 名 称	ASR 系统的诊断		
班级		姓名	
地点		日期	
第＿＿小组成员			

一、收集信息

[引导问题]

1. 驱动滑转形成的原因是＿＿＿＿＿＿＿＿＿＿＿＿＿＿＿＿＿＿＿＿＿＿＿＿＿。
2. 控制汽油发动机的驱动力矩的方式有＿＿＿＿＿＿＿＿＿＿＿＿＿＿＿＿＿＿＿。
3. 控制汽车驱动轮驱动力最有效的方法是＿＿＿＿＿＿＿＿＿＿＿＿＿＿＿＿＿＿＿。
4. ASR 的驱动轮的控制方式有＿＿＿＿＿＿＿＿＿＿＿＿＿＿＿＿＿＿＿＿＿＿＿。
5. ASR 系统包括＿＿＿＿＿＿＿＿＿＿＿＿＿＿＿＿＿＿＿＿＿＿＿＿＿＿＿＿＿＿。
6. 液压控制包括＿＿＿＿＿＿＿＿＿＿＿＿＿＿＿＿＿＿＿＿＿＿＿＿＿＿＿＿＿＿。

[查阅资料]

被检车型 ASR 维修手册。

二、计划组织

小组组别	
设备工具	汽车、＿＿＿＿＿＿＿＿＿＿＿＿＿＿＿＿＿＿＿＿＿＿＿＿＿＿＿＿＿＿＿＿
组织安排	一组四人：A. 查阅维修资料；B. 故障诊断仪检查 ASR 系统故障码、数据流；C. 使用万用表对 ASR 系统电路进行检测；D. 观察及记录。各任务间轮换角色
准备工作	检查安全环保措施、熟悉布置工作场景

三、任务实施

作业内容	质量要求	完成情况	
查阅维修资料		□完成	□未完成
ASR 指示灯的检查		□完成	□未完成
故障诊断仪检查 ASR 系统故障码、数据流		□完成	□未完成

（续）

作业内容	质量要求	完成情况
使用万用表对ASR系统电路进行检测		□完成　□未完成
电磁阀密封性诊断		□完成　□未完成
ASR各电气部件拆装		□完成　□未完成

四、评价反思

在教师的指导下，反思自己的工作方式和工作质量。

评 价 表

项　目	评价指标	自　评	互　评
专业技能	ASR系统的诊断	□合格　□不合格	□合格　□不合格
专业技能	按照质量要求完成作业内容	□合格　□不合格	□合格　□不合格
专业技能	完整填写工作页	□合格　□不合格	□合格　□不合格
工作态度	着装规范，符合职业要求	□合格　□不合格	□合格　□不合格
工作态度	正确查阅维修资料和学习材料	□合格　□不合格	□合格　□不合格
工作态度	分工明确，配合默契	□合格　□不合格	□合格　□不合格
个人反思		完成任务的安全、质量、时间和6S要求，是否达到最佳程度，请提出个人改进建议	
教师评价	教师签字　　年　月　日	成绩　　□合格　□不合格	

工作页八　ESP 系统传感器的校正

任 务 名 称		ESP 系统传感器的校正	
班级		姓名	
地点		日期	
第＿＿小组成员			

一、收集信息

[引导问题]

1. ESP 系统的作用_____。
2. 转向不足时 ESP 系统制动的车轮是_____。
3. 转向过度时 ESP 系统制动的车轮是_____。
4. 转动率传感器的作用是_____。
5. 转向盘转角传感器的作用是_____。
6. 霍尔加速度传感器的作用是_____。
7. ESP 系统全主动控制过程是_____
_____。
8. 画出 BOSTH ESP 系统液压油路图。

[查阅资料]

被检车型 ESP 系统维修手册。

二、计划组织

小组组别	
设备工具	有ESP系统的轿车、_____ _____
组织安排	一组四人：A 查阅维修资料；B. 故障诊断仪检查ESP系统故障码、数据流；C. 主要部件的校准；D. 观察及记录。各任务间轮换角色
准备工作	检查安全环保措施、熟悉布置工作场景

三、任务实施

作业内容	质量要求	完成情况	
查阅维修资料		□完成	□未完成
检查ESP指示灯		□完成	□未完成
故障诊断仪检查ESP系统故障码、数据流		□完成	□未完成
转向盘转角传感器零点平衡校准		□完成	□未完成
侧向加速度传感器零点平衡校准		□完成	□未完成
制动压力传感器零点平衡校准		□完成	□未完成

四、评价反思

在教师的指导下，反思自己的工作方式和工作质量。

评价表

项　目	评价指标	自　评		互　评	
专业技能	ESP系统传感器的校正	□合格	□不合格	□合格	□不合格
	按照质量要求完成作业内容	□合格	□不合格	□合格	□不合格
	完整填写工作页	□合格	□不合格	□合格	□不合格
工作态度	着装规范，符合职业要求	□合格	□不合格	□合格	□不合格
	正确查阅维修资料和学习材料	□合格	□不合格	□合格	□不合格
	分工明确，配合默契	□合格	□不合格	□合格	□不合格
个人反思		完成任务的安全、质量、时间和6S要求，是否达到最佳程度，请提出个人改进建议			
教师评价	教师签字 年　月　日	成绩			
		□合格　　□不合格			

工作页九　ACC 系统的校正

任 务 名 称		ACC 系统的校正	
班级		姓名	
地点		日期	
第___小组成员			

一、收集信息

[引导问题]

1. 自适应巡航控制系统的基本功能是_____。
2. ACC 系统通过多普勒效应原理算出_____。
3. ACC 系统的主要部件有：_____。
4. 操纵和显示元器件的功能有：_____
_____。

[查阅资料]

检修 ACC 系统维修手册。

二、计划组织

小组组别	
设备工具	有 ACC 系统的轿车、_____
组织安排	一组四人：A. 查阅维修资料；B. 使用故障诊断仪检查 ACC 系统故障码、数据流；C. 车辆四轮定位校正；D. ACC 系统校正；E. 观察及记录。各任务间轮换角色
准备工作	检查安全环保措施、熟悉布置工作场景

三、任务实施

作业内容	质量要求	完成情况
查阅维修资料		□完成　　□未完成
使用故障诊断仪检查 ACC 系统故障码、数据流		□完成　　□未完成

（续）

作业内容	质量要求	完成情况
车辆四轮定位的校正		□完成　□未完成
ACC 系统的校正		□完成　□未完成

四、评价反思

在教师的指导下，反思自己的工作方式和工作质量。

<table>
<tr><td colspan="5" align="center">评 价 表</td></tr>
<tr><td>项　　目</td><td>评价指标</td><td>自　评</td><td colspan="2">互　评</td></tr>
<tr><td rowspan="3">专业技能</td><td>ACC 系统的校正</td><td>□合格　□不合格</td><td colspan="2">□合格　□不合格</td></tr>
<tr><td>按照质量要求完成作业内容</td><td>□合格　□不合格</td><td colspan="2">□合格　□不合格</td></tr>
<tr><td>完整填写工作页</td><td>□合格　□不合格</td><td colspan="2">□合格　□不合格</td></tr>
<tr><td rowspan="3">工作态度</td><td>着装规范，符合职业要求</td><td>□合格　□不合格</td><td colspan="2">□合格　□不合格</td></tr>
<tr><td>正确查阅维修资料和学习材料</td><td>□合格　□不合格</td><td colspan="2">□合格　□不合格</td></tr>
<tr><td>分工明确，配合默契</td><td>□合格　□不合格</td><td colspan="2">□合格　□不合格</td></tr>
<tr><td>个人反思</td><td></td><td colspan="3">完成任务的安全、质量、时间和 6S 要求，是否达到最佳程度，请提出个人改进建议</td></tr>
<tr><td>教师评价</td><td colspan="2" align="center">教师签字
年　月　日</td><td colspan="2">成绩
□合格　□不合格</td></tr>
</table>

工作页十　ACC 传感器及控制单元的拆装

任 务 名 称	ACC 传感器及控制单元的拆装		
班级		姓名	
地点		日期	
第___小组成员			

一、收集信息
[引导问题]
1. 车距感应器和控制器的基本组成有_____
   _____。
2. 车距感应器和控制器的调整装置有_____
   _____。

[查阅资料]
检修 ACC 系统维修手册。

二、计划组织

小组组别	
设备工具	有 ACC 系统的汽车、_____
组织安排	一组四人：A. 查阅维修资料；B. ACC 传感器及控制单元的拆装；C. ACC 操纵和显示单元的拆装；D. 观察及记录。各任务间轮换角色
准备工作	检查安全环保措施、熟悉布置工作场景

三、任务实施

作 业 内 容	质 量 要 求	完 成 情 况	
查阅维修资料		□完成	□未完成
ACC 传感器及控制单元的拆装		□完成	□未完成
ACC 操纵和显示单元的拆装		□完成	□未完成

四、评价反思
在教师的指导下，反思自己的工作方式和工作质量。

评 价 表

项　　目	评 价 指 标	自　　评		互　　评	
专业技能	ACC 传感器及控制单元的拆装	□合格	□不合格	□合格	□不合格
	按照质量要求完成作业内容	□合格	□不合格	□合格	□不合格
	完整填写工作页	□合格	□不合格	□合格	□不合格
工作态度	着装规范，符合职业要求	□合格	□不合格	□合格	□不合格
	正确查阅维修资料和学习材料	□合格	□不合格	□合格	□不合格
	分工明确，配合默契	□合格	□不合格	□合格	□不合格
个人反思		完成任务的安全、质量、时间和6S要求，是否达到最佳程度，请提出个人改进建议			
教师评价	教师签字 年　月　日	成绩			
		□合格　　□不合格			

工作页十一　SRS 系统的故障诊断

任 务 名 称	SRS 系统的故障诊断		
班级		姓名	
地点		日期	
第___小组成员			

一、收集信息

[引导问题]

1. 安全气囊系统的作用是：_____
_____
_____。
2. 安全气囊系统的组成有：_____。
3. 外部加速度传感器的安装位置有：_____。
4. 安全带收紧器的类型有：_____。
5. SRS 系统工作原理：_____
_____
_____

[查阅资料]

查阅车辆的 SRS 维修手册，维修注意事项。

二、计划组织

小组组别	
设备工具	轿车、_____ _____
组织安排	一组四人：A. 查阅维修资料；B. 使用故障诊断仪检查 SRS 系统故障码、数据流；C. 使用万用表对 SRS 系统电路进行检测；D. 观察及记录。各任务间轮换角色
准备工作	检查安全环保措施、熟悉布置工作场景

三、任务实施

作业内容	质量要求	完成情况	
查阅维修资料		□完成	□未完成
检查 SRS 指示灯		□完成	□未完成
使用故障诊断仪检查 SRS 系统故障码、数据流		□完成	□未完成
使用万用表对 SRS 系统电路进行检测		□完成	□未完成

四、评价反思

在教师的指导下,反思自己的工作方式和工作质量。

评 价 表

项目	评价指标	自 评		互 评	
专业技能	SRS 系统的故障诊断	□合格	□不合格	□合格	□不合格
	按照质量要求完成作业内容	□合格	□不合格	□合格	□不合格
	完整填写工作页	□合格	□不合格	□合格	□不合格
工作态度	着装规范,符合职业要求	□合格	□不合格	□合格	□不合格
	正确查阅维修资料和学习材料	□合格	□不合格	□合格	□不合格
	分工明确,配合默契	□合格	□不合格	□合格	□不合格
个人反思		完成任务的安全、质量、时间和 6S 要求,是否达到最佳程度,请提出个人改进建议			
教师评价	教师签字　年　月　日	成绩			
		□合格　□不合格			

工作页十二　驾驶人前安全气囊及复位弹簧的拆装

任 务 名 称		驾驶人前安全气囊及复位弹簧的拆装	
班级		姓名	
地点		日期	
第___小组成员			

一、收集信息

[引导问题]

1. 气囊组件组成有＿＿＿＿＿＿＿＿＿＿＿＿＿＿＿＿＿＿＿＿＿＿＿＿＿＿＿＿＿。
2. 充气器包含有＿＿＿＿＿＿＿＿＿＿＿＿＿＿＿＿＿＿＿＿＿＿＿＿＿＿＿＿＿＿。
3. 气囊按布置位置分为＿＿＿＿＿＿＿＿＿＿＿＿＿＿＿＿＿＿＿＿＿＿＿＿＿＿。
4. 时钟弹簧安装在＿＿＿＿＿＿＿＿＿＿＿＿＿＿＿＿＿＿＿＿＿＿＿＿＿＿＿。
5. 安全气囊系统插接器颜色是＿＿＿＿＿＿＿＿＿＿＿＿＿＿＿＿，插接器内有＿＿＿＿＿＿＿＿＿＿＿＿＿＿＿＿＿＿。

[查阅资料]

1. 气囊组件拆装注意事项。

2. 气囊组件及复位弹簧拆装方法。

二、计划组织

小组组别	
设备工具	整车、＿＿＿＿＿＿＿＿＿＿＿＿＿＿＿＿＿＿＿＿＿＿＿＿＿＿＿＿＿＿＿＿＿＿＿＿
组织安排	一组二人：A. 查阅维修资料；B. 气囊组件的拆装；C. 复位弹簧的拆装；D. 观察及记录。各任务间轮换角色
准备工作	检查安全环保措施、熟悉布置工作场景

三、任务实施

作业内容	质量要求	完成情况
查阅维修资料		□完成　□未完成
气囊组件的拆装		□完成　□未完成
复位弹簧的拆装		□完成　□未完成
安全带张紧器的拆装		□完成　□未完成

四、评价反思

在教师的指导下，反思自己的工作方式和工作质量。

评　价　表				
项　目	评价指标	自　评		互　评	
专业技能	驾驶人前安全气囊及复位弹簧的拆装	□合格	□不合格	□合格	□不合格
专业技能	按照质量要求完成作业内容	□合格	□不合格	□合格	□不合格
专业技能	完整填写工作页	□合格	□不合格	□合格	□不合格
工作态度	着装规范，符合职业要求	□合格	□不合格	□合格	□不合格
工作态度	正确查阅维修资料和学习材料	□合格	□不合格	□合格	□不合格
工作态度	分工明确，配合默契	□合格	□不合格	□合格	□不合格
个人反思		完成任务的安全、质量、时间和6S要求，是否达到最佳程度，请提出个人改进建议			
教师评价	教师签字　　年　月　日	成绩			
教师评价	教师签字　　年　月　日	□合格　　□不合格			

工作页十三　空调制冷系统的基本检查

任 务 名 称	空调制冷系统的基本检查		
班级		姓名	
地点		日期	
第___小组成员			

一、收集信息

[引导问题]

1. 空气调节（即空调）任务是_____。
2. 汽车空调装置制冷剂是_____。
3. 汽车空调制冷系统的组成有_____。
4. 空调制冷系统的冷冻机油是_____。
5. 空调制冷系统各部件冷冻机油的比例是_____。
6. 制冷循环过程包括_____。

[查阅资料]

查阅车辆空调系统维修手册。

二、计划组织

小组组别	
设备工具	轿车、空调压力表、制冷剂鉴别仪、电子检漏仪_____
组织安排	一组四人：A. 制冷系统外观的检查；B. 通过观察窗检查制冷剂状态；C. 制冷系统压力的检查；D. 观察及记录。各任务间轮换角色
准备工作	检查安全环保措施、熟悉布置工作场景

三、任务实施

作业内容	质量要求	完成情况	
制冷系统外观的检查		□完成	□未完成
通过观察窗检查制冷剂状态		□完成	□未完成

（续）

作业内容	质量要求	完成情况
制冷系统压力的检查		□完成　□未完成
制冷剂成分的检查		□完成　□未完成
制冷系统泄漏的检查		□完成　□未完成

四、评价反思

在教师的指导下，反思自己的工作方式和工作质量。

评 价 表

项目	评价指标	自评	互评
专业技能	空调制冷系统的基本检查	□合格　□不合格	□合格　□不合格
	按照质量要求完成作业内容	□合格　□不合格	□合格　□不合格
	完整填写工作页	□合格　□不合格	□合格　□不合格
工作态度	着装规范，符合职业要求	□合格　□不合格	□合格　□不合格
	正确查阅维修资料和学习材料	□合格　□不合格	□合格　□不合格
	分工明确，配合默契	□合格　□不合格	□合格　□不合格
个人反思		完成任务的安全、质量、时间和6S要求，是否达到最佳程度，请提出个人改进建议	
教师评价	教师签字　　年　月　日	成绩　□合格　□不合格	

工作页十四　膨胀阀、孔管及储液干燥器的检修

任 务 名 称		膨胀阀、孔管及储液干燥器的检修	
班级		姓名	
地点		日期	
第＿＿小组成员			

一、收集信息
[引导问题]

1. 膨胀阀的制冷剂回路检测条件的压力是＿＿＿＿＿＿＿＿＿，节流阀的制冷剂循环管路检测条件的压力是＿＿＿＿＿＿＿＿＿。

2. 膨胀阀的作用是＿＿＿＿＿＿＿＿＿＿＿＿＿＿＿＿＿＿＿＿＿＿＿＿＿＿＿＿。

3. 膨胀阀的种类＿＿＿＿＿＿＿＿＿＿＿＿＿＿＿＿＿＿＿＿＿＿＿＿＿＿＿＿＿。

4. 膨胀节流管尺寸有＿＿＿＿＿＿＿＿＿＿＿＿＿＿＿＿＿＿＿＿＿＿＿＿＿＿。

5. 储液干燥器用于＿＿＿＿＿＿＿＿＿＿＿＿＿＿＿＿＿＿＿＿＿＿＿＿系统。

6. 集液器用于＿＿＿＿＿＿＿＿＿＿＿＿＿＿＿＿＿＿＿＿＿＿＿＿＿＿＿系统。

[查阅资料]

查阅车辆空调系统维修手册。

二、计划组织

小组组别	
设备工具	循环球式转向器、＿＿＿＿＿＿＿＿＿＿＿＿＿＿＿＿＿＿＿＿＿＿＿＿
组织安排	一组四人：A. 膨胀阀、膨胀节流管的拆装；B. 膨胀阀的检查；C. 储液干燥器、集液器的拆装；D. 观察及记录。各任务间轮换角色
准备工作	检查安全环保措施、熟悉布置工作场景

三、任务实施

作 业 内 容	质 量 要 求	完 成 情 况	
手摸膨胀阀、膨胀节流管前后感觉是否有温差		□完成	□未完成
手摸储液干燥器、集液器处感觉是否有温差		□完成	□未完成

(续)

作业内容	质量要求	完成情况
膨胀阀、膨胀节流管的拆装		□完成　□未完成
膨胀阀的检查		□完成　□未完成
储液干燥器、集液器的拆装		□完成　□未完成

四、评价反思

在教师的指导下，反思自己的工作方式和工作质量。

评 价 表

项　目	评价指标	自　评	互　评
专业技能	膨胀阀、孔管及储液干燥器的检修	□合格　□不合格	□合格　□不合格
	按照质量要求完成作业内容	□合格　□不合格	□合格　□不合格
	完整填写工作页	□合格　□不合格	□合格　□不合格
工作态度	着装规范，符合职业要求	□合格　□不合格	□合格　□不合格
	正确查阅维修资料和学习材料	□合格　□不合格	□合格　□不合格
	分工明确，配合默契	□合格　□不合格	□合格　□不合格
个人反思		完成任务的安全、质量、时间和6S要求，是否达到最佳程度，请提出个人改进建议	
教师评价	教师签字　　年　月　日	成绩 □合格　□不合格	

工作页十五　蒸发器、冷凝器的拆装

任 务 名 称	蒸发器、冷凝器的拆装		
班级		姓名	
地点		日期	
第___小组成员			

一、收集信息

[引导问题]

1. 冷凝器的结构组成有＿＿＿＿＿＿＿＿＿＿＿＿＿＿＿＿＿＿＿＿＿＿＿＿＿＿＿。
2. 冷凝器的工作原理是＿＿＿＿＿＿＿＿＿＿＿＿＿＿＿＿＿＿＿＿＿＿＿＿＿＿＿
＿＿＿＿＿＿＿＿＿＿＿＿＿＿＿＿＿＿＿＿＿＿＿＿＿＿＿＿＿＿＿＿＿＿＿＿＿＿。
3. 蒸发器的作用是＿＿＿＿＿＿＿＿＿＿＿＿＿＿＿＿＿＿＿＿＿＿＿＿＿＿＿＿＿。

[查阅资料]

查阅车辆空调系统维修手册。

二、计划组织

小组组别	
设备工具	轿车＿＿＿＿＿＿＿＿＿＿＿＿＿＿＿＿＿＿＿＿＿＿＿＿＿＿＿＿＿＿＿＿
组织安排	一组四人：A. 冷凝器的拆装；B. 蒸发器的拆装；C. 观察及记录。各任务间轮换角色
准备工作	检查安全环保措施、熟悉布置工作场景

三、任务实施

作 业 内 容	质 量 要 求	完 成 情 况	
冷凝器的拆装		□完成	□未完成
冷凝器的清洗		□完成	□未完成
蒸发器的拆装		□完成	□未完成
蒸发器的清洗		□完成	□未完成

四、评价反思

在教师的指导下,反思自己的工作方式和工作质量。

<table>
<tr><td colspan="5" align="center">评 价 表</td></tr>
<tr><td align="center">项　　目</td><td align="center">评 价 指 标</td><td colspan="2" align="center">自　评</td><td colspan="2" align="center">互　评</td></tr>
<tr><td rowspan="3">专业技能</td><td>蒸发器、冷凝器的拆装</td><td>□合格</td><td>□不合格</td><td>□合格</td><td>□不合格</td></tr>
<tr><td>按照质量要求完成作业内容</td><td>□合格</td><td>□不合格</td><td>□合格</td><td>□不合格</td></tr>
<tr><td>完整填写工作页</td><td>□合格</td><td>□不合格</td><td>□合格</td><td>□不合格</td></tr>
<tr><td rowspan="3">工作态度</td><td>着装规范,符合职业要求</td><td>□合格</td><td>□不合格</td><td>□合格</td><td>□不合格</td></tr>
<tr><td>正确查阅维修资料和学习材料</td><td>□合格</td><td>□不合格</td><td>□合格</td><td>□不合格</td></tr>
<tr><td>分工明确,配合默契</td><td>□合格</td><td>□不合格</td><td>□合格</td><td>□不合格</td></tr>
<tr><td>个人反思</td><td colspan="5">完成任务的安全、质量、时间和6S要求,是否达到最佳程度,请提出个人改进建议</td></tr>
<tr><td>教师评价</td><td colspan="2" align="center">教师签字
年　月　日</td><td colspan="3" align="center">成绩
□合格　　□不合格</td></tr>
</table>

工作页十六　压缩机的拆装

任 务 名 称		压缩机的拆装	
班级		姓名	
地点		日期	
第___小组成员			

一、收集信息

[引导问题]

1. 压缩机的作用是_____。
2. 根据工作原理的不同，空调压缩机可以分为_____。
3. 控制定排量压缩机工作的部件是_____。
4. 控制变排量压缩机工作的部件是_____。
5. 变排量压缩机改变排量的方法是_____。
6. 变排量的调节方式有_____。
7. 电磁离合器的组成有_____。

[查阅资料]

查阅车辆空调系统维修手册。

二、计划组织

小组组别	
设备工具	轿车、_____
组织安排	一组四人：A. 制冷剂的回收；B. 压缩机的拆装；C. 电磁离合器的拆装；D. 观察及记录。各任务间轮换角色
准备工作	检查安全环保措施、熟悉布置工作场景

三、任务实施

作业内容	质量要求	完成情况	
制冷剂的回收		□完成	□未完成
压缩机的拆装		□完成	□未完成
电磁离合器的拆装		□完成	□未完成

四、评价反思

在教师的指导下,反思自己的工作方式和工作质量。

评 价 表

项目	评价指标	自 评		互 评	
专业技能	压缩机的拆装	□合格	□不合格	□合格	□不合格
	按照质量要求完成作业内容	□合格	□不合格	□合格	□不合格
	完整填写工作页	□合格	□不合格	□合格	□不合格
工作态度	着装规范,符合职业要求	□合格	□不合格	□合格	□不合格
	正确查阅维修资料和学习材料	□合格	□不合格	□合格	□不合格
	分工明确,配合默契	□合格	□不合格	□合格	□不合格
个人反思		完成任务的安全、质量、时间和6S要求,是否达到最佳程度,请提出个人改进建议			
教师评价	教师签字 年 月 日	成绩			
		□合格 □不合格			

工作页十七　空调系统制冷剂的回收、加注

任 务 名 称		空调系统制冷剂的回收、加注	
班级		姓名	
地点		日期	
第___小组成员			

一、收集信息

[引导问题]

1. 制冷系统低压管路识别_____。
2. 制冷系统高压管路识别_____。
3. 制冷剂加入制冷系统中是从_____
_____。
4. 为了去除制冷系统中的水分和空气需要_____。
5. 检查制冷系统密封性的方法是_____。

[查阅资料]

1. 制冷剂回收加注机使用说明。

2. 汽车空调制冷剂回收、净化、加注工艺规范 JT/T 774—2010。

3. 汽车空调制冷剂回收、净化、加注作业工单。

汽车型号		工位编号	
发动机型号		VIN 编号	
一、作业前准备			

序号	项目	作业记录	序号	项目	作业记录
1	汽车停放和三角块放置状况		3	仪器、设备、工量具数量	
2	座套、转向盘套、换档手柄套、脚垫、翼子板护围安装状况		4	各线束连接状况	

33

（续）

序号	项目	作业记录	序号	项目	作业记录
5	发动机机油液位		7	蓄电池电压	
6	冷却液液位		8	空调传动带松紧度	

二、汽车空调制冷剂的回收、加注

序号	项目	作业记录
1	制冷剂纯度检测	海拔高度设定：
		纯度检测结果：
		检测结果判断：
2	制冷剂泄漏检查	检漏方法：
		泄漏部位：
3	回收管路连接	管路连接结果：
4	制冷剂回收	制冷剂回收结果：
5	制冷剂净化	制冷剂净化结果：
6	初抽真空	抽真空时间设定：
		抽真空结果：
7	保压	保压后真空度：
		结果判断：
8	注油	排出油量：
		注油瓶的油量：
		设定注油量：
		实际注油量：
9	抽真空	抽空时间设定：
		抽真空结果：
10	定量加注制冷剂	加注量设定：
		加注结果：
11	管路回收	管路回收结果：

二、计划组织

小组组别	
设备工具	轿车、空调制冷剂回收加注机、_____
组织安排	一组三人：A. 查阅资料；B. 空调制冷剂回收加注；C. 观察及记录。各任务间轮换角色
准备工作	检查安全环保措施、熟悉布置工作场景

三、任务实施

作业内容	质量要求	完成情况	
查阅资料		□完成	□未完成
空调制冷剂回收加注流程操作		□完成	□未完成
观察及记录		□完成	□未完成

四、评价反思

在教师的指导下，反思自己的工作方式和工作质量。

评 价 表

项 目	评价指标	自 评		互 评	
专业技能	空调系统制冷剂回收、加注作业流程	□合格	□不合格	□合格	□不合格
	按照质量要求完成作业内容	□合格	□不合格	□合格	□不合格
	完整填写工作页	□合格	□不合格	□合格	□不合格
工作态度	着装规范，符合职业要求	□合格	□不合格	□合格	□不合格
	正确查阅维修资料和学习材料	□合格	□不合格	□合格	□不合格
	分工明确，配合默契	□合格	□不合格	□合格	□不合格
个人反思		完成任务的安全、质量、时间和6S要求，是否达到最佳程度，请提出个人改进建议			
教师评价	教师签字　年　月　日	成绩			
		□合格		□不合格	

工作页十八　空调制冷系统的性能检验

任务名称	空调制冷系统的性能检验		
班级		姓名	
地点		日期	
第___小组成员			

一、收集信息

[引导问题]

1. R134a 空调制冷系统的过热温度为 _____。
2. 空调制冷系统的过冷温度为 _____。

[查阅资料]

1. 查阅空调诊断仪的使用说明。

2. 空调制冷系统性能检验作业单。

空调性能检验	空调系统类型设置：
	汽车空调诊断仪诊断结果：
	高压侧压力：
	低压侧压力：
	环境温度：　　　　　　　　环境湿度：
	空调出风口温度：　　　　　空调出风口湿度：
	根据吸气压力与周围环境温度图表进行标注
	根据送风温度与周围环境温度图表进行标注

二、计划组织

小组组别	
设备工具	轿车、空调诊断仪、干湿计、_____
组织安排	一组 3 人：A. 起动并控制发动机转速；B. 安放检测设备并检测；C. 观察及记录。各任务间轮换角色
准备工作	检查安全环保措施、熟悉布置工作场景

三、任务实施

作业内容	质量要求	完成情况
安装空调诊断仪至制冷系统上		□完成　□未完成
将车放于阴凉处起动发动机运转10min		□完成　□未完成
降车窗、正面出风口全开、送风量最大		□完成　□未完成
使发动机保持1800～2000r/min		□完成　□未完成
将温度计置于出风口前50mm处		□完成　□未完成
操作诊断仪检测并记录结果		□完成　□未完成

四、评价反思

在教师的指导下,反思自己的工作方式和工作质量。

评 价 表

项目	评价指标	自评	互评
专业技能	空调制冷系统的性能检验	□合格　□不合格	□合格　□不合格
	按照质量要求完成作业内容	□合格　□不合格	□合格　□不合格
	完整填写工作页	□合格　□不合格	□合格　□不合格
工作态度	着装规范,符合职业要求	□合格　□不合格	□合格　□不合格
	正确查阅维修资料和学习材料	□合格　□不合格	□合格　□不合格
	分工明确,配合默契	□合格　□不合格	□合格　□不合格
个人反思		完成任务的安全、质量、时间和6S要求,是否达到最佳程度,请提出个人改进建议	
教师评价	教师签字　　年　月　日	成绩	
		□合格　□不合格	

工作页十九　空调系统送风单元的拆装

任 务 名 称	空调系统送风单元的拆装		
班级		姓名	
地点		日期	
第___小组成员			

一、收集信息
[引导问题]
1. 汽车空调箱体与管路内主要组成有＿＿＿＿＿＿＿＿＿＿＿＿＿＿＿＿＿＿。
2. 箱体管道系统由三段组成，即：＿＿＿＿＿＿＿＿＿＿＿＿＿＿＿＿＿＿＿。
3. 送风单元风门的类型主要有＿＿＿＿＿＿＿＿＿＿＿＿＿＿＿＿＿＿＿＿＿。

[查阅资料]
查阅车辆空调系统维修手册。

二、计划组织

小组组别	
设备工具	轿车、＿＿＿＿＿＿＿＿＿＿＿＿＿＿＿＿＿＿＿＿＿＿＿＿＿＿＿＿＿＿＿＿＿
组织安排	一组四人：A. 查阅维修资料；B. 拆卸仪表板；C. 汽车空调送风单元拆装；D. 观察及记录。各任务间轮换角色
准备工作	检查安全环保措施、熟悉布置工作场景

三、任务实施

作业内容	质量要求	完成情况	
查阅维修资料		□完成	□未完成
拆卸仪表板		□完成	□未完成
断开送风单元的管路、拉索及电路		□完成	□未完成
空调系统送风单元的拆装		□完成	□未完成
检查并清洁送风单元		□完成	□未完成

四、评价反思
在教师的指导下，反思自己的工作方式和工作质量。

工作页十九 空调系统送风单元的拆装

<table>
<tr><td colspan="6" align="center">评 价 表</td></tr>
<tr><td colspan="2">项　　目</td><td>评价指标</td><td colspan="2">自　评</td><td colspan="2">互　评</td></tr>
<tr><td colspan="2" rowspan="3">专业技能</td><td>空调系统送风单元的拆装</td><td>□合格</td><td>□不合格</td><td>□合格</td><td>□不合格</td></tr>
<tr><td>按照质量要求完成作业内容</td><td>□合格</td><td>□不合格</td><td>□合格</td><td>□不合格</td></tr>
<tr><td>完整填写工作页</td><td>□合格</td><td>□不合格</td><td>□合格</td><td>□不合格</td></tr>
<tr><td colspan="2" rowspan="3">工作态度</td><td>着装规范，符合职业要求</td><td>□合格</td><td>□不合格</td><td>□合格</td><td>□不合格</td></tr>
<tr><td>正确查阅维修资料和学习材料</td><td>□合格</td><td>□不合格</td><td>□合格</td><td>□不合格</td></tr>
<tr><td>分工明确，配合默契</td><td>□合格</td><td>□不合格</td><td>□合格</td><td>□不合格</td></tr>
<tr><td colspan="2">个人反思</td><td colspan="3"></td><td colspan="2">完成任务的安全、质量、时间和6S要求，是否达到最佳程度，请提出个人改进建议</td></tr>
<tr><td colspan="2" rowspan="2">教师评价</td><td colspan="3" align="center">教师签字
年　月　日</td><td colspan="2" align="center">成绩</td></tr>
<tr><td colspan="3"></td><td>□合格</td><td>□不合格</td></tr>
</table>

工作页二十　空调电控系统的故障诊断

任务名称	空调电控系统的故障诊断		
班级		姓名	
地点		日期	
第___小组成员			

一、收集信息

[引导问题]

1. 汽车启动空调压缩机必须满足以下条件：
   _____
   _____
   _____
   _____。

2. 手动空调面板功能主要有 _____
   _____
   _____。

[查阅资料]

查阅车辆空调系统维修手册。

二、计划组织

小组组别	
设备工具	轿车、_____
组织安排	一组四人：A. 查阅维修资料；B. 连接诊断仪起动发动机打开空调；C. 读取故障码、数据流及执行元件测试；D. 观察及记录。各任务间轮换角色
准备工作	检查安全环保措施、熟悉布置工作场景

三、任务实施

作业内容	质量要求	完成情况
查阅维修资料		□完成 □未完成
连接诊断仪、起动发动机、打开空调		□完成 □未完成
检查压缩机的起动条件		□完成 □未完成
读取故障码、数据流及执行元件测试		□完成 □未完成
观察及记录		□完成 □未完成

四、评价反思

在教师的指导下，反思自己的工作方式和工作质量。

		评价表		
项目	评价指标	自评		互评
专业技能	空调电控系统的故障诊断	□合格 □不合格		□合格 □不合格
	按照质量要求完成作业内容	□合格 □不合格		□合格 □不合格
	完整填写工作页	□合格 □不合格		□合格 □不合格
工作态度	着装规范，符合职业要求	□合格 □不合格		□合格 □不合格
	正确查阅维修资料和学习材料	□合格 □不合格		□合格 □不合格
	分工明确，配合默契	□合格 □不合格		□合格 □不合格
个人反思		完成任务的安全、质量、时间和6S要求，是否达到最佳程度，请提出个人改进建议		
教师评价	教师签字　年　月　日	成绩 □合格 □不合格		

工作页二十一 空调电控系统的检修

任 务 名 称	空调电控系统的检修		
班级		姓名	
地点		日期	
第___小组成员			

一、收集信息
[引导问题]
1. 手动空调系统主要包括_____。
2. 自动空调的功能包括_____。
3. 自动空调系统的基本组成主要有_____。
4. 高压传感器安装在_____，高压传感器用于_____。
5. 蒸发器温度传感器安装在_____。
6. 风门直流电机形式有_____。

[查阅资料]
查阅车辆空调系统维修手册。

二、计划组织

小组组别	
设备工具	轿车、_____
组织安排	一组四人：A. 查阅维修资料；B. 电器连接、电器部件的拆装；C. 万用表电路的检测；D. 观察及记录。各任务间轮换角色
准备工作	检查安全环保措施、熟悉布置工作场景

三、任务实施

作业内容	质量要求	完成情况
查阅维修资料		□完成 □未完成
电器连接、电器部件的拆装		□完成 □未完成
万用表电路的检测		□完成 □未完成

四、评价反思
在教师的指导下，反思自己的工作方式和工作质量。

评 价 表

项 目	评 价 指 标	自 评		互 评	
专业技能	空调电控系统的检修	□合格	□不合格	□合格	□不合格
	按照质量要求完成作业内容	□合格	□不合格	□合格	□不合格
	完整填写工作页	□合格	□不合格	□合格	□不合格
工作态度	着装规范，符合职业要求	□合格	□不合格	□合格	□不合格
	正确查阅维修资料和学习材料	□合格	□不合格	□合格	□不合格
	分工明确，配合默契	□合格	□不合格	□合格	□不合格
个人反思		完成任务的安全、质量、时间和 6S 要求，是否达到最佳程度，请提出个人改进建议			
教师评价	教师签字 年 月 日	成绩			
		□合格	□不合格		

工作页二十二　电动车窗系统的检修

任 务 名 称	电动车窗系统的检修		
班级		姓名	
地点		日期	
第___小组成员			

一、收集信息

[引导问题]

1. 电动车窗的功能有 _____。
2. 电动车窗的组成有 _____。
3. 电动车窗开关按档位分主要有 _____。
4. 5档开关档位分别是 _____。
5. 车窗防夹功能是指 _____
_____。
6. 1档车窗开关有3个连接外部的引脚，分别接 _____。
7. 车窗电机传感器类型有 _____。

[查阅资料]

查阅车辆电动窗部分维修手册。

二、计划组织

小组组别	
设备工具	轿车、_____ _____
组织安排	一组四人：A. 查阅维修资料；B. 检查电动窗的功能；C. 诊断仪检查故障码、数据流；D. 万用表检测电路；E. 观察及记录。各任务间轮换角色
准备工作	检查安全环保措施、熟悉布置工作场景

三、任务实施

作业内容	质量要求	完成情况	
查阅维修资料		□完成	□未完成
检查电动窗的功能		□完成	□未完成
诊断仪检查故障码、数据流		□完成	□未完成
万用表检测电路		□完成	□未完成
部件测试		□完成	□未完成

四、评价反思

在教师的指导下，反思自己的工作方式和工作质量。

<table>
<tr><td colspan="6" align="center">评价表</td></tr>
<tr><td>项　　目</td><td>评价指标</td><td colspan="2">自　　评</td><td colspan="2">互　　评</td></tr>
<tr><td rowspan="3">专业技能</td><td>电动车窗系统的检修</td><td>□合格</td><td>□不合格</td><td>□合格</td><td>□不合格</td></tr>
<tr><td>按照质量要求完成作业内容</td><td>□合格</td><td>□不合格</td><td>□合格</td><td>□不合格</td></tr>
<tr><td>完整填写工作页</td><td>□合格</td><td>□不合格</td><td>□合格</td><td>□不合格</td></tr>
<tr><td rowspan="3">工作态度</td><td>着装规范，符合职业要求</td><td>□合格</td><td>□不合格</td><td>□合格</td><td>□不合格</td></tr>
<tr><td>正确查阅维修资料和学习材料</td><td>□合格</td><td>□不合格</td><td>□合格</td><td>□不合格</td></tr>
<tr><td>分工明确，配合默契</td><td>□合格</td><td>□不合格</td><td>□合格</td><td>□不合格</td></tr>
<tr><td>个人反思</td><td colspan="5">完成任务的安全、质量、时间和6S要求，是否达到最佳程度，请提出个人改进建议</td></tr>
<tr><td>教师评价</td><td colspan="2" align="center">教师签字
年　月　日</td><td colspan="3" align="center">成绩
□合格　　□不合格</td></tr>
</table>

工作页二十三　电动座椅的检修

任务名称		电动座椅的检修	
班级		姓名	
地点		日期	
第___小组成员			

一、收集信息

[引导问题]

1. 根据使用电机的数量，电动座椅可分为_____。
2. 电动座椅的组成有_____。
3. 自动座椅控制装置 ECU 功能_____
_____
_____。

[查阅资料]

查阅车辆电动座椅系统维修手册。

二、计划组织

小组组别	
设备工具	轿车、
组织安排	一组四人：A. 查阅维修资料；B. 检查电动座椅的功能；C. 使用诊断仪检查故障码、数据流；D. 使用万用表检测电路；E. 观察及记录。各任务间轮换角色
准备工作	检查安全环保措施、熟悉布置工作场景

三、任务实施

作业内容	质量要求	完成情况	
查阅维修资料		□完成	□未完成
检查电动座椅的功能		□完成	□未完成

(续)

作业内容	质量要求	完成情况
使用诊断仪检查故障码、数据流		□完成　　□未完成
使用万用表检测电路		□完成　　□未完成

四、评价反思

在教师的指导下,反思自己的工作方式和工作质量。

评　价　表

项　目	评价指标	自　评	互　评
专业技能	电动座椅的检修	□合格　　□不合格	□合格　　□不合格
专业技能	按照质量要求完成作业内容	□合格　　□不合格	□合格　　□不合格
专业技能	完整填写工作页	□合格　　□不合格	□合格　　□不合格
工作态度	着装规范,符合职业要求	□合格　　□不合格	□合格　　□不合格
工作态度	正确查阅维修资料和学习材料	□合格　　□不合格	□合格　　□不合格
工作态度	分工明确,配合默契	□合格　　□不合格	□合格　　□不合格
个人反思		完成任务的安全、质量、时间和6S要求,是否达到最佳程度,请提出个人改进建议	
教师评价	教师签字 年　月　日	成绩	
教师评价	教师签字 年　月　日	□合格　　□不合格	

工作页二十四　电动后视镜的检修

任务名称	电动后视镜的检修		
班级		姓名	
地点		日期	
第___小组成员			

一、收集信息

[引导问题]

1. 电动后视镜的功能_____。
2. 电动后视镜的类型_____。
3. 电动后视镜的组成_____。

[查阅资料]

查阅车辆电动后视镜系统维修手册。

二、计划组织

小组组别	
设备工具	轿车、_____
组织安排	一组四人：A. 查阅维修资料；B. 检查电动后视镜的功能；C. 诊断仪检查故障码、数据流；D. 使用万用表检测电路；E. 观察及记录。各任务间轮换角色
准备工作	检查安全环保措施、熟悉布置工作场景

三、任务实施

作业内容	质量要求	完成情况	
查阅维修资料		□完成	□未完成
检查电动后视镜的功能		□完成	□未完成
使用诊断仪检查故障码、数据流		□完成	□未完成
使用万用表检测电路		□完成	□未完成

四、评价反思

在教师的指导下，反思自己的工作方式和工作质量。

工作页二十四 电动后视镜的检修

评 价 表

项　目	评价指标	自　评		互　评	
专业技能	电动后视镜的检修	□合格	□不合格	□合格	□不合格
	按照质量要求完成作业内容	□合格	□不合格	□合格	□不合格
	完整填写工作页	□合格	□不合格	□合格	□不合格
工作态度	着装规范，符合职业要求	□合格	□不合格	□合格	□不合格
	正确查阅维修资料和学习材料	□合格	□不合格	□合格	□不合格
	分工明确，配合默契	□合格	□不合格	□合格	□不合格
个人反思		完成任务的安全、质量、时间和6S要求，是否达到最佳程度，请提出个人改进建议			
教师评价	教师签字　　年　月　日	成绩			
		□合格　　□不合格			

49